我的菩提树

高建群 著

北京出版集团公司
北京十月文艺出版社

前 言

我在两百眼泉子里汲水

我的小孙女出生了，她是多么的弱小呀。世界是一片丛林，她将要在丛林中穿行，开始自己漫长的一生。她将要经历许多事，有些事会是难事，有些事甚至会是些难以跨越的塄坎。我是老江湖了，我经历过许多事，我遍体鳞伤，我老而不死是为贼。在我活着的时候，我会佑护她，但是，我不能陪她到老呀……

于是我决定写一本书，一本类似遗嘱那样的书，当孩子在丛林中形单影只，茫然四顾时，当孩子生平中遇到难事，遇到翻不过去的塄坎时，她打开这本书，在里面寻找智慧，寻找自保和自救的方法。这本书会是一项工程，它大而无当，它试图告诉孩子，在她出生之前，这个世界都发生过哪些重要的事情，出现过哪些值得记忆值得尊重值得香火奉之的人物，世界文明尤其是中华文明都产生过哪些古老智慧，等等。

这本“遗嘱”小而言之，自然是为孩子写的，是为一个有着古老姓氏的家族的子嗣们写的，然而大而言之，是不是可以这样说，它同时是为这个东方民族写的，是为这个正在行进中的国家写的。我们希望她好，因为这里是我们的家园，因为这里是我们的祖邦，地底下埋葬着我们的祖先，乡间道路上行走着我们的后人。

以上是开场白，所谓乡间社戏里所说的那种开场锣鼓。下面进入这个前言的正文，而正文从世界的远处说起，从一个叫霍金的人说起。

英国天文物理学家霍金大约是这个世界上活着的人中，最有智慧的人之一了。他坐在轮椅上，佝偻着身子，两手扶着轮椅，一颗外星人一样的头颅倾斜着，两眼茫然地望着天空，好像那目光要洞穿什么，又仿佛什么都没有看见。“人生有多少机缘，站在这里，向星空仰望！”这好像是中国诗人郭小川的诗句，这诗句好像是为了现在还没有故去，还在仰望星空的那位霍金写的一样。

霍金前一阵子，说了一句惊人语。这话叫“哲学已死”。这话在坊间引起一阵大热闹。霍金这话，是在什么情景下说的，说给谁的，我不甚了了。不过他的这个句号结构，斩钉截铁的语气，和百多年前的那个狂人，写过《查拉图斯特拉如是说》一书的尼采很相似。

尼采在一百多年前说，上帝死了。你知道吗？说这话的口吻，仿佛他是一个先知。

“好作大言”一句，是人们说给中国的古代圣贤庄子的，不过用这话来说尼采，说给霍金，同样合适。

其实这个句式结构，两千五百多年前的一个中国人也说过，他就是老子李耳。老子说：“周礼已死，先生难道不知道吗？五百年前的那些立言者，尸骸早已腐朽，如今一把老骨头埋在哪里，都寻找不着了！时也势也，运也命也，一代人有一代人的所悟。假如周公旦活到今天，相信他一定又会有一些新的想法的！”

这段话就是儒家代表人物与道家代表人物的那次伟大相遇时，老子与孔子对话的开头部分。我们知道，这次对话所产生的最重要的成果是，孔子根据老子的建议，将东周王朝藏书楼的那些典藏（老子时任王朝藏书馆馆长），搬上他的牛车，拉回曲阜老家，而在晚年，则用这些典藏，编出《易经》《诗经》《礼经》《乐经》等六经，从而为我们的上古初民时代，保存了一部分弥足珍贵的民族记忆、古老智慧。简言之，是对上一个两千五百年的一个总结，亦是对下一个两千五百年的一个开启。

这话这里不说。现在，再回到这本书的这个前言上来。

这里仍然用尼采的一段话来说事。好作大言的尼采，说过一段令人神往的话，他说，我要用十句话说出别人用一本书所表达出的内容，和一本书所没有表达出的内容。

在我写作《我的菩提树》一书的长达两年的时间中，面对长达五千年的世界各文明板块的发生史和流变史，面对长达五千年的中华文明板块的发生史和流变史，我把它们强按在我的案头，规则地、和谐地装入一本书中时，我的脑子里时时回旋着的，正是尼采这一段话。它给我以激励，勉励我用尽自己的全身力气，完成一件显然不能够胜任的工作。

我要规则，我要简约，我的笔触要犀利如投枪，从历史的关节紧要处、起承转合处穿肠而过。我绝不允许拖沓、疲软，在某一个迷人的港湾逗留太久。一切都以点到为止为宜。因为我要用十句话来说出一本书的内容，用一本书说出我案头现在放置着的、用作参考书的两百本书的内容。

记得在近二十年前，金庸先生来西安，先是华山论剑，再是碑林谈艺。在西安碑林博物馆，座谈中，面对碑刻四布的这个庙堂，他对我说，他有一个大想法，或者叫大野心，即把中国的二十四史，用小说这种艺术形式，重写一遍，那将是一项浩大工程。

记得我当时有些诧异。我说，二十四史，能用小说这种虚构的艺术形式来重写一遍吗？怎么写呢？他说，能写的。选一些历史上的重要事件——影响历史进程的事件，然后，选一个人物，用这个人物的叙事视角，从这件事的中间穿肠而过，这样，事件就写出来了，而人物性格，也因为行动而饱满起来。这样人物也就出来了。

记得，席间，我写了一幅字赠金庸先生，叫作“袖中一卷英雄传，万里怀书西入秦”。后来，电视台导演小郭送金庸先生去机场时，金庸先生对郭导说，他这次西安之行，最大的收获是见到高先生，与他讨论了匈奴民族这个话题——匈奴这个动摇了东方农耕文明和西方基督教文明的根基，深深影响世界文明进程的伟大游牧民族，怎么说一声消失，就从历史进程中消失了，而且消失得无影无踪，这件事真叫人费解。后来，《文学报》则以“万里怀书西入秦”一句，做了金庸此行报道的通栏标题。

这本书这样写作，大约还受到张贤亮先生的重要影响。张先生已经作古，愿他安息。

大约 1991 年，中国作协的一个文学奖在西安颁发，获奖者除我以外，陕西还有贾平凹先生、杨争光先生。张先生则是评委。记得，那天晚上，我陪张先生去西安街头吃夜市。东新街两侧都是红灯笼，我陪着他，一家一家地去吃，他的七岁的男孩跟着。

张先生刚从贵州讲学回来，谈到文学的史诗创作，他说，他对贵州作家们说，要写断代史，把一个民族的断代写出来了，把这个民族的历史也就写出来了，云贵川渝十万大山中，生活着十万有苗。这里生活着的各少数民族，家里穷得一贫如洗，连买盐巴的钱都没有，巴掌大的一块平地上，种几棵老玉米，就靠这个为生计。然而，这些民族的女人们，头上却顶着十几斤重的银首饰，昂贵，华美。这说明了什么呢？说明历史上一定发生过一场大的变故，从而令他们远遁到山里，沦落到今天这个境遇。将那场大变故写出来了，也就是说，将那个断代写出来了，这个民族的史诗也就写出来了。

是的，张贤亮先生已经作古，愿他安息。他在去世前，曾给我写过一个条幅，叫作“大漠落日自辉煌”。你见过落日在沉入西地平线那一刻的悲怆情景吗？血红血红的落日，像一个勒勒车的大车轮子一样，停驻在苍茫的西地平线上，将它最后的一丝光芒，奋力地投放到曾经经历过的地方去。此一刻大地一片死寂。此后，落日跃三跃，倏然消失。消失得好像从未出现过一样。

云贵川渝地面，流行一种古老的傩堂戏，那演出傩堂戏的古戏台两侧，往往有一副对联，上联叫“于斯一席之地可家可国可天下”，下联叫“虽然寻常人物能文能武能鬼神”。这副对联，也许是解开大西南地面傩文化的一把钥匙。

关于这本书的写作，著名的编辑家、我的《大平原》一书的责任编辑韩敬群先生，也给过一条重要的提示。他说，大仲马说过：历史是一颗墙上的钉子，在上面挂我的小说。大仲马这话说得好极了，对极了，确实是写过无数好小说的过来者之言。一定要有钉子，这钉子要准确得丝毫不差，清晰得历历可见，尔后，所有的小说想象，所有的虚构飞翔，它的出发点、发力点、落脚点都在这颗钉子上。

现今的一些耗费巨资拍摄的电影，为什么让人觉得苍白无力，虚张声势，就是因为它们没有找准钉子，或者说找到了，但没有在钉子上敲出应有的重量，没有对这历史的钉子予以应有的尊重。

虽然我努力地这样写，但是我明白《我的菩提树》不是一部小说，或者说不是一部教科书上所定义的那种小说。它是三种文体的一个混合物。在这两年的写作过程中，每当向前推进而无法把握时，我就请教案头上的三本书，看它们如何叙事，如何“化大千世界为掌中之物”。

这三本书一本是《史记》，一本是《圣经》，一本是今人阿诺德·汤因比的《人类与大地母亲——一部叙事体世界历史》。

可以说，在写作《我的菩提树》时，我觉得形式已经退居其次了，让位于内容了。怎么能淋漓尽致地表达，怎么能我手写我心，就怎么来——我想把自己对世界的认识和思考，如是地表达出来。如此而已。

我将《我的菩提树》视为“一部叙事体的东方文明发生史和流变史”，即是出于以上的考虑。

这本书分为三部，第一部叫“苏格拉底如是说”。西方古典哲学的伟大奠基者之一苏格拉底，他说了什么呢？他说：哪一条路更好，唯有神知道。是的，在那遥远的信息不通、人类的脚力又无法即达的洪荒年代，世界各文明板块，基本上都是在各自的蛋壳里孕育和发展起来的文明，它们在各自的道路上前行着，至于哪一条道路更好呢，谁也不知道。

第二部则叫“鸠摩罗什如是说”。汉传佛教的伟大奠基者之一高僧鸠摩罗什，他说了什么呢？他在圆寂时说：我一生所译经论三百多卷，句句无误。愿这些经论传流后世，大家共同弘扬流通。我现在在大众面前发誓：如果我的译经没有谬误，那么火化以后我的舌头不会焦烂。

第三部叫“玄奘法师如是说”。汉传佛教的伟大奠基者之一，高僧玄奘，也就是民间所说的唐僧，他在圆寂时都说了什么呢？他说：这毒身我已经厌恶了。我在世间应该做的事情也已经做完了。既然不能久住尘世，那么就让我匆匆归去吧！希望用所修的福慧回施众生。

这就是这本书的内容。

它用相当的篇幅，对世界各文明板块的发生及流变，遥致敬意。继而，写了世界三大宗教基督教、佛教、伊斯兰教的发生，其中，着重描绘了佛教的发生过程。

继而，写了儒释道三教合流，在中华文明板块的伟大相遇。而其中，又以浓墨重彩，描绘了三位佛门高僧：西行求法，广游五印第一人法显法师的故事和传略；西域第一高僧鸠摩罗什东行长安城草堂寺译经和弘法的故事和传略；章回小说《西游记》中的唐僧原型，即高僧玄奘，他的西行求法经历，他的故事与传略。

我在这里直追道家的源头，直追儒家的源头，直追佛家的源头，描写了它们的发生及流变。而在这块三教合流的土地上，我力图眼到手到笔到，对这个东方文明板块饱含敬意，做了一番庄严巡礼，甚至于直达三皇五帝，直达中华文学的伟大源头——《击壤歌》。

时间在走着，历史的大车轮子在轧轧地滚动。一切都是瞬间，你我皆是过客。(一切有为法，如梦幻泡影，如露亦如电，应作如是观。)

作为过客的我们所能做到的事情，就是把我们这一个时间段过好，过得有点意义。把我们所能悟到的霍金式的智慧，用诉诸笔墨的方式告诉后人。这应当有点身后遗嘱的感觉吧！原谅我们，我们的智慧有限，思维只到这里！

我们这一代人行将老去，这场宴席将接待下一批饕餮者。

这个东方文明板块，正在走着它的命定的行程。让我们为它祝福，为它祈祷。《我的菩提树》这本书，就是一次对它的庄严巡礼，一次虔诚致敬。前不久，我去一个地方，参加西王母诞辰的祭祀仪式，那西王母大殿的两侧，有一副对联，上联叫“中天高挂半钩月”，下联叫“曾照洪荒第一年”。我在这副对联前唏嘘良久，双目潮湿。

高建群

2015 年 10 月 13 日于西安

目录

第一部

苏格拉底如是说

西方古典哲学的奠基者之一苏格拉底如是说

—— 哪一条路更好，唯有神知道。

第一颗念珠

我想我已经被埋入坟墓了。因此我此刻是在坟墓里说话。在这潮湿、阴冷的墓穴中，天上不再有太阳、月亮和星星轮番值更，身子四周不再有野花开放和鸟虫的鸣啾，那通往外部世界的所有的道路都已被堵塞。世界在这一刻多么的吝啬呀，它只留下来一个出口给你，这唯一的出口就是你的思绪、你的想象力和你用褪色的嘴唇所道出的喃喃细语。它呀，它应当是不羁的，是任何力量也无法阻挡的。真好，在你的脖子上还挂着一串念珠，它是一百零八颗，是用那圣洁的菩提树的栗色的果实做成的。很好，让我双手并用，用双手的食指和拇指来捻动它。在捻动中，它是无穷之数，一百零八又一个一百零八，周而复始，永无尽头。世界已经没有我了，葬礼好像已经举行，哀乐声好像刚刚落幕，世界打了一堵墙，封闭了我的所有的道路。但是很好，念珠在捻动着，在捻动的同时口中喃喃作语。这样，我为自己打通了一条道路。那一百零八颗捻动的念珠里，有我用褪色的嘴唇讲出的一百零八个故事。

在这万念俱灰之时，当意念牢牢地固定在一点时，那故事便讲出了。原来，这是这个人留给身后世界的一份遗嘱。他在总结和概括这个世界。他试图透彻地想透这个虽然古老但又常见常新的重大命题。这命题即是：我是谁？我从哪儿来的？我为什么是现在这个样子，而不是别的什么样子？那宿命的手呀又将要把我带到哪里去？什么是命运，尤其是，什么是这个古老的东方种族那万劫不复的命运？在我们出生之前，这个世界都发生过哪些重要的事情，出现过哪些令我们一谈起他们便唇齿留香的人物，而那些先贤们，又给我们留下了哪些他们所觉悟出的大智慧？如是等等，不一而足。

这本书高贵的名字叫"我的菩提树"，它大约能告诉你——你之所以成为现在的你的缘由何在。"那一刻，他突然脸色苍白，因为他透彻地看清楚了自己的灵魂！"——这句话好像是在我们之前，某个人说过的。但愿，在已经没有我的那以后的年代里，这本书还一直能伴随着你，成为你的掌中之物，成为你的铠甲和利器，每当你遇到破解不开的难事时，当四周的道路都被堵塞，无处可逃时，当意想不到的危险和不测突然降临时，请你打开这本书。请你从这本书中寻找智慧，汲取力量，找到护身铠甲、应对之策。那一刻，会有一位老者、长者，紧紧地站在你的身边，那就是这本书的作者——我呀。

念珠开始捻动和团转了。一百零八又一百零八，在我的手指上周而复始，作无穷游。

第二颗念珠

有一座山的名字叫须弥。在远处，遥远的不可知的远处，地与天相接的地方，七山七海之间，有一座高山。山峥嵘万状，高可摩天。云雾在山间缭绕，祥云阵阵，瑞气千重。

这山叫须弥山，又叫妙高山。山的东面用白银铺就，山的北面用黄金铺就，山的西面装扮着水晶石，山的南面装扮着琉璃。佛家说：四宝所成曰妙，独出众峰曰高，所以这须弥山又叫妙高山。

佛家将茫茫寰宇叫作“三千大千世界”。它想象那以须弥山为中心，同一日月照临的四天下是一个小世界，综合一千个小世界构成一个小千世界，综合一千个小千世界构成一个中千世界，综合一千个中千世界构成一个大千世界。

佛教认为这大千世界，广漠宇宙，是一佛之“化境”。高僧玄奘说：“故三千大千国土，为一佛之化境也！”

这须弥山在世界的何处？它是人们想象的产物，还是曾经一个真实的存在？也许它是虚构的，是远古人类那无限丰富的想象力的产物，是精诚所至金石为开所生出的幻觉。这些我们都不知道。甚至当代人认为，这大千世界并不仅仅指的是我们的小小的地球，和那如蝼蚁如草芥一样的人类，而是对浩瀚的银河系的概括。而这些，就我们目前的智力和知识，还不能肯定或否定。

然而我们可以肯定的是，心中有即有，心中无即无。关于这个意思，佛家的偈语这样说：丘山适履皆须弥，草木清凉即菩提。这话意思是说，如果这一座山岗适宜于你脚下的鞋子的话，它就是你的须弥山；如果这山上的草木，能带给你一片清凉世界的话，它就是你的菩提树。如是如是。

从这个意义上来说，我们脚下每一座平庸的山岗，它都可以是须弥山；我们身边每一棵平凡的树木，杨树、柳树、槐树、皂角树，等等等等，它都可以是菩提树。

第三颗念珠

在这座山上，生长着一种神奇的树木。它叫菩提树。有的树身极其粗壮，斑驳而苍老的树身，须几个人合抱才行。树的根须顺着山势伸展，有的深深地锲入岩石之中，有的则裸露在外边。根须到处，又有新的树木生发。那老树的树冠，像华盖一样，威仪地、庄严地笼盖一切，无风时缄默不语，静如处子，有风时则御风而舞，并生出呼啸之声。那些细小一些、年轻一些的树木，灰白色的树干上长着疏朗的枝柯，疏朗的枝柯上则挂着椭圆形的叶子，而在叶子的遮掩处，树的枝柯之间，一束一束，开着粉红色的花——那花香气四溢。

在这须弥山中，在这菩提树下，住着佛界八万四千尊者。八万四千是一个虚数或者约数，意思是许多，无限多，多得数不胜数，宛如恒河沙数一样的多。这是佛家的一个形容词，当多到不可计数的时候,就用“八万四千”这个数目来搪塞。例如著名的佛家偈语“佛观一钵水，八万四千虫”一样。佛家认为，托钵僧浅浅的一钵水中，竟然有八万四千条生命。

应当有音乐，有仙乐阵阵。只有这音乐能即达那所有的地方，无远弗届，无处不传，上至高空，下至深海，甚至抵达人们的心灵深处。这些，别的抵达方式是无法做到的。音乐抵达处，这世间所有的物什都像被施了魔咒，或者中了魔咒一样，呈现出另外的境界。瞧啊，在音乐中，一位尊者坐在菩提树上的一个鸟巢里。那鸟巢则被树柯高高的手掌，托举到云端。这尊者大约在这个鸟巢里坐了很久很久了吧，大约从洪荒第一年就开始坐定在此了吧。只见有三只鸟儿在他的光光的头顶上做窝。那是什么鸟儿，是佛家所传说的吉祥鸟吗？我们不知道！而这尊者的两肋之间，则夹着两个鸟蛋，原来他在打坐的同时，还承担着代替鸟儿孵蛋的义务。

另有一位尊者，是住在山洞里的。在这须弥山上，四方八位有着许多这样的山洞。八万四千个吧。这位尊者,骑在一只老虎的背上。自从八万四千年前降伏这只老虎以后，它就一直是他的坐骑。当这位尊者功课完毕之后，骑着老虎在山上巡游的时候，所有的别的动物都肃立两侧，向骑虎尊者注目以礼。

还有一位尊者，在一座突兀嵯峨的岩石之巅打坐。他双目紧闭，双手合十，双腿双盘。他像死了一样，静止了一样，像是成为这座岩石的一部分一样。他把自己与世界隔断，他关闭了这个世界通往他的所有六条道路，从而令自己达到“入定”的状态。

第四颗念珠

那么佛家所说的六条道路是什么？这六条道路分别是你的眼睛，你的耳朵，你的鼻子，你的舌头，你的被称为“臭皮囊”的体肤，最后再加上一个你的意念或意志。佛家把这叫“六根”。佛家说，六根门头尽是贼。在这通向你的六条道路（或者叫六个门户）的每一个门口，都有罪恶和诱惑像贼一样蹲在那里，召唤和引诱你，试图破门而入，令你堕落。所以你有必要关紧自己的门扉，长着眼睛，但是不看；长着耳朵，但是不听；长着鼻子，但是不嗅；长着舌头，但是不发声；而你的身体也像冬眠的蛇一样不去感觉，你的意念则空灵如无物。这叫“六根清净”，而与“六根清净”放在一起说的叫“八风不动”。

风呜呜地吹着，这是大地一张一弛、一呼一吸的吐纳之气，这是天空在酝酿而生的暴风，这是那梵音阵阵所释放出来万事万物的被禁锢的灵魂。该尊者在这猛烈的风中，正襟危坐，安如泰山。佛家把这种“入定”的状态叫“八风不动”。哪八风？佛家所谓的八风是指利、衰、毁、誉、称、讥、苦、乐八件事。代表了人生可能遭遇的或顺或逆的八种境遇。

好大的风呀，人们说这世界的形成，就源于一场大风。没有定力的，被风吹走，重新把自己交付于流浪，有定力的，停驻下来，衣衫被掀起，挺住成风的形状。

而在须弥山的山脚下，是一汪深蓝深蓝的海水。人们叫它七山七海。一位尊者，每天黄昏，顺着须弥山那高高的不规则的石阶一步一挨走下来，直到水岸，然后找一块露出水面的岩石坐下来。他将袈裟脱下来，放在岩石上，然后开始撩起海水洗他的身子。像给新生儿举行洗礼一样，他就这样一遍一遍地洗着，将全身洗得通红。尊者要在这洗涤中，洗掉这一天中所沾染的凡尘。洗净身子了，这只是今天这洗礼的第一道程序。接着是第二道，他盘腿坐下来，坐在石头上，亮出胸膛，把手指合成一个掌状，然后像中国功夫一样，将手掌竖起来，啪的一声，将胸膛劈开。胸膛劈开了，只见他将肠肠肚肚从肚子里掏出来，在海水中摆动，洗涤，那情形，像厨子在洗涤即将食用的动物肠子一样。这洗涤仍然是在清洗，清洗这一天所食用的人间烟火。接下来，是第三道程序，那就是洗心，尊者将洗涤过了的肠肠肚肚，重新装回胸膛里，按它们原来的位置摆好，然后伸出五个指头来，把心脏从胸口摘出。那心脏是鲜红鲜红的，还在尊者的手中怦怦地跳着，尊者把这心脏端详了一下，然后放在水流中，轻轻地摩挲着。“洗心革面”这个词儿大约就是这么来的吧。尊者认为他已经将今天的心洗净了，于是将它从水中捞出，重新放回胸膛里。这一切完了以后，尊者开始按摩他的胸膛，让刚才割裂的肌肉和皮肤重新长好，直到完好如初，按摩才停止。

尊者呀，他试图在这日日必备的洗礼中，洗尽凡尘，抵达那大觉悟之境。他就这样每天都在做着这样的功课。

而须弥山中的八万四千尊者，每个人都有他自己的功课。那情形就像这个尊者一样，只是他们抵达的途径不同，所用的修为手段不同而已。他们就这样日复一日地陶醉其间。时间在他们的面前停滞不动。是谁在说，“时间开始了”。告诉你吧，时间就在那里，它既没有开始，也没有结束。或者换言之，它的开始就是结束，它的结束就是开始。

第五颗念珠

一棵高大、沧桑、斑驳的菩提树下，云遮雾罩中，住着我们的至尊之尊释迦牟尼。他本来是喜马拉雅山南麓的一个小小山国的王子。他出生的那个国家叫迦毗罗卫国，而他出生的那个小小的地方叫蓝毗尼花园。他出生的时间按汉传佛教在农历四月初八，藏传佛教则定为藏历四月十五日。他在出生以后就会站起来行走，就会说话。他向东、西、南、北四方各走七步，然后回到核心，上指天，下指地，自语道：“天上天下，唯我独尊。”他的脚踏的地方，出现大莲花，又出现两条龙从地上跳到天上，向下喷水，一冷一热为王子沐浴。

在明了众生的痛苦永无止息之后，他在十九岁的时候逃出皇宫，开始他苦行僧的生活。他翻越城墙后，在天亮的时候走到一片大森林里。他从仆人手里拿出刀子，割断自己的头发，他把头发交给仆人，对仆人说：“你回去吧，把它交给父王，我现在已经不是白净王子了。从今以后，我要远走高飞，要断绝一切世间无常的烦恼！”说完他又用身上的宝衣，换了一件森林中猎人身上的鹿皮。那宝衣太奢侈了，显然不符合一个苦行僧的身份。随后，他赤着双脚上路，开始在五印大地天竺诸国游历，寻找、探索人生和宇宙的真相。

“修菩提行，起广大心”，是释迦牟尼的修行口号。

释迦牟尼削发出家的那一天是农历三月八日。后世的追随者们在他削发出家的那一处大森林中修筑了一座佛塔。那塔的名字叫“回驾塔”。

他有五百身，号称“菩萨五百身”。也就是说五百次出生，五百次死亡，五百次轮回，五百次转世，才修成正果，修成金刚不坏之身，从而与天地共老。

第六颗念珠

天下所有的佛门中人，都以他的光荣为光荣，都以他的姓氏为姓氏，也就是所有的沙门都自称“释”家。他的佛光照耀着世界的每一个角落，他的大悲悯大关怀大慈爱施给每一个平凡的你我。由于他有无数个身子，所以愚钝的人们哪，也许你们此生曾看到过他的各种化身，只是你们肉眼凡胎浑然不觉——拄着拐杖颤巍巍迎面走来的一位白胡子老头，向你躬身行礼；田野上一朵灿烂的野花向你甜美微笑；路旁的一块石头浸泡在苦难中，缄默不语；一只被施了魔法的苍蝇绕着你的头顶，一圈一圈地飞，赶也赶不走！那也许都是有着百变身子的他呀！伟大的尊者，他有无数个身子！这无数个身子随时以不同的形象出现。

天下所有的佛门中人，都感受到了菩提光的照耀，都努力领悟那佛学经典中的每一个逗号和句号，都试图渐悟和顿悟，都积极地向上和向善，都像溺水的人儿一样挣扎着试图脱离苦海。

是的，佛陀有五百身。他有五百次轮回转世。他受过五百次的六道旅途之苦。他在冷水中浸泡，在碱水中浸泡，在苦水中浸泡，从而练就他的金刚不坏之身。我们普通的凡人，在这罪恶的世界上，在这凶险的江湖里，在这弱肉强食的丛林法则下，只走过一遭，便遍体鳞伤，感慨多多！而他，可怜的人哪，自从那天夜半更深翻越城墙，走入森林，削发为僧示现成佛以前，他走过五百次。他转生过男人，转生过女人，转生过植物，转生过动物，在最高贵的地方待过，在最卑贱污浊的地方待过，他的血淋淋的双脚走遍了五印大地。他沿着一条叫印度河的古老河流，走到这个大陆的西南入海口，然后对着大海痛哭了七天。他又沿着一条叫恒河的古老河流，向东南行走，走到另一个入海口，同样地对着这浩渺之水，又痛苦地号啕大哭了七天。

在佛祖这五百次轮回转世中，他立下宏愿，愿意把这天下的苦都吃尽，将人间所有的凄凉都一网打尽，装进他肩上的褡裢里，由他一个人扛着。

第七颗念珠

当他看到一个农夫在鞭笞一头耕牛的时候，农夫的每一鞭子下去，便在牛的脊梁上留下一道血印。那牛热泪滚滚，它的大大的圆眼睛里充满了对世界的怨恨。让我来世做一头牛吧，让这鞭子抽打我一生一世，最后年迈力衰时，再把我送上屠夫的刀尖，送进滚烫的汤锅。当看到一个妓女，在青楼上凄凉地弹琴歌唱，无耻的嫖客鱼贯而入时，他说，让我来世做一回妓女，感受这世界的堕落有多深，看看这人们的罪孽有多重。当看到一根芦草在水岸沉思，如此的坚守着自己，如此的超然物外时，他说，让我来世做一根沉思的芦草，在风中自得其乐地歌唱，体会一下这生之幸福。当看到一匹种马在原野上，领着它的母马群游走时，他说，让我来世做一匹种马吧！让我的子孙布满这整个的草原。

他就这样地走着，走了五百次轮回，在每一棵菩提树下完成他的转世，然后再领取一个新的人生角色，继续行走。他把世界当成了一座炼狱，而把自己当成了一块被捶打的钢铁。

苦海无边！佛祖在这苦海中浸泡了五百次。五百次用了五百个不同的角色，面对五百次迥然不同的环境，承受这五百次不同的磨难，穿越这五百次不同的人间炼狱。这时候的他，眉毛胡须都已经斑白，脸上的皱纹像那山的褶皱一样。他的全身的每一个关节都在疼痛，走起路来咔咔吧吧，好像整个身体随时都要散架似的。他的赤着的双脚上，结满了厚厚的茧子，就像穿了一双用老皮做成的鞋子。只有呀，只有他的眼睛是明亮的，洞若观火。当他的那双慈目闭合起来的时候，整个人像一段行走的枯木，而当眼睛睁开一条缝时，于是我们看到了一位智者，一位先知眼睛中那睿智的光芒。那眼睛告诉你，他知道一切的秘密——大地和天空的秘密，生与死的秘密，过去、现在和未来的秘密。

抵达那最后的灵山得穿过那条蓝汪汪的，幽暗的，深不可测的，随天空中太阳的变化而随时变换颜色的水流。那水叫忘川之水。那些急匆匆地去出生的人，那些急匆匆地去死亡的人，都得从这条河里蹚过，以便把自己过去的所有记忆忘却，成为一个新的人。我们的至高无上的尊者呀，他也是从这条河里蹚过的，不过他的道行深厚，他的法力无边，所以他什么也没有忘却。于是他就带着这个五百次轮回转世的身子，蹚过河去，登上了山顶。

第八颗念珠

他太累了。登到山顶的时候，他便背靠着一棵大树睡着了。第二天黎明的时候，他被树上鸟儿的鸣啾声惊醒。他睁开眼睛一看，只见这是一棵多么高大、斑驳和古老的大好树木呀，它的绿色的华盖有半亩地大小，它的粗壮的巨人般的树身上暴起条条青筋，那暴起的青筋显示着它的力量，那绿色的华盖则显示着它的雍容华贵。这是菩提树。而在他睁开眼睛时，突然感到有一团菩提光，像一只温暖无比的母亲的大手一样在抚摸他的脸颊。这光一团一团的，一圈一圈的，光怪陆离，应时而变。这时候他扶着大树，欠起身子。

啊吼，当这伟大的行旅者，世界的畸零人，手搭在眉上，睁着他那熠熠有光的眼睛，向东方，向光亮来的那方向望去时，他惊呆了。

只见在遥远的东方地平线上，那忘川之水的另一岸，一轮红日喷薄而出。太阳神挥舞着锡杖，驾驭着天辇滚滚而来。他从这水面上一掠而过，溅起阵阵涟漪。而他手中挥舞着的那根锡杖，是一根魔杖。阳光照耀着的每一个地方，每一件物什，山川河流、树木、花鸟鱼虫、朝生而暮死的蝼蚁，总之，世界的一切，此一刻，都在他那喋喋不休的咒语中，在魔杖的点化下，被锻成金子。

整座山峰被锻成了金子，山上的所有的菩提树自然也被锻成了金子，而树下的这个人自然也不能例外。

阳光在这一刻照亮了他的灵魂。或者说借助这阳光的照耀，这位名叫释迦牟尼的伟大行旅者，以“修菩提行，起广大心”为行走口号的苦行僧，在这一刻看清了自己的灵魂：我现在知道我是谁了！我是一位先知，或者说是先尊，就是上苍打发下来的一个带领人类脱离混沌蒙昧状态，脱离那万劫不复的三途之苦的圣者，我将把我的所有悟得告诉众生，我将以佛的名义，拯救众生脱离那精神的苦海，结束那万劫不复的宿命，抵达那禅的境界。我将不朽。我将与天地共老。这个世界所有有人群的地方，都将种植菩提树，都将遍洒菩提光，都将用梵音诵颂着我的名字。

第九颗念珠

这样，先尊释迦牟尼便永久地居住在灵山之上了。他是佛祖，和他比肩而坐的是诸多佛陀。佛陀之下则是诸多菩萨。另外还有四大天王等护法天神，还有十六罗汉、十八罗汉、三百罗汉、五百罗汉等诸多罗汉，以及遍布世界各个角落的诸多比丘、比丘尼，也可以说是“出家人”“僧人”。而再往下则是那些未曾剃度的在家弟子，他们被称为“居士”，也称“白衣”。居士则人数众多，不计其数。

佛祖说了，所有的佛门中人，都是尊者，都因为你精神的高贵而高贵，所以，都是尊者，我是，你们也是！

啊，若问这灵山在世界的哪一个方位，哪一处地面，是在东方还是西方，是在远处还是在近处。众生啊，你现在居住的那个地方，小小的地方，庸常的地方，没有任何神奇造化的地方，就是灵山呀。而你家门口那棵普通的树木，抑或是杨树，抑或是柳树，抑或是榆树，抑或是常青的松柏，等等，它们都可以是菩提树呀！

在佛祖出世，佛法大行于天下的那些年月，菩提光也越过葱岭，照耀到了山的另一边的东方。那边是中国。于是有许许多多的东方面孔的僧人们，冒着九死一生的危险，怀着崇高的信念，翻越葱岭，足迹踏遍五印大地，寻找他们心目中的灵山。

最后他们寻找到圣地了吗？他们发现了灵山这佛祖所居住的地方了吗？死在路上的人和没有死在路上的人，回到他们的东方祖邦的人和脚力所阻、终生滞留在五印大地的人，他们都说过：他们千问百询，终于在最后的时刻发现了，抵达了，他们因此而得到了一种大欢喜大解脱！

灵山原来在每一个信众的心中！这是他们的回答。

第十颗念珠

天下名山僧占多。是的，佛家说，天下所有的山，都可以是灵山，天下所有的树木，都可以是菩提树，天下所有的人都可以成佛！

那么什么是佛呢？佛家说，佛是开悟了的众生；众生是还没有开悟，正走在大觉悟的路途上的佛。

不过他们在论述这些奇妙的哲思的时候，不是用我们这些凡夫俗子的那些寻常话语，而是用一种高贵的文体"偈"。当香客虔诚地上一炷香，然后叩问：高僧呀，你能为我指点一下迷津，让我迷途知返吗？于是，空中传来一声偈的歌唱。

比如前面提到的关于须弥山和菩提树的话题，偈是这样唱的：

丘山适履皆须弥，
草木清凉即菩提。
晨方问偈无常态，
诗来我正拈花时。

自然，佛家还有许多的关于须弥山、关于菩提树的话题。例如有两句偈叫"须弥藏芥子，芥子纳须弥"。据说，中国的唐朝时期一个叫李渤的官员问一个叫智常的和尚，他说："佛经上所说的'须弥藏芥子，芥子纳须弥'，这话未免太玄奇了。小小的芥子里面，怎么可能容纳下偌大的一座须弥山呢？这话于常理不通！"智常和尚笑一笑说："官家平日总是自负满腹经纶，学富五车。奇怪，我看你的头颅只有一粒椰子那么大，怎么可以装得下五车书呢？”官员听了，羞愧而归。

佛家还有一句偈，叫“日日是好日”，意思是境由心造，每一天都是好日子。宋朝有个叫慧开的和尚，将这句偈又扩展一下，说明一下，唱成四句偈：

> 春有百花秋有月，
> 夏有凉风冬有雪。
> 若无闲事挂心头，
> 便是人间好时节。

第十一颗念珠

他八十岁了，他想走了，他明白该是告别的时刻了。他知道自己的生命将要耗尽，灯枯油干，因为肉身凡胎是不可靠的。既然不能长驻，那么不妨就此结束。于是双脚把他带入一片大森林中。他觉得这片大森林有些熟悉，仿佛梦境中出现过。后来他明白了，这正是迦毗罗卫城外的森林，即他故乡的森林，他当年逃出城来，在这里剃度并从此踏上苦行僧道路的地方。他于是深深为之感慨。

穿越森林，他来到一个叫拘尸那迦的小小地方，沐浴之后，在两棵娑罗树中间安置了绳床，然后像初生儿躺进摇篮里一样，侧身而卧，闭上眼睛。

“你们好自为之吧！我将涅槃！”佛祖平静地说，这是公元前5世纪的一个月圆之夜。

但即使是这平静的声音，也如雷鸣，瞬间传得很远，惊动了整个世界。弟子们从四面八方赶来，诵颂着“如来寂灭，世界空虚，当集法藏，用报佛恩”的偈语，聚拢到他的身边。

火塔搭起来了，里面堆满了木柴，木柴上淋满了酥油。它搭成一个塔的形状，那塔的顶端，释迦牟尼以圆寂时的姿态横卧在那里。头向北而卧，神态安详，一领黄金袈裟覆盖全身，仅露出头和脚。那头已枯瘦苍老到如同一具骷髅，那两只大脚，齐刷刷地并在一起，那是一双走千山、涉万水的大脚呀！

火点燃了，印度洋的季风呼啸着吹来，恒河在远处深重地叹息，人们拍打着痛苦的胸膛，眼泪像河水一样奔流。而那悲痛的心情后来逐渐为理智所取代，痛苦的号叫变成诵经的节奏。当一个信众脱下自身华丽的衣服，扔向火塔，以冀望它更旺地燃烧时，所有的在场的人都效仿着，于是火势更猛了。

火逐渐地熄灭了，灰烬处只剩下佛骨舍利，人们纷纷地趋上前去抢夺，其中，有八个国家的国王得到了它们。

后来，人们在佛祖圆寂的地方建立了一座大精舍，也就是佛寺。大精舍中有佛祖涅槃的图像。佛祖向北而卧，修长的身体躺在一片树林的中央。一群哀悼者围在他的身边，痛苦万状。菩提树的叶子一片一片落下来，地上的野花枯萎了，树上的鸟儿不再鸣叫。

第十二颗念珠

佛陀圆寂二百年后，孔雀王朝统一了五印大地。孔雀王朝的缔造者、伟大的阿育王来到这里，他在这里修建了一座佛塔，塔高二百余尺，塔前建有石柱，以记如来涅槃之事，并在这里立下宏誓，要将印度国建成佛国，要将佛教奉成国教，要让释迦牟尼的光芒照亮这一块混沌大陆。

公元前 3 世纪，印度建立了历史上第一个相对统一的王朝——孔雀王朝。王朝的缔造者就是阿育王。年轻的阿育王崇尚武力，战功显赫。那时候在这块根据地理位置被叫成东天竺、西天竺、南天竺、北天竺、中天竺（法显法师这样称呼它们），或被叫成东印度、西印度、南印度、北印度、中印度（玄奘法师这样称呼它们）的大陆，有据说八十六个邦国，互相征战，血流漂杵，那个时期，那种情形，也恰好正如中国境内群雄割据、诸侯争霸、邦国林立的春秋战国时期的情形一样。

根据阿育王留下的碑文记载，他的回心转意源于一场极为残酷的征战。在征战中，十多万人被屠杀殆尽，更多的人则死于饥饿。痛苦折磨着阿育王，战死的游魂野鬼纠缠着阿育王，望着自己血淋淋的双手，阿育王的内心充满了悔恨，他决心皈依佛门，放下屠刀立地成佛。

阿育王向全国发出了诏书，宣布释迦牟尼先知所创建的佛教为国家宗教，宣布这个月亮女神照耀下的国家为佛国。阿育王在佛祖生活过的地方修建了八万四千座佛塔，在不计其数的石柱上刻上法令，教导百姓遵纪守法，恪守佛教教律。

第十三颗念珠

又近千年之后，大唐高僧玄奘来到这里，佛塔还在，只是塔基有些陷斜，石柱还在，石柱顶端有四只狮子，目光威严，警觉地注视着这世界的东西南北四个方向。狮子有着大张的嘴巴，坚硬的长满棕毛的胸脯，粗壮的柱子般的双腿和张开的利爪。1950 年，今天的印度结束殖民统治，重新立国时，狮子四面像柱头被定为印度的国徽。

但是那两棵树，佛陀圆寂时用来系吊床的两棵树，已经枯萎了，快要死亡了。这个西行求法的中国大唐和尚玄奘看到，信徒们赶来三千头奶牛，正在用奶牛的乳汁来浇灌这枯萎的树木。他看到，在浇灌中，树身在哆嗦，树柯开始婆娑，叶片开始茂盛。

那时小乘佛教已经在佛教的发生地日渐衰落，而大乘佛教正蓬勃兴起。看到这奇异的一幕，这个中国和尚突然明白了，这是一种昭示，佛祖的昭示，佛教的一个新阶段开始了——大乘将大行天下，将在喜马拉雅山东南面一个名叫中国的国家大放光华。

“请发大慈悲之心，佑护吾国吾民吧！至尊之尊，我们的佛陀！”玄奘举手行礼，在这两棵树前长久地肃立，双泪迸流。

那树下圆寂的是释迦牟尼的本生身子，也就是真身，亦就是那个肉身凡胎的出走者白净王子的身子——这是佛祖五百身的第一身！此后，我们知道，五百次出生五百次死亡，五百次轮回五百次转世之后，他将修成与天地共老的不死之身。就像我们开头看到的情况一样。

第十四颗念珠

那阿育王，他在这广阔的五印大地上，他的孔雀王朝管辖的所

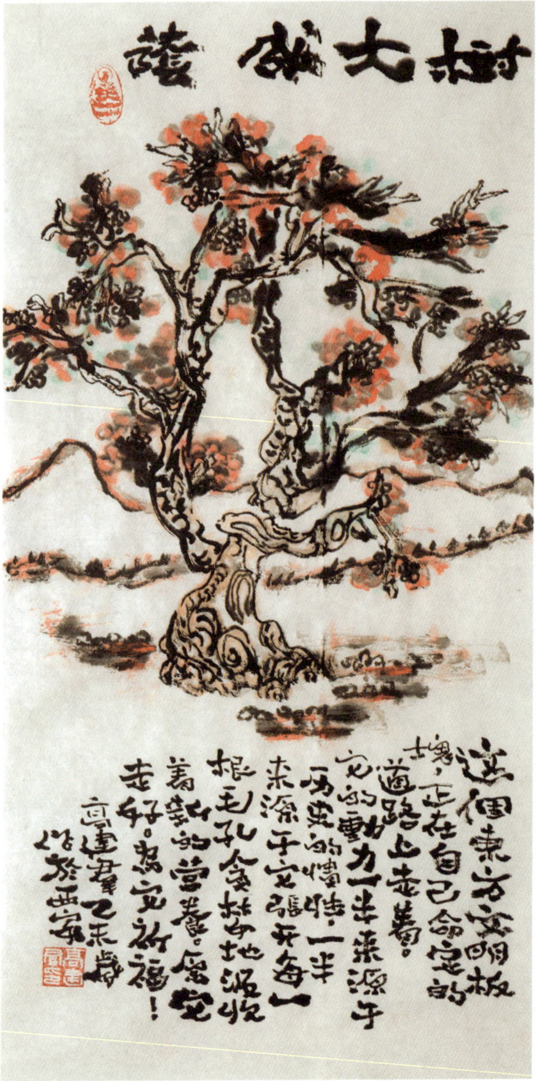
樹大成蔭
這個東方文明板塊，正在自己命定的道路上走着。它的動力一半來源于歷史的慣性，一半來源于它張開每一根毛孔貪婪地汲收着新的營養。愿它走好。為它祈福！
高建群作於西安 乙未歲

崆峒山
黃帝問道
廣成子處
高建群作

中天高挂半
钩月·曾照
洪荒第一年
泾川女娲
楹联
高建群作

有地域，起精舍，建伽蓝，修佛塔，弘扬佛法。记载说他亲自督造的寺院就有八万四千座之多，而竖立的那被后世称为“阿育王的石柱”的刻着佛教戒律的柱子，则遍布全国各地，不计其数。

这是国家行为。阿育王决心把他的国家和人民从混沌蒙昧状态中带出来，让它成为一个佛国，让佛教成为国家宗教。伟大的先知释迦牟尼在创立佛教二百年后，昔日的民间自发行为终于成为国家行为，得到体制的认可和君王强有力的支持。

第十五颗念珠

“中天高挂半钩月，曾照洪荒第一年。”

释迦牟尼的光辉，或者说佛的光辉，照耀在这块古印度文明板块，照耀在自喜马拉雅山西麓直至印度洋岸边这辽阔的土地上，照耀着这印度河与恒河流经的所有的地方。干渴的土地吸吮着智慧的乳汁，浸泡在一种大喜悦中，大地上的一切在迅速地成长。

在佛教的创世之前，这块土地是混沌的，是面目不清的，是为无边无际的黑暗所遮掩着的。这块土地瘴气弥漫，毒蛇猛兽四处横行，大象踩着巨掌，从城市的街心大摇大摆地走过。人们则目光呆滞，表情麻木，褐色的脸颊布满愚蠢，贫乏的大脑等待开悟。这时一种崇高的东西出现了，一束智慧之光闪电般地照亮大地，一场智慧的甘霖从天空洒向嗷嗷待哺的土地。在那令人沉醉的梵音之中，在僧众们那喉音有些含混的诵读中，一切都开始有了灵性，一切都像被施了魔法，一切都开始服从于规律和秩序。

是的，大地，河流，高大的树木，冰冷的石头，一切都在这梵音中，仿佛被施了魔法。大象开始服从于约束，载着华丽的坐帐从街头舞蹈而过，坐帐里的乘者在高高的半空，随着这大象脚步的颠簸而扭动腰肢。毒蛇变成耍蛇人手中的傀儡，在耍蛇人的从一个乡村到另一个乡村的游走间，它被装在耍蛇人的褡裢里，而一旦有音乐从竹笛中吹出，它便钻出褡裢，开始翩翩起舞。

第十六颗念珠

当亚细亚先知释迦牟尼，正赤着双足，在东方大地行走的时候，世界的另一端，另一翼，在欧罗巴大陆，在一个以智慧女神雅典娜而命名的城市里，一位伟大的西方哲学家出世，他望着东方，望着那佛陀行走的背影说：哪一条路更好，唯有神知道。

他叫苏格拉底。是的，哪一条路更好呢？唯有神知道。在释迦牟尼数百年之后，另一位先知耶稣出世。而在耶稣数百年之后，另一位先知穆罕默德，正穿过沉沉黑暗，向人类走来。基督教将诞生，伊斯兰教将诞生，它们连同这佛教一起，形成这世界的三极。

人类的一部分人将上帝叫作佛陀，而另一部分人则把上帝叫作耶和华，第三部分人则把上帝叫作安拉。这些人都是幸福的人，被阳光照耀的人，被爱和善包围的人，原因是因为他们有信仰。

当人们在一起谈论神明的时候，天使飞来了，包围着他们；当人们在一起谈论家长里短、世间琐事的时候，魔鬼飞来了，包围了他们。

但是上帝只有一个，他站在天堂的高处，以大悲悯的目光注视着人间，他无所不知，但是他又缄默不语。他只打发那些满嘴酒气，说着胡话，喜欢从一个地方向另一个地方流浪的人，借这些人的嘴发出他的神谕。

那第一个承载这个神圣义务的人也许叫琐罗亚斯德，他是伊朗先知，他创建的那个教后来叫拜火教。琐罗亚斯德令后世一个叫尼采的德国疯子着迷，这个尼采写作了一本书叫《查拉图斯特拉如是说》，这个查拉图斯特拉即是琐罗亚斯德。尼采创建了一种哲学，这种哲学叫超人哲学，告诉人你可以无限膨胀，告诉人你如果远离凡尘，躲进洞穴，躲进深山高岗，与野兽为伍，与鹰鹫为伍，与无限的孤独为伍，你将变得精神强大，你将成为精神的王者，你将成为世界的征服者和主宰者。

《查拉图斯特拉如是说》这本书，或者说尼采的超人哲学，直接地孕育了另一个德国人，这就是那个转动着地球仪，张开双臂，咆哮着“我要把地球一口吞掉”的第二次世界大战的肇始者，全人类共同的敌人和罪人希特勒。希特勒从那遥远的、两千多年前那股古老哲学的水流中，饮用了其中有毒的部分。

第十七颗念珠

另一位先知，人们叫他以赛亚先知。基督教神学家们根据《圣经》里所能挖掘出的一星半点资料，推测说，他当先知有五六十年之久，他出身犹太王族，是乌西雅王的堂兄弟。

《圣经》这本基督教奉为至高经典的经典，它无疑是一个结集，它把长达八百年，甚至一千年的这一时间段中出现过的那些先知们的种种预言，种种神谕，集束整理出来，编成这么一部经典。而《以赛亚书》构成这部经典的最重要和最文藻灿然的华章之一。

遥想，当基督耶稣赤着双脚，披着长袍，在耶路撒冷城宣谕的时候，他的手里拿着的经卷，当是《以赛亚书》。

以赛亚如果是个真实的人的话，他生活的年代，当是在公元前8世纪和公元前7世纪之间。叫人诧异的是在《以赛亚书》中，后面一些章节，则记载了公历纪元开始前二百年的一些事情，神学家们推测说，这是后人伪托的，是假借以赛亚之名续写的。

有意思的是，以欧洲为主要传播区域的基督教，被罗马帝国奉为国家宗教的基督教，它的最初的昭示者却是一个犹太人，它的发祥之地却在耶路撒冷。

其实，基督教的源头，伊斯兰教的源头，都来源于更早的一个教，它叫犹太教。这个如今被称为“中东”的地区，是人类定居文明的最早的发祥地，幼发拉底河与底格里斯河，是人类定居文明最早的摇篮，接着两河文明之后，即是叙利亚文明、犹太文明，与此同时在遥远的东方，中华文明板块已经开始形成，古印度文明板块也已开始形成，而那时的美洲和非洲，还处在一片蛮荒与混沌中。接着才是古希腊文明板块、古罗马文明板块。时间开始了，人类的觉醒期到来了。

先知以赛亚后来是如何死的呢？神学家们告诉我们以赛亚被装进空心的树干锯成两段而死。大约，人们对这个满嘴喷着酒气，整日胡言乱语，像个行吟诗人一样游走于城镇和乡间的人物，既讨厌又惧怕，于是把他装进一棵空心树里，这样，人们心安理得地将他拦腰锯断。人们自我欺骗说，这不是在杀人，而是在从事一项伐木的工作。

基督教正是从犹太教中剥离出来的。当一代一代的先知，在宣讲那上帝的教谕时，他们截取那古老教义中那些重要的部分、主要的部分、能够理解的部分、对眼前的世界解释有所帮助的部分，为我所用。于是，一股宏大的宗教潮流出现了，一群狂热的信徒出现了，而一位标志性的人物，那个先知耶稣的诞生与死亡，宣告这一座恢宏精神大厦的建成。

第十八颗念珠

伊斯兰教这座精神大厦的建成，比前者大约又晚了数百年。公元 610 年安拉在吉祥之夜，命天使吉卜利勒向一位叫穆罕默德的腼腆青年、牧羊人开始启示，这个启示过程，直到公元 632 年穆罕默德逝世。

这样，先知穆罕默德开始拄着拐杖，穿着长袍，包着头巾，在阿拉伯世界布道。

“万物非主，唯有安拉”这句口号，是他响亮地喊出，并迅速地传遍这世界的每一个角落。这情形，令我们想起佛教的伟大缔造者，佛尊释迦牟尼出世时那句掷地有声的宣谕：“天上天下，唯我独尊。”

“在这万籁俱寂的高贵的夜晚，以西奈山盟誓，以无花果盟誓。人们哪，你们要信你们的主。万物非主，唯有安拉。那些不行斋戒，不做礼拜，不敬安拉的人们哪，你们有你们的命运，而我，有我的命运！”

穆罕默德如是说。一部名曰《古兰经》的经典，记录了这些话。

穆罕默德还对遥远的中国，那一个古老东方文明板块，遥致敬意，他以手加额，手指太阳升起的东方，对信徒们说：“学问即便远在中国，亦当求之！”

穆罕默德把他所创立的教派叫“伊斯兰教”。“伊斯兰”一词在阿拉伯语中原意为“顺从”。而伊斯兰教的传世经典是《古兰经》，或被译为《可兰经》。

穆罕默德并不认为他的宗教较之基督教晚一些，从而处于下风。他说，伊斯兰教的教义中，汲取了基督教中的精华的部分，又剔除了基督教中那些被歪曲、被做世俗解释，以及被从原始宗教中所剔除的部分。从这个意义上来讲，伊斯兰教是在恢复犹太教的原始面目和原始解释。他创立的这个教派才是可靠的，正宗的，具有唯一性的。

这样，这个飓风般形成的宗教，占据着世界的要冲，迅速地一日三丈地成长起来，拥有数目庞大的信众，占据着这流着石油、流着蜜汁的世界高地。

第十九颗念珠

那是圣城耶路撒冷，和平之城，血光之城，暮色之城，那是众神泪落如雨的地方，那是天使失声恸哭的地方。

那大约是人类建立的最早的城郭之一了。那冰冷的、缄默的、公元前 10 世纪的石头上面有多少马刀砍过，多少马蹄踏过，多少鲜血淋过，多少寡妇和婴儿的泪水洒过。

耶路撒冷是犹太教、基督教和伊斯兰教的圣地。

那里有一道著名的哭墙，一年一年，当年被大卫王永远逐出的以色列人的后裔们，来到这面墙前，向壁而哭，哭声惊天动地。他们向神祇哭诉数千年之长、数万里之遥的颠沛流离之苦。

基督教教众来到这里，在圣墓教堂朝拜，根据基督教《圣经》记载，这里是耶稣受难、耶稣埋葬、耶稣复活、耶稣升天的地方。

当耶稣被捆上十字架处死，当所有的男人们，包括追随他的十三信徒都抛弃他了以后，有一个女人始终不离不弃，守着他的圣体，这个女人就是妓女抹大拉的马利亚。夜半更深在守灵中，疲惫的马利亚眼皮只稍微地眨了一下，当她重新睁开眼睛时，发现那块裹尸布还在一个角落里，只是耶稣的圣体已经不见了。于是她挥舞着裹尸布，冲出地堡。她看见太阳升起来了，像一个大车轮子停驻在东方地平线上，我主耶稣复活了，他赤着双脚，披着长袍，拄着拐杖，身披一身霞光，正迎着太阳升起的地方走去。他的身后，留着一串带血的脚印。

裹过耶稣的那块裹尸布，或者说妓女抹大拉的马利亚挥舞过的那块裹尸布，现在珍藏在伦敦不列颠博物馆里。

由于她不离不弃，由于她忠诚无比，所以她目睹了圣迹的出现，她看见了耶稣复活时的情景。于是她挥舞着裹尸布，一路跑去，把耶稣复活的消息告诉给路上遇到的每一个人。

所以基督教徒奉耶路撒冷为他们的圣地。

所以欧罗巴人说，耶路撒冷为欧洲的心脏，这个心脏奇异地长在身体之外。

而对于伊斯兰教的教徒来说，耶路撒冷的阿克萨清真寺，则是伊斯兰教的圣殿。

每年，全世界的穆斯林都要来这里朝觐。

他们磕着长头，从世界的各个角落，怀着对安拉的一颗赤诚的心，穿越千山万水，来到这里。每一个信奉伊斯兰教的男人，他一生最少要去一次耶路撒冷圣殿朝觐。

“那一年，磕长头，匍匐在山路上，不为觐见，只为感觉你的温暖！”头上蒙着头巾的男人们，用嘶哑的声音，这样吟唱道。

耶路撒冷呀，这天使哭泣的地方，这欧罗巴、亚细亚、阿非利加三块大陆的黄金界石，一位行吟诗人，抱着六弦琴，来到这里，对着这座和平之城，血光之城，暮色之城，他泪飞如雨，动人地吟唱道：

上帝给了世界十分美丽，
九分给了耶路撒冷，
剩下的一分给了世界的其他地方；
上帝给了世界十分哀愁，
九分给了耶路撒冷，
剩下的一分给了世界的其他人！

第二十颗念珠

有些先知顶着一头凌乱的头发，灰塌塌的脸上沾满油泥，眵目糊堆满了眼角，仿佛一副永远睡不醒的样子。那脸据说只有过河时才顺便撩起水来抹一把，胡楂乱长着。一件生满了虱子的短皮毛大氅，胡乱地裹住上身，当他行走途中饥饿时，会将手伸向皮毛里，顺便摸一只虱子，填进嘴里，嘎巴一声响，像吃一颗黄豆一样。他的裤子或短裙挂在裆上，仿佛会随时掉下来，但是永远不会掉下来，那裤腿或裙角已经磨得褴褛不堪了，吊在半腿上。他的脚上和手上的指甲，已经记不得是什么时候剪过的了，很长很长，指甲缝里充满了污垢。

他行走间通常会带一个酒壶，这酒壶大约是捡来的，来自一个刚刚熄灭了战火的战场的一名士兵的尸体上。这让他常常处在半醒半醉中。他的话言零乱，前言不搭后语，说话时总是举目望天，好像天上有什么风景值得他去看似的，好像在琢磨哪一块云彩会下雨似的。他的话语十分奇怪，村庄的本分的男人一般都不去搭理他，村庄的女人们中有些好心的，会背过家人，偷偷地给他的手中塞一块奶酪，或给他已经空了的酒壶里灌一壶骆驼奶做的酒，或马奶做的酒。

当他的那些朝天空或地上吐出的唾沫突然变成恶毒的咒语或吉祥的预言时，当在他的喃喃咒语中山岗突然塌陷、河水突然断流，或他所预言的某一件事情突然在第二天应验时，人们才突然明白过来，这是一位先知。农妇们站在家门口，叹息说，昨天从大路上走过，从我家门口走过的那位流浪者，竟然是一位先知，这是多么不可思议的事情呀！他们试图寻找，可是已经找不到他了。他的消失和出现都一样的突然。世界很大，双脚又把他带到了另外的地方。

第二十一颗念珠

有的先知则是另外的样子的。他有着高贵的举止，他光洁的前额仿佛永远顶着一团移动的亮光。他的眼睛坚毅、果敢，好像负有某种特殊使命的天外来客，他的胡须是整齐的，每天早晨起来一定要梳理一番，而在行走的途中又不断地用手来捋它。他头戴头巾，身穿黑色的袍子，那黑色的袍子从绿色的田野或褐色的山岗走过时，脚步坚定、有力、从容不迫，只有大人物才这样走路的呀！人们发出惊叹。当他还没有到来的时候，他即将驾临的消息，已经通过一个村子又一个村子，一张又一张人们的口，众口滔滔，传递过来了。人们念叨着他的名字，充满敬畏之感，他的名字在这一段时间会不停地敲击着人们的耳膜。而当他离去之后，他会作为传说，那名字和那事迹还会长久地挂在人们的嘴边。

这个世界是需要奇迹的，而他就是奇迹。

他会宣谕，把上帝的忠告告诉给每一个人。在人们的眼中，他就是上帝的神灵附身。上帝借这个附身传达出他的神谕。门徒则坚定地认为这传达出的声音即是上帝的声音。

人们会询问他许多事情，小到今年的秋庄稼如何，霜冻会在哪一天开始，丢失的毛驴应该在哪个方向去寻找，天空昨夜有一颗扫帚星划过是怎么回事。大到战争的谁胜谁负，国王的命运，世界的中心在哪里，世界的尽头在哪里这样大而无当的问题，小到我们上面说到的家长里短，人们都希望得到他睿智的回答。

他会回答的，不过他的回答是先知般的回答，模棱两可，不着边际，似是而非，含糊其词。你大约听不明白的，你只有经历过以后才会明白。中国人把这叫“过而知之”。

有时候，人们会提一个愚蠢的问题。人们说：“先知啊，显一桩奇迹给我们这些凡夫俗子看吧，请万能的慈悲的上帝展现一下他的真容吧！”听到这话，先知的脸色严肃起来，他会说：愚妄的人们哪，难道你们不知道，上帝钟爱他的每一个孩子，他无时无刻不与你们同在。请将你的手贴在左胸，此一刻，他就在你们心中呀！

这位云游者，布道者，上帝意志的宣谕者，他在路过一个村庄又一个村庄时，还会撩起衣袖，伸出手来，抚摸每一个孩子的头顶，为他们祈福。那些病人接受他的抚慰而会暂时地减轻病楚，那些麻风病人接受他手指的触摸之后会消除部分的自卑感，而那些垂死的人在他“上帝与我们同在”的祷告声中，会安详地离去。

在先知走过的地方，宣谕过的地方，人们会建起教堂。那教堂的钟声会定期地响起。那钟声嗡嗡嗡嗡地流满暖意，仿佛神的声音。在钟声中，人们会说，我们现在有了神的佑护、神的悲悯和神赋予我们的责任。我们是上帝的孩子。

第二十二颗念珠

除了上面那两种类型以外，还有第三种类型的先知。他们诞生在城市里，混迹在市井中，他们一生都在这像猪圈一样的城市的四面城墙中度过。但是他们是先知。大隐隐于市。他们的脚步懒于去丈量城墙以外的道路。但是他们此生一直在行走，从未停歇，那是思想在行走，视通万里，心驰八荒。

他们出身卑微，没有显赫的家世可资炫耀，他们家境平常，没有多余的金钱用作人生投资。他们在城市的一个角落里长大，在一眼喷泉或一本夹竹桃下长大，突然有一天成长为巨人。雅典城中的一个雕刻匠的儿子苏格拉底，就是这样的人。他被公认为西方社会的第一个真正意义上的哲学家，或者叫平民知识分子，或者如现在的人们所说的那种“公知”。

苏格拉底出生在希腊雅典一个普通公民的家庭，其父是雕刻匠，母亲是助产妇。见过他的人说他有着扁平的鼻子，肥厚的嘴唇，凸起的眼睛，矮小的身材，容貌平凡，语言朴实。说他一生都过着艰苦的生活，无论严寒酷暑，他都穿着一件普通的单衣，经常不穿鞋，对吃饭也不讲究，有一口吃食，能填饱肚子就行。

苏格拉底三十多岁时做了一名不计报酬，也不设馆的社会道德教师。他说，他的母亲是一位助产妇，而他，要做雅典青年思想的助产士。他把自己看作是神赐给雅典人的一个礼物，一个使者。

雅典这座为纪念智慧女神雅典娜而建的城市，也许是欧罗巴大陆最初的城市。城市有城墙，有花园，有喷泉，有市议会，有街头游荡的妓女，有市井中游手好闲的少年，总之，现代城市所应当具有的一切，它都拥有。当然，它还有伟大的思想家，即被称为西方古典哲学的奠基者的苏格拉底，以及他的学生柏拉图，以及柏拉图的学生亚里士多德。他们被尊称为“古希腊三贤”。

欧罗巴文明一般被认为有两个源头，一个是来自宗教的源头，即最初的犹太教和后来从犹太教中剥离出的基督教，一个即是从苏格拉底开始的希腊古典哲学。两条牛奶河交汇,灌溉着这片丰饶大陆。或者换句话说，一棵大树长出两个树杈，然后在顶上形成遮天蔽日的华盖。

四十岁左右的时候，苏格拉底这个平民哲学家，成为了雅典的远近闻名的人物。全雅典城的人们举行投票，要选出一个雅典城最有智慧的人，结果，这顶桂冠落在了苏格拉底头上。这期间，他曾三次当兵，参加过战争，他还做过雅典法庭的公民陪审员。他是一位雄辩家。他的滔滔不绝的口才来源于其深邃的思想，和对民主制度的坚信和坚守。而他的逸闻趣事充斥坊间。

在雅典恢复奴隶主民主制后，苏格拉底被控，以蔑视传统宗教、引进新神、败坏青年和反对民主等罪名被判处死刑。他饮下毒酒而死，终年七十岁（前 469—前 399）。

死囚牢中，苏格拉底对这个手里捧着毒酒杯的人问道："请你告诉我，我该怎么做才行？怎样才能帮助你体面地完成这个任务？"

那个人说："你喝下这杯毒酒后，只要不停地在这里走，如果感到两腿逐渐沉重起来，而且越来越重，你就躺下来，这表明毒酒已经生效了。"

于是苏格拉底高高兴兴、平平静静地喝下毒酒，开始在牢房里踱步，感到自己两腿发麻之后，便躺了下来。

送酒的行刑者走过来，摸了摸他的身体，觉得已经没有热气了，他可以向上峰去报告行刑圆满结束了。谁知，突然，苏格拉底又睁开眼，喃喃地对他的朋友克里说："克里，咱们该向医药神祭献一只公鸡。去买一只，别疏忽。"说完，这位伟大哲学家合上双眼，安静地离开了人世。

据说，当苏格拉底坐牢时，听见隔壁牢房里有个新来的犯人在哼歌。那是一首新歌，他从来没有听过。他请求那个犯人教他。监狱里的人都知道苏格拉底是死囚，行刑日期迫近。听了他的请求，唱歌的囚犯很吃惊："你不知道自己马上要被处决吗？"

"死，当然知道！"

"那你为什么还要学新歌呢？"

"这样我死的时候就多会了首歌了！"

苏格拉底之死是西方文化史上意义深远的事件，那死亡的烈焰照亮了西方后世几千年的天空，直至今日。仿佛一则寓言，一个谜，他策划了自己的死亡方式，以一场浩大的审判，以法律正义的名义判处自己的死刑。把自己生命的余烬凝成一个死亡之谜，给后世留下一道人文学科的"哥德巴赫猜想"。

"哪一条路更好，唯有神知道。"大智者苏格拉底站在两千四百年前那个人类的三岔路口，这样说。语气神秘、庄严、狡黠，甚至还带有一丁点儿的邪恶——恶魔般的邪恶。

而在苏格拉底说这话的时候，那个东方世界思想界的神，一个名叫孔子的精神的王者，已经完成他的布道，从而留给后世无限大的想象空间，然后悄然离世。

苏格拉底被称为西方的孔子，孔子则被称为东方的苏格拉底。

那真是一个光荣的世纪，先贤辈出的世纪，人类这棵大树枝叶婆娑，纷纷结出丰硕果实的世纪。

第二十三颗念珠

在佛祖释迦牟尼赤裸着双足，沿着印度河上下，沿着恒河上下，在五印大地上布道，以“修菩提行，起广大心”为行走口号，传播他的佛教理想的时候；当在欧罗巴的雅典城中，平民哲学家苏格拉底，在议会大厅滔滔不绝，以雄狮般的雄辩，宣传着他的民主、自由、正义的民粹思想时，在遥远的东方大陆，这个被人类学家称为中华文明板块的地方，那时候，也进入了一个星斗灿烂、先知辈出的时代，人们把那个时代叫作“春秋战国，百家争鸣”时期。

一个鲁国的十七岁的青年，他的母亲死了。他把母亲的灵柩停在城外，然后跪在灵柩前痛哭。就这样哭了半个月，他的哭声惊动了这个不大的诸侯国中的所有的人，大家都围观起来，问他为什么哭，并且哭得这样楚楚可怜。

原来，这位青年三岁的时候，父亲死了。他的父亲是一名鲁国的小官吏。那时他还少不更事，不知道父亲埋在了哪里，而如今母亲死了，这位青年希望将母亲埋到父亲的身边去。“谁能告诉我，父亲的坟墓在哪里？”这位青年跪着问。这个发生在两千五百多年前鲁国都城曲阜街头的情景，大约像我们今天偶尔在城市街头见到的那种“卖身救父”的情景一样。

这位青年叫丘，姓孔。他的相貌怪异极了，头顶上中间凹下，四面凸起，因其父母“祷于尼丘得孔子”，所以得名丘。他还长着两颗大板牙。不久以后他将成为天下尽知的人物。当孔丘穿着破旧的袍子，乘着吱吱扭扭的牛车，带着他的弟子、贤人周游列国、传经布道时，他的“圩顶”，大板牙，长长的满脸胡须的形象，便广为人知，便被一直定格到我们叙事的今天。

孔丘是和释迦牟尼同时代的人。他比苏格拉底则要早一些。他死去十年后，那个西方的孔子——苏格拉底降生。

鲁国城外，这位十七岁青年的哭声终于得到了回应。围观的人群中，有人知道孩子的父亲埋在哪里。这样，孔丘的母亲的灵柩，得以被埋在了他父亲的身边。七七四十九天守完孝，这孩子从坟头上站起说：我无牵无挂了，我长大了，我要行走，这行走从坟头前开始。

又有一种说法，他在坟头上守了三年，搭个茅棚守在那里，按照周礼的要求，这叫守孝。三年后回到曲阜城，最先的时候，混迹在这个小王朝的官场上。鲁国是一个小国，是那大名鼎鼎的周王朝开国功臣周公旦的分封之地。而中国人三千年来沿袭下来的这种礼制，源于周公。所以孔老夫子认为，作为鲁国人，他在面临“礼崩乐坏，人心不古”的乱世时代，理所当然地具有“克己复礼”的人生使命。

这样孔丘开始周游列国，宣传他的政治理想。他的政治理想其实只有四个字，那就是前面提到的“克己复礼”。从人文初祖轩辕黄帝开始的这个东方文明板块，行进到孔子的年代时，已经有两千两百年之久了。轩辕黄帝叫人们从树上走下来，从洞穴里走出来，建起房子居住。轩辕黄帝叫他的妻子嫘祖用蚕丝织成衣服，让人们脱下身上的兽皮，叫人们不要光着身子，叫人们知道害羞。轩辕黄帝让他的史官仓颉造字，于是这世界有了文字。轩辕黄帝又让他的粮食官杜康造酒，于是酒气冲天，弥漫了后世几千年。轩辕黄帝又让他的乐师造出五律，于是有了音乐。轩辕黄帝在与蚩尤涿鹿大战时，面对大雾弥漫，遮天蔽日，又让风后造出指南车。

第二十四颗念珠

黄帝部落的游猎，最初当在西北黄土高原地面，也就是今天人们所说的黄河中游偏上一点的地区。黄河在进入晋陕峡谷前，有个“几”字形的大弯，那里有个县，叫神木，神木境内有一座山，叫石峁。考掘发现，这大约是黄帝部落当时所筑的城池，是已知的史前城址中最大的一个。城池中有城墙，城中有主体建筑，原始宗教的祭祀场所，房屋和窑洞，石砌的墙壁，象征城市公共设施的下水道。它距离现在大约有五千年，正是公孙轩辕时代。石峁城市遗址与伊拉克两河流域文明所建立的、被史学家所认为的人类定居文明建立的第一座城市，属于同一个时期。这就是说，文明是同步发展的，当那座城市在筑建时，东方的天空下，这座城市也在筑建。

轩辕黄帝死后，葬于陕北高原南部，黄河西岸一个过去叫作中部、现在叫作黄陵的县境。在一座松柏遮掩的桥山之巅。司马迁在《史记》中说“黄帝崩，葬桥山”。桥山是陕甘分水岭——子午岭的一支支脉，子午岭则是昆仑山的一支余脉，是昆仑山这个“千山之祖，万水之源”伸向中华腹地的一支绵长伟岸山脉。

桥山之巅那圆状的土包，据说是黄帝的衣冠冢，而黄帝本人，则升天走了。黄帝在位百年，活了一百一十一岁，娶有四妃十嫔，得二十五子。他的儿子和孙子后来被分到中华大地，形成七十二个国家。黄帝升天时，百姓和臣子们恋恋不舍，拽住黄帝的一只脚，不让他走。结果黄帝还是走了。众人手中拽着的，只是黄帝的一只靴子。因此桥山顶上这圆圆的土包，号称是中华第一陵的地方，其实只是衣冠冢，埋的只是一只靴子。

后世的诗人们调侃说，黄帝丢失了一只靴子，从此中华文明的历史，就跛着脚，一瘸一瘸地前进。而在孔子时代，当人们请教圣贤孔子，问道："黄帝固然长寿，但寿期也就是一百年出头，那么，为什么，大家都说，黄帝大寿三百年呢？"孔子答道：生而人得其利百年，死而人畏其神百年，亡而人用其教百年，三个百年相加，不就是三百年嘛！众人听了信服，不再争辩。

这里说的教就是道教，也就是所谓的黄老之学。传说黄帝走到甘肃泾河旁边的崆峒山，来到登天梯下面，问道广成子，从而得到“道”的启示。而到了孔子的年代，世上出了另一位与孔子齐名的高人，名叫李耳，人称老子，从而令这个中华本土的原始宗教——道教，得以确立。这样，再加上孔子以及他的弟子们所完成的儒教，加上后来从印度传入的佛教，三教合流，为中华文明奠定了根基。

黄帝还曾经问医于岐伯，从而有《黄帝内经》医书传世。又曾得九天玄女传授的长生不老之术。道家后来的炼丹术，各种巫术，各种耸人听闻的大预言，神神鬼鬼、虚虚实实等，大约都与此有关。

黄帝时期还发生过几次大的战争。一是与炎帝的战争，以和解作为结束，一是与蚩尤的战争，以将蚩尤部落赶入西南十万大山作为结束。中原逐鹿，鹿死谁手，就是说的与蚩尤在河北平原地面上的恶战。

蚩尤部落逃入西南大山，形成如今云贵川渝地面的渔猎文化现象。这地面有一种古老的剧种，叫傩戏，演出者戴着类似四川三星堆遗址出土的那种面具，剧场两边柱子上的对联，一边叫“于斯一席之地可家可国可天下”，下联叫“虽然寻常人物能文能武能鬼神”。西南十万大山之中，村村寨寨，尤其是少数民族村寨，时常出一些能鬼能神，上刀山下火海的“蛊婆”“巫师”之类。他们从一出生就是，仿佛上苍打发来这儿似的。代代有之，自那时起以至今日，绵继不绝。

前些年，人们习惯将中华民族叫成“炎黄子孙”，即黄帝与炎帝的子孙，后来西南少数民族提出异议，认为蚩尤部落也是中华民族的一部分，于是媒体改称“华夏子孙”。

第二十五颗念珠

中国的史书认为，中华民族的历史，或者说中国的立国史，或者说这个东方文明板块的发祥史，从三皇五帝开始，接着是夏朝、商朝、周朝，接着是春秋五霸、战国七雄，随后是秦的封建大一统，随后就是以此类推的比较明晰的朝代更替，直至我们说话的今日。

三皇是谁，有诸种说法。一般公认的说法，是指上面我们所说的轩辕氏即黄帝、神农氏即炎帝，另外一位，则是比黄帝、炎帝都更早一些的伏羲氏，他叫太昊。史书还认为，这些传说中的三皇，大约并不是后来人们常说的那种“皇帝”，而仅仅是某一个大的游牧部落氏族部落的首领。

另有说法则认为，三皇是指伏羲氏、燧人氏、神农氏，而轩辕黄帝似乎要晚一些，当为五帝之首。远古传说，初民时代，没有文字记载可证，仅仅是口口相传、代代相传而已。

甘肃天水人认为，伏羲氏的故乡在他们那里。甘肃泾川县人则认为，女娲的故乡（最起码是女娲的主要活动区域）在他们那里，他们在一座山上建了座王母殿，左右两边对联是“中天高挂半钩月，曾照洪荒第一年”。

正像西方神话认为人来自亚当夏娃的结合一样，东方传说认为人类最初的始祖是伏羲和女娲。

伏羲女娲交媾图被认为是中华民族最早的生殖崇拜图腾。一对青年男女，上身赤裸，相对而视，下身则像蛇的尾巴那样交织在一起。在陕北民间剪纸艺术家白凤兰的农民画中，曾有这样的图案。在新疆高昌故城唐代汉将军墓的穹隆顶上，亦有这样的图案，而在近些年，中日美英法德六国科学家组成的人类基因破译小组，在经过多年艰苦破译以后，所破译出的人类基因图谱，即著名的“蝌蚪图”，亦与这伏羲女娲交媾图有着神奇的相似。

当人们问那位民间剪纸艺术家怎么能画出这么一个图案时，她说她不知道，这是老辈传下来的图案。当问这个图案说的是什么故事时，老太太害羞地说，发生了大灾难，也许是洪水吧，浊浪滔天！世界上几乎所有的人都灭绝了，天底下只剩下一对兄妹。神说，你们结婚吧，为了这世界上继续有人类。两兄妹害羞地说，我们不能结婚，我们是兄妹，这样做叫乱伦。神沉吟半天，说：“那么，让我们听从天意吧。这里是两扇砬盘，上扇为阳，下扇为阴，你们兄妹两个各扛一扇，将这砬盘从山顶滚下山坡，如果到山底下后，这两扇砬盘合在一起了，那你们就结婚，这是天意，上天不会谴责你们的；如果砬盘依然分开，那就注定人类当灭了！”

这样，兄妹俩各扛着一扇砬盘，从山顶向下滚去，多么的奇怪，当砬盘滚到山脚下，停住的那一刻，咔嗒一声，两扇严丝合缝地合在一起了。于是两人害羞地但是勇敢地就地躺下来，女人捧起裙摆，盖住自己的脸。于是那一刻，泉水开始潺潺流淌，野花开始美丽开放，大树开始御风飞舞，太阳开始凄凉又热烈地照耀在大地上。一切有了灵性，一切有了生命，一切又从头开始。

在女娲传说中，黄皮肤的中国人是女娲用泥巴一个一个捏成的，这叫“女娲抟泥，造出人类”。还有传说说，天漏了，大雨如注，地面上一片汪洋，女娲于是炼出五彩石，来补天上的漏洞。漏洞补住了，雨停了，那些五彩石后来变成了天上五彩的星星。

女娲炼五彩石补天的那地方，在陕西的临潼山。临潼山的山顶，有女娲庙。山的背后，有一条谷叫女娲谷，相传那就是女娲补天的地方。后世的秦始皇，曾在一个叫“焚书坑儒”的事件中，将四百六十个儒生哄到这山谷里发思古之幽情，然后用黄土将他们活埋。因此这谷又叫“坑儒谷”。到了今世，西安事变张杨兵谏，惊慌失措的蒋介石，曾经沿着这条山谷逃逸，后来被兵谏士兵们捉住。

第二十六颗念珠

这个以黄帝部落为主体，加上炎帝部落，加上蚩尤部落，加上许多我们业已茫然不知无从查考的种种部落，所组成的东方人类部族，或曰种族，或曰族群就这样形成了。禹将这一块土地，分为九州来管理，所以中华又叫神州，或曰赤县神州。

人类从蛮荒与愚昧中走出，开始懂得耻辱，懂得礼仪，懂得农耕，懂得驯养野畜。那是三皇的年代记忆。老百姓唱着这样的古歌，这歌被称为人类初民时期的歌。“日出而作，日入而息，凿井而饮，耕田而食，帝力于我何有哉！”——这话的意思是说，早晨我扛着老镢头上山种地，晚上我回到家里脱裤子睡觉，渴了我掘井，饿了我耕田，我骄傲地自食其力地活着。那帝王的力量，虽然无疆不届，无比强大，但是只要我不逾矩，不去触犯他们，帝王又怎能奈何于我呢？

一般认为，这支东方人类族群的主要部分，他们最初居住在黄河的最大支流——渭河流域一带，后来则散漫开来，足迹遍布黄河中上游地区。神木石峁黄帝部落所建立的那座五千年前的都城遗址准确地证实了我们这一推断。尔后，这支人类族群便向南，向南进入黄河流域中下游，进入那孔子的家乡，继而又进入长江流域，与逃遁到西南十万大山中的蚩尤部落去对接。

相信在那个时期，渭河中下游所形成的这块后来被称为“八百里秦川”的冲积平原，还是一片泽国，古人类是住在半山上的。白鹿原上半坡村的古人类们，我们那遥远的祖先，他们白天狩猎，制陶，间或抬起头，望着家门前老槐树下的这一汪浩瀚之水发呆；夜来，则吹着一种古老的陶制乐器——埙，召唤别的部落的异性，越过鸿沟，来这穹顶的茅草屋中幽会。唉，幽会，它是一份稀释剂，借此稀释人类那几千年的苦难，诱惑人类一代一代地活下去。

在半坡母系氏族遗址上，一座占地颇大的茅草屋遗址的旁边，人们挖掘出一个当年的公墓。里面有两百多个男女，他们被反剪着手，分明生前是被绳索绑着的，然后身体蜷曲，面向西方而卧，成队成行排列。没有人知道这是怎么回事。所有的解释都只能是猜测。

人们曾经从这两百多个古人类中挑出几个，进行面部复原，骨骼分析，结果发现他们的骨骼修长、纤细，而他们的面相，则类似今天中国岭南一带的人们的长相。这是怎么一回事呢？不得而知。中国的北方人种，或曰长江以北的人种，是蒙古人种，中国长江以南的人种，是马来人种。那么这是怎么一回事呢？是由于后来的朝代更迭，战乱频仍，尤其是长达三百六十九年的魏晋南北朝、五胡十六国之乱以后，半坡的居民们已经流落到了长江以南地面上去了吗？不得而知。眼望为沉沉黑幕所遮掩的杂乱昨日，我们所能做的唯一事情只是一声长叹。

有好事者，拿这两百多具骨骼，去做了一个身高测定，从而取其平均值，得出的结论是，男人的平均身高是一米六五，女人的平均身高是一米五五。这话是不是可以这样说，距现在五千多年到六千年时候，那时中国人的平均身高，男人是一米六五，女人是一米五五。

半坡母系氏族遗址上，那覆盖的土壤，最底下一层是原始土层，即从一亿五千万年至三亿年前塔克拉玛干方向吹来的黄土堆砌而成的（偌大的西北高原即是这样形成的）。原始土层上面，是两米厚的文化层，这一层是先民们的活动所遗留下来的，堆砌着许多的诸如美人瓶、阴阳鱼之类的陶器，和各种兽骨，各种诸如骨针、石刀、石斧之类的东西。最上面一层，是浮土覆盖层，厚度也是两米。这说明了什么呢？说明黄土的搬迁，一直在进行着，六千年是两米，以此计算，六百年该是二十厘米，六十年该是两厘米。那是沙尘暴带来的黄土搬迁吗？不知道。

第二十七颗念珠

上面我们说了，三皇是伏羲氏、神农氏、轩辕氏。这是比较普遍的说法，当然还有许多别的说法，例如三皇之例，去掉轩辕氏，而加上燧人氏，即钻木取火的那位部落领袖。从而把轩辕氏排下来，列为下来的五帝之首。

那是一个产生神话和传说的年代，凡事都不可太较真。因此在我们的叙事中，还是沿袭我们最初的那个说法。

传说中的五帝是少昊金天氏，颛顼高阳氏，帝喾高辛氏，帝尧陶唐氏，以及帝舜有虞氏。

再下来就是清晰可见，有碑载文化可查，有青铜礼器可证的夏朝、商朝、周朝了。

五帝时代的唐尧、虞舜，夏商时代的夏禹、商汤，古称“四贤”，他们都是有为的帝王，也是轩辕氏的子孙。后世的中国人激励自己时常说一句口头禅——“人人皆可为尧舜”，意思是说只要你约束自己，勤勉做事，你也可以成为圣贤。史书则用“天下大和，百姓无事”赞美那个混沌初开、民风淳朴的伟大时代。那个时代，还叫氏族社会时代。而氏族社会时代的瓦解和奴隶制时代的开始，是从一个重要人物开始的，这就是治水的大禹。

大禹是黄帝的玄孙，娶涂山国之女首领涂山氏为妻。人们考证说，涂山在今天安徽蚌埠一带。大禹的父亲叫鲧。在尧舜二帝的年代，黄河泛滥，赤县神州水患不断，先是鲧治水九年，无功而返，舜杀了鲧，然后召集大臣们开会，公推新的治水领袖，众大臣们说，如果大王敢用人的话，鲧的儿子，一个叫禹的年轻人，可当此重任。贤明的君王舜于是同意了。

新婚第四日，禹踏上了治水的征途。舜又派伯益和后稷两位贤臣协助禹治水。禹的父亲鲧治水的时候用的是“堵”的办法，修坝造堤，想把泛滥的洪水堵住，这样水便越堵越多，而天空仿佛露了底一样，大雨如注，于是满世界一片汪洋，人们生活在汤汤不退的水患中，生活在潮湿阴冷、毒蛇猛兽出没的沼泽泥潭中。

禹则采取了“疏导”的办法。他赤着双脚，带领伯益和后稷，将天下九州，一一踏勘，山形水势尽在掌握，然后开山辟河，疏通条条河流通往大海的道路，他做的一件重要的工程，是将黄河中游的梁山劈开，凿出一条河道，这河道叫十里龙槽，黄河这边的山叫“梁山”，属陕西，黄河那边的山叫“吕梁山”，属山西。而咆哮的黄河在冲出十里龙槽，行驶到白马滩地面以后，从一个叫“龙门”的地方冲出晋陕峡谷，进入广阔无垠的平原地带。这个“龙门”亦给后世留下一个“鲤鱼跃龙门”的说法。

大禹治水的另一项壮举，是凿通、凿宽渭河入黄处。在大禹治水之前，八百里秦川还是一片泽国，汪洋一片，毒虫猛兽出没，黄河像摇头晃脑地行走，那水深的地方是旋涡，水浅的地方是沼泽和遮天蔽日的芦苇丛，所以那白鹿原下半坡村的人们，只能坐在家门口望着这一摊浩瀚之水发呆。

大禹疏通了渭河入黄处，于是渭河水哗的一声泻了下来，乌黑的泥土露了出来，渭河慢慢地从平原的中心，勒出一条深深的河槽。水流归黄河，人撵着河流走，这样从秦岭的半山坡往平原上搬迁，于是在渭河平原上，一个又一个村庄星罗棋布地布满了平原。在众多村庄的拱拥下，人们建起了一个最大的村子，这就是后世被称为千古帝王之都的长安城。秦人把村子叫堡子，把这长安城叫“大堡子”。

而为了纪念的缘故，人们将渭河入黄处，叫作“禹门口”。因为天下九州，都得到过大禹治水的恩惠，所以后世又把“神州”称为“禹州”。人们还在河边的石头上，刻下颂歌来赞美他。那颂歌被称为《夏禹书》或《夏禹颂》。

天下大和，百姓无事。贤明的君王虞舜，便将帝位传给了治水的大禹。禹将他的国号叫“夏”，因此世人也叫他“夏禹”。夏禹分封诸王，率领人们“尽力乎沟洫”，整治土地，开挖沟渠，于是形成了方块田，即最初的井田。史书上说：“夏禹带冠”意味着奴隶制开始，氏族制度瓦解。

而当年协助大禹治水的副手，有个叫后稷。也许后稷是一个人的名字，也许不是人名，而是官位，即三皇五帝时代的农业官。当大禹治水的同时，他的副手后稷也和他一起规划着九州地面的农耕事宜。

夏之后，接着是商汤，而接替商朝的是周朝。这个“周”，正是后稷的后人们所创立的。中华文明，被称为农耕文明，这个农耕的鼻祖，就是传说中的后稷。

在周之前的历代帝王，一般被认为是半农半牧的部落首领，今日东海，明日南山，风一样地在神州大地上行走，举止飘忽不定。到了周，这个东方文明板块，才切实地将双脚踩在了坚实的大地上，精耕细作，为古农耕文明奠定了千秋基业。这也就是后来孔子“克己复礼”的原因，他说他要复的是“周礼”。

第二十八颗念珠

后稷的部落，居住在渭河岸边一块因大禹治水而裸露出地面的台地上。那地名叫“武功”。渭水发源于陇东一个叫“鸟鼠山”的地方。《水经注》中说：“鸟鼠同穴，渭水出焉！”那山上，从上往下，一连有三个泉子，它们是渭水的源头。这渭水，在经过陇东高原跌宕的行程后，从陈仓地面一个叫大散关的地方，猛地一跃，进入渭河平原。

后稷的孙子叫公刘。在公刘担任这个部族的首领的年代里，与商王朝有了嫌隙，那时公刘该是商王朝的农业官吧，于是，为避祸端，公刘带领族人，离开渭河流域，向北翻了一座大山，将部落带到了泾河流域。公刘开始立国，他将他的国名叫作“豳国”。“豳”是自创的一个字，山那边有个老家，山这边又有个新家，两个都是家乡，所以这个“豳”字，是“山”字的上面，摞两个“豕”字。豳字在唐朝时候改作“邠”，在当代，则改作“彬”。音不变，字改了。正所谓“三千年三易其字铿锵乡音总不改”。

后来到了古公亶父的年代，这个因为韬晦之术而变得强盛了的部落，重新翻过山去，凤鸣岐山，在紧挨着武功的渭河上游，一个叫岐山的地方，建立周王朝，分封了齐、鲁、燕、魏等诸侯国。

周文王姬昌开国，曾被囚于商的国都朝歌。周武王姬发伐纣，灭纣建国。半人半神的姜子牙渭水河畔钓鱼，被周文王访着，成为周的国师。“姜太公钓鱼——愿者上钩”成为民间的一句歇后语。“文王梦熊，渭水泱泱”，则是文化人对这件事的同一个意思的说法。姜子牙钓鱼台如今成为那块地面一处名胜，姜子牙本人，亦成为一个半人半神的传奇人物。

周得天下后，定都在镐京，即今天的西安城西南十几公里处，“八水绕长安”中，一条名叫“丰水”的河流旁边。“文王做丰，武王治镐”，丰京在丰水的西岸，镐京在丰水的东岸，两京并称，叫作丰镐二京。周武王建国，大封功臣谋士，周公旦封于鲁。鲁即后世孔子的国家。但周公一直留在镐京，辅佐朝政，治理天下。鲁国则交给他的儿子去治理。

这个周公，还制礼作乐，建立了周朝的各种典章制度和礼乐制度，确立了以宗法制度为中心的政治制度。

西周三百年，亡于周幽王。有一个美女，叫褒姒。褒国在秦岭以南，如今那地面叫城固。秦岭最高峰叫太白山，太白山山顶生出两股水，一股往南面流，流入褒国，这水就叫褒水，一股往北面流，流入关中，这水就叫斜水。那著名的褒斜道，即指顺这两条河的河床，开斩出来的道路，修凿而成的栈道。后世的韩信将军“明修栈道，暗度陈仓”，就指的这条路，而诸葛亮的六出祁山，那上面屡屡谈到的褒斜道，亦指此。

想来，那“姒”是她的姓氏，那“褒”是她的国名。这两个字连起来说，是“一个来自褒国，姓‘姒’的美丽女子”。褒姒天生矜持，难得露出一笑，这大约叫“拿班”，叫“矜持”，美人的伎俩。美人见了周幽王，亦是如此。为了博美人一笑，周幽王听说褒姒喜欢听撕扯布帛所发出的撕裂声，于是镐京城宫中的布帛，一匹一匹拿出，让人撕裂，叫褒姒听这声音。幽王还说了，我还有更好玩的事情，狼烟一发，像要魔术一样，一瞬间可招来天下九州各路兵马。这样说了，周幽王于是用车载了褒姒，来到不远处的临潼山，那个三皇曾经居住、女娲在此补天的地方。半山腰上有一座烽火台，烽火台内芯装满了狼粪，这是当时的一项军事设施。周天子倘若有难，便将这狼烟一点，烽火台东西南北方向都有，只要一个点燃，就一个一个接踵被点了，危情信号会直达边关。而今，这周幽王将临潼山的狼烟一点，一股青烟直直地冒起，扶摇直上，果然四周狼烟呼应，天下惊恐，不出三日，天下兵马皆聚集于临潼山地面。这回，美人褒姒倒是笑了。这后来，为逗美人一笑，周幽王大约又点了几次，最后一次，当他真的有难，点燃骊山烽火狼烟时，天下竟没有一路兵马来救。西周就此灭亡，而东周开始。

周幽王废王后申氏，而立褒姒为王后。又废太子宜臼，而立褒姒的儿子伯服为太子。这事惹恼了申后的父亲申侯。申侯于是联合西部犬戎，举兵攻打周幽王，在骊山下杀死周幽王。宜臼继位，是为周平王。鉴于请来的西戎兵马迟迟不退，时常滋事，周平王迁都洛邑。史称“平王东迁”，至此东周开始。

东周自公元前770年开始，至公元前256年结束。那个年代，天子虚弱，诸侯国蜂起，因此，又被称为东周列国年代，春秋五霸年代，战国七雄年代。直到强秦的出现，才完成这封建大一统。

第二十九颗念珠

从初民时期一直到那个时代所产生的歌谣，有好事者把它整理出来，从三千多首诗歌中（一说一万多首中）遴选出三百零五篇，集成一部书叫《诗经》，或者叫《诗经三百篇》，或者叫《诗三百》。这个删改和编辑的好事者，极有可能是孔子。孔子在他的《论语》中，不止一次地提到过“诗三百”这句话，而另一位圣哲墨子也说过“诵

《诗三百》，弦《诗三百》，歌《诗三百》，舞《诗三百》”这句话。

《诗三百》是上古社会生活的一部百科全书，是五千年中华文学传统的伟大源头。饥者歌其食，劳者歌其事，怀春少女歌其爱情，再加上颂诗、讽喻诗、祭祀时用的咏唱、对君王的赞美等等，组成一部庞大诗卷，以“诵之，弦之，歌之，舞之”为删编标准。让我们设想一下，大约，那些丢失了的，被永远地弃于时间黑洞深处的另外的诗歌，会具有更大的价值，会向我们透露出更多初民时代的信息。可惜它们已经没有了，像没有出现过一样重新被大地收走。

第三十颗念珠

上古时代的歌谣，或诗颂，且让我们录几首在此，以见识一下它们的风采。[①]一、《关雎》。关关地唱和的雎鸠，正在大河的沙洲。幽闲深居的淑女呀，是君子的梦中情人。参差不齐的荇丝菜，或左或右漂流不定。幽闲深居的淑女呀，醒呀，睡呀追求她。追求她不得，醒呀睡呀相思更切。老想哟，老想哟！翻来覆去可睡不得。参差不齐的荇丝菜，或左或右采摘它，幽闲深居的淑女呀，用琴瑟撩拨她。参差不齐的荇丝菜，或左或右拨着它。幽闲深居的淑女呀，用钟鼓来欢乐她。二、《汉广》。南方有乔木，不可休息哟。汉上有游女，不可求得哟。汉水的宽呀，不可赤身泅渡哟。江水的长呀，不可筏子渡过哟。多翘翘的杂树林，我就割取它的黄荆。这位女子

① 书中所选《诗经》篇目译文，选自陈子展先生所译的《诗经直解》，复旦大学出版社出版。此处只有少许改动，基本维持“直解”之原貌。在此诚挚致谢。

出嫁，我就喂好迎她的大马！汉水的宽呀，不可赤身泅过哟。江水的长呀，不可筏子渡过哟。多翘翘的杂树林，我就割取它的长蒿子。这位女子出嫁，我就喂好迎她的小驹子。汉水的宽呀，不可赤身泅过哟。江水的长呀，不可筏子渡过哟！三、《木瓜》。投赠给我的是香果木瓜，报答给他的是玉佩琼琚。不是图报呀，永久以为友好呀。投赠给我的是香果木桃，报答给他的是玉佩琼瑶。不是图报呀，永久以为友好呀。投赠给我的是香果木李，报答给他的是玉佩琼玖。不是图报呀，永久以为友好呀。四、《采葛》。他采长葛啊，一日不见，好像三月啊！他采香蒿啊，一日不见，好像三秋啊！他采生艾啊，一日不见，好像三岁啊！五、《硕鼠》。大鼠、大鼠！莫吃我种的黍。多年服事了你，不肯给我照顾。发誓要离开你，往到那个乐土。乐土，乐土，哪里得到我的住所？大鼠，大鼠，莫吃我种的麦。多年服事了你，不肯报我的德。发誓要离开你呀，往到那个乐国。乐国，乐国！哪里取得我的所值？大鼠，大鼠，莫吃我种的苗。多年服事了你，你不肯念我勤劳。发誓要离开你，往到那个乐郊。乐郊，乐郊！有谁去了痛苦长号？

第三十一颗念珠

六、《蒹葭》。芦荻色苍苍，白露已成霜。据说这个人，在水的一方。逆流而上去从他，道路艰险又太长。顺流而下去从他，宛然就在水中央。芦荻冷凄凄，白露还没干。据说这个人，在水的岸边。逆流而上去从他，道路艰险又难攀。顺流而下去从他，宛然就在水中滩。芦荻密稠稠，白露还没收。据说这个人，在水的边头。逆流而上去从他，道路艰险又偏右。顺流而下去从他，宛然就在水中洲。七、《七月》。七月里黄昏大火星移下朝西，九月里天气渐冷发给了寒衣。十一月里有寒风猛吹得哔哔叽叽，十二月里有冷气发抖得栗栗冽冽。没有好衣也没有粗服，拿什么把这一年结局？正月里要去修理农具犁头，二月里提起脚板来把工做。同我的老婆儿女一路，送饭到那南亩而去，让田官到来饮酒吃饭舒服。七月里黄昏大火星移下朝西，九月里天气渐冷发给了冷衣。直到仲春日子便算青阳，那叫着的黄鹂又名离黄。一些采桑女子手拿大筐，沿着那条墙下小路前进，于是去找柔嫩嫩的新桑。仲春日子慢慢地长了起来，去采白蒿生蚕的人一堆堆。那些女子心里不免悲伤，恐怕要与那些公子同归！七月里黄昏大火星移下朝西，八月里作蚕箔的芦荻准备齐。直到养蚕月季要挑一只只的桑，拿出那些斧头不管斧孔的圆方，就用斧头砍伐桑枝的太老而长，采桑不伤枝条就斜攀那些嫩桑。七月里可有伯劳鸟儿叫唧唧，八月里丝事已完就把麻来织，丝麻染了黑的就黑，黄的就黄，我们有朱红的纺织品特别漂亮，拣那些高贵的料子做公子衣裳。四月里有不开好花却又结实的苦葽，五月里有胡蝉子不断叫着知了知了。八月里大家忙着收获，十月里草木枝叶枯落。十一月就去猎貉子，拿着那些狐狸的细毛，为贵族的公子做皮袍。十二月里大家忙着聚拢，就继续练习些打猎武功。归我们私有的只是小野猪，贡献三四岁的大野猪归公。五月里螽斯儿叫，切动它的两股，六月里纺织娘叫，振动它的翅羽。七月里才出生在田野，八月里在屋檐下泥土，九月里有的躲入人户，十月里这蟋蟀进入我们的床下。将洞穴一起填塞先将鼠熏，塞好朝北的窗子泥好门缝。可怜我的老婆儿女，说是为了过年度冬，都进入这屋子居住。六月里可吃到郁李和野葡萄，七月里有冬苋菜和豆子烹调。八月里枣子成熟了要去扑枣，十月里晚稻成熟了要去割稻。就酿造这种春酒，去祝给豪眉大寿！七月里有甜瓜可以生吃，八月里摘断瓠瓜藤尖子，九月里搭起苴麻做羹汁，采了苦艾又砍臭椿做柴烧，养活我们农夫的可真糟糕。九月里修筑好了场圃，十月里把庄稼缴纳去，黍子稷子有晚造早造，及一切谷物麻麦和豆。可怜的我们这些农夫！我们把庄稼都已聚拢，还得上去做宫室里的工。白昼呢就得去打丝茅，夜里头就得搓绳绞绹，赶快地去爬顶修理野庐小屋，将要开始起来播种那些百谷。十二月里凿取冰块响冲冲，正月里把它放进了冰窑凌阴。二月里在选好的一个清早，贡献羔羊韭菜开冰先祭寝庙。九月里秋高天气肃爽，十月里草木摇落景象。把酒一樽又一樽的宴飨，于是宰杀了一些肥嫩的羊，大家登上了那里的公堂，举起那贵重的酒器樽觥，祝愿他们受福万寿无疆！

第三十二颗念珠

八、《南山有台》。南山有莎草叫台，北山有藜菜叫莱。乐哉君子，您是国家之基！乐哉君子，愿万寿无穷期！南山有树叫桑，北山有树叫杨。乐哉君子，您是国家之光！乐哉君子，愿您万寿无疆！南山有狗骨树叫杞，北山有果子树叫李。乐哉君子，您就是人民的父母！乐哉君子，你的声誉远扬不已！南山有鸭椿树叫栲，北山有菩提树叫杻，乐哉君子，怎不秀眉大寿！乐哉君子，声誉这样美茂！南山有枳椇树叫枸，北山有冬青树叫楰。乐哉君子，怎不黄发高寿！乐哉君子，保管您会有后！九、《载芟》。开始除草根，开始除树根，他们耕地有泽泽的声音。上千成对的人将去除草，往新开的

老子出關圖
高建羣作

朱熹說：天不生仲尼，萬古長如夜。
司馬遷說：高山仰止，景行行止，雖不能至，然心向往之。
作中國第一個平民教育家孔子像

一无所用
即是大用
那些有用之材，早被木匠伐去，或做了房梁
屋柱，或做了车辕犁杖，或做了茶几木窗。
独有这棵树，一无所用，所以完享尽寿龄。
高建群作 庄子如是说

世人皆醉我獨醒
世人皆濁我獨清
屈子行吟圖
高建群
乙未歲
西安

低田，往旧开的高垅。是家主、是老大，是老二老三、是其他的子弟们，是强力的人、是相帮的人。那饮食声嘈杂的是在吃野餐，那柔美可爱的是妇人，那盛壮可爱的是男人。那锋快的是他们的犁头，开始耕好了向阳的田亩。播下那些百谷,这种子都是含苞发芽的成活。络络绎绎的那些苗儿畅生了，那满好的是一些杰出的苗。好好整齐的是一般的苗，绵绵密布的人是在中耕除草。开始收获了，人众济济地有秩序，那满满的是一些谷物的堆积，要以万计亿计和千亿计。做酒，做快熟的甜酒，进献给先代的祖、妣，以配合祭祀的百礼。那香喷喷的是一些米饭的香，这是国家之光！那香醺醺的老远闻到的酒香，祝愿大寿的安康！不料如此而有如此呀，不料如今就有如今呀，从古以来就像这样呀！

第三十三颗念珠

上一个两千五百年结束了，下一个两千五百年开始了。站在这个千年纪之交的那个身穿孝服的白衣青年，在鲁国一个名叫曲阜的小城里，扶着母亲的灵柩在哭泣。他的父亲在他三岁时就死了，如今，他十七岁这年，母亲也死了。按照礼仪，他们应当合葬到一起去，可是，父亲过世那年这青年还小，少不更事，不知道父亲葬到了哪里。青年的哭声惊动了满城的人。后来，陬人挽父的母亲，告诉了孔子父亲叔梁纥的墓地。青年才得以把母亲的灵柩送到防山与父亲合葬。

父母在，不远游！现在，双亲都走了，这个鲁国的青年，可以从家里搜一把锈了的剑，磨一磨，佩在身上，找一身行头穿上，驾一挂牛车，开始周游列国了。“礼崩乐坏，人心不古”，是这个青年对当时的社会形态的评价，他决心匡正时弊，以一生来完成一件事情，那就是“克己复礼”，恢复周王室业已衰微而几近断流的农耕文化传统。

所谓的周制周仪周礼周乐，是周公旦奉周武王之命所创立或制定的。这个周公旦，在周灭掉商，取得天下之后，即被分封到鲁国为王，后来周公平叛，离开了鲁国，后来又被召回镐京，制定这些周制周仪周礼周乐。所以，远离京都的鲁国，也许该是这些礼乐制度的最初的源头，因而它对作为鲁国的子民的孔子的影响该是巨大的和深刻的。这也许是孔子以“克己复礼”为自己一生追求目标的缘由所在。

他被后世称为圣贤。中国人不习惯“先知”这个称谓，他们更喜欢“圣贤”这两个字。孔子所创立的儒家学说将影响后一个两千五百年中国人的生活，将深深地融入这个东方族群的意识形态中，将以儒、释、道三教合流的形式，为中国封建时代的文明，奠定牢固根基，将成为国家的准宗教。

孔子的追随者，曾这样评价和赞美孔子：五百年必有王者兴，其间必有名世者！这话意思是说，每隔五百年，这个世界就会出现一位精神的王者，上一个五百年是周文王，现在，五百年过去了，该又有一位精神的王者出现了，这位王者就是我们的孔圣人呀。

这句话五百年后又有一个人说过，这人就是司马迁的父亲司马谈。他也是大汉王朝的史官。这位史官曾经对自己的孩子说：周公去世五百年后才有了孔子，从孔子至今，又一个五百年过去了，该又有一位精神的王者出现了，孩子，这个人就是亲爱的你呀！这句话激励着司马迁，在他后来接替父亲成为史官，受到腐刑之辱之后，发愤著书完成《史记》。《史记》是一部与《诗经》同样重要的书，同为中华文化不动产的组成部分。

而史圣司马迁，在他的皇皇巨著《史记》中，用这样的话来表示对孔子这位文化巨人的赞美——“高山仰止，景行行止，虽不能至，然心向往之！”

关于孔子，再往后，至宋朝。在孔子被为政者捧上“至圣先师”“万世师表”等等吓人的位子后，一位叫朱熹的大理学家，孔孟之道的虔诚追随者，亦曾这样评价和赞美他：“天不生仲尼，万古长如夜！”孔子名丘，字仲尼。这话意思是说，如果老天爷不生下孔圣人的话，我们中国人至今还生活在黑暗之中。据说，朱熹这话，也是引用别人的，至于引用谁的，朱熹在引用时没有说。

第三十四颗念珠

那个人叫老子。

他是那个时代最有智慧的人。就连孔子在他的面前，也是唯唯诺诺，汗不敢出。

民间传说，他在娘肚子里长到八十多岁了，才出生，所以一生下来就是一个白胡子小老头。最早，他在娘肚子里的时候，整天问娘：天长严了没有？为娘的，抬头望了望天，见天上还有一条缝，就回答说：还没长严。这一天，娘正在案板上擀面，老子又问这事。娘有点烦了，于是顺口答了一句：天长严了！娘的话音一落，只见小老头老子，就从娘的腋下钻出来了。结果为娘的一看，老子的天灵盖，还没有长严，而是有一条缝，娘一急，于是撕下一块面团，盖在这条缝上。现今，中国人还有老子生日这一天，吃“擀面”的习俗，这习俗就是为老子补额头上的那道缝。

民间传说，农历的正月二十，是老子的出生日。这一天，午饭的时候，白发苍苍的老母亲，会端上来一盘蒸得热气腾腾，切得有棱有角的“擀面”，她说，这叫擀面，为太上老君补天呢，这一天一定要吃它,以求万事一个圆满。这时她大约会讲起来老子出生的故事。而作为听者的你，会在那一刻意识到文化的伟大，传承的伟大。

他的眉毛胡须都是白的，脸皱得像个老核桃一样。耳朵很大，两只招风大耳，一直垂到肩上。不过这耳朵只是一个摆设，人们说，他自小就双耳失聪，听不见人说话。他是听不见人说话呢，还是故意装聋作哑，闭目塞听，不愿与俗人搭讪，这还真不好说。因为我们看到，他下面和孔子对话时，每一句话他都听得很真，说得很清。他因为有两个大耳的缘故，人们叫他李耳，不过，知道“老子”这个名讳的人，似乎更多一些。

老子正在院子里晒太阳，闭着双目，长长地打着哈欠。这时门童报告说，有个穿着一身白衣的青年，想拜见您，已在门外等候多时了。老子问，这人有什么特征吗？门童答，他生得很怪异，头顶上有一块凹陷。听到这话，老子笑了，他说，这个人叫孔丘，鲁国人，我已经注意他很久了，他将来会成为一个大人物的，至于大到什么程度呢？怎样的估价都不算过分。我所以还老而不死，就是等待此生与他晤上一面啊！门童说，那就让这个叫孔丘的青年进来吧！老子说，见他可以，但他必须改正两个小缺点，我才能见他。第一，不要穿华丽的、讲究的衣服，他要干大事的，江湖险恶，他的一生不免时时地被人往身上泼脏水。衣服本来就是脏的，这样就不在乎被不被泼了。第二，脸上不要出现机巧的表情，聪慧的表情，明晰的表情，宁肯迟钝一些，傻一些，无表情一些，因为他有大事要做，这样他此生就能规避许多门里窗里涌来的事！门童将老子的话传达给门外静候的孔子，孔子听了这些话，很是羞愧。为了拜见老子，他细心地收拾了一番自己，现在他才明白，这是没有必要的。于是，他俯身抓起脚下这洛阳城街道上的塘土，涂抹自己的衣服，又把梳理得一丝不苟的头上的发髻弄乱，然后朗声发出“高山仰止，景行行止”这话，踏歌而趋，推门走向枯坐着的老子。

周王朝洛阳城宫殿的一侧，大约有一个小小的院落，院落中有几间青砖瓦房。院子中间大约还长着一棵香椿树。笑吟吟的老子在台阶上恭候。老子问道：年轻人，你最近在忙活什么呢？孔子回答：礼崩乐坏，人心不古，学生在忙着“克己复礼”这件事！老子听了，沉吟道：周礼已死，先生难道不知道吗？见孔子发呆，老子又发挥道：五百年前的那些立言者，尸骸早已腐朽，如今一把老骨头埋在哪里，都寻找不着了！时也势也，运也命也，一代人有一代人的所悟。假如周公旦活到今天，相信他一定又会有一些新的想法的！

坐定以后，孔子继续请教“克己复礼”这件事。并且用“道不行，乘桴浮于海”表示他的决心。老子听了，说道：“两千五百多年前，黄帝问道广成子的故事，你听说过吗？”孔子说：“愿闻其详！”老子说，黄帝觉得自己很了不起，将天下治理得这么好，有些自得之意。广成子说，天道的运行，早已有规律和秩序，何劳你来伤神，你看太阳、月亮轮番在天空值更，长江大河东向流入大海，鲜花在春天应时开放，果实在秋天结籽成熟，大自然的规律和秩序，上苍早就安排好了的呀！黄帝说，那老百姓总得管理，总得教化，总得绳墨以约束呀，这是帝王的责任呀！广成子听了，笑着说，你听听崆峒山下，泾水河边，老百姓在怎么唱歌！他们唱道——日出而作，日入而息，凿井而饮，耕田而食，帝力于我何有哉！黄帝说，这般说来，我就什么事情都不用做了吗？广成子说，这叫无为而为，你的不做就是做呀！无为即有为，即大有作为，即无所不为！如是！如是！黄帝说，那我总得干点儿什么事情吧？广成子说，那就跟我学习养生之术吧，现在学还来得及，我现在一千二百岁了，君王若肯学习，我保你活我个十分之一，活他一百二十岁。

孔子听了老子讲的这个故事，他是个悟性极高、一点就透的人，如何不明白老子这话后面的意思。这意思是说上古时代那种地老天荒、无拘无束的初民生活其实是最好的，管束的出现，礼仪的出现，才使简单成为复杂，这才是人类的大病呀！孔子于是反驳老子说，先生讲的这些，都是不可辩驳的真理，但是，人类是永远不可能再回到那上古时代去了，此次所涉已非前番之水，你看洛阳城外滔滔而东的黄河，逝者如斯夫，不舍昼夜！如今的时代，礼崩乐坏，人心不古，谗士高张，瓦釜雷鸣，也许这个自三皇五帝，自夏、商、周而至今日的绵绵不息的香火，将要断在这一代了，为子孙计，为种族计，需要“复礼”呀，需要让世间万事万物各安其位、各行其道呀！

老子听了，沉默不语，最后他说：“年轻的朋友，也许你是对的！虽然我并没有被说服，但是，你的勇气令我充满了尊重。现在，我祝福你和佑护你，请你按你所应该做的一切去做吧，去周游世界吧！不要回头！”

老子当时是东周王朝藏书馆的馆长，他领着孔子去参观了王宫，虽然东周王朝那时候已经衰微和破败许多了，但是辉煌的宫殿和庄严的礼仪仍然令这个鲁国来的青年学子震撼。最后，老子领着孔子参观了藏书楼，他指着一大堆竹简说：这是周王朝祭天祭神祭祖用的卦书，你把它背走，因为这个王朝已经快要走到尽头了，你把它背回去，整理一下，编一本书，叫《易经》，传给后世。可惜呀，商朝的《归藏易》和夏朝的《连山易》，都已失传，丢失在这从镐京迁往洛阳的路途上了。另外，这是三千多首上古社会时代的诗歌，风雅颂，中华文学的伟大源头，你也把它载在牛车上带走，拿去编一本《诗经》吧！安顿完后事，老子便辞去东周王朝藏书馆馆长职务，骑一头青牛，顶一团紫气，西出函谷关，飘然而去。

第三十五颗念珠

老子后来在过函谷关时，被守关的关令尹喜将军扣住。将军说，老先生，您这一生笔头子太懒，述而不作，这是不对的。我要把您扣在这里来著书，您务必将您那高旷的思想，援笔写出，写成一个像是留给我们种族遗嘱那样的东西，我才会放您走。老子无法，只好在羁绊时，洋洋洒洒，写出五千言《道德经》，才又继续西行。

骑上青牛，就要抬脚走时，老子说：大言若讷，大巧若拙，大道行简，大智不虑，大象无形，大音希声，我这五千大言，将自黄帝，自周公，以至今日的黄老之学的思想，尽数写出，假如还有什么言不尽意的话，二百年后，会有个我的思想的承继者、追随者出现，他叫庄周，这庄周是个整日沉湎于思考、神思无垠、好作大言的人，到时候你们去问他吧！

这本五千言的《道德经》，作为道家思想的至高经典，就这样问世。后来，《道德经》被广为刊印，以三千六百多种版本流行于世。专家认为，长沙马王堆汉墓中出土的版本，最为权威和准确。这本书亦漂洋过海，影响西方世界。西方有个叫黑格尔的哲学家说：“中国哲学中另一个特异的派别……是以思辨作为它的特征。这派的主要概念是道，这就是理性。这派哲学及与哲学密切联系的生活方式的发挥者是老子。”另一位西方哲学家，写过《查拉图斯特拉如是说》的尼采，这样说:《道德经》是一个永不枯竭的井泉，满载宝藏，放下汲桶，唾手可得。以一句话能涉及天、地、人、文、政治、经济、军事、艺术、伦理等经纬相间的唯有老子，那是独到的见解和智慧的光焰。

老子西行，那一团紫气这些日子随着老子在函谷关的停驻，便浮游在关隘和城头上，如今随着老子的西去，紫气便重新凝聚，在老子的头顶一路飘浮。中国民间“紫气东来”一说，就是这样来的。

后来行到终南山下时，老子又被信徒团团围住。这里是西周的故都镐京，老子来到丰水镐水之滨，见眼前败落景象，于是嗟叹上一回。嗟叹完了，来到终南山楼观台，给信徒们设坛讲经。这个名叫楼观台的地方，被后世的道家尊为祖庭。

老子后来如何终老的呢？后世的道家、儒家、佛家为我们共同制造了一个美丽神话。这神话即是，老子在楼观台讲完经以后，继续往西走，穿越河西走廊，直抵昆仑山顶，然后站在山顶，呼唤释迦牟尼。他们是同时代人。这样，另一位先知，五印文明板块的释迦牟尼，听到呼唤，便自恒河流域，逆水而上，来会老子。这真是一次盛大相遇，支撑起中华文明板块的三教合流，就这样开始了。道家有一本书，叫《老子化胡经》，说的就是这个故事。该书成书于西晋年间，即大教东流，汉传佛教在中华大地确立的年代。这故事明显地是人们为了儒、释、道三教合流、和睦相处、共存共荣，而臆想和演绎出的一个美丽童话。

第三十六颗念珠

孔子在洛阳城的通衢大道上，长跪不起，眼睛里饱含热泪，目送着老子骑一头青牛，顶一团紫气，缓缓西去。残阳如血，老子一步一挨，摇摇摆摆，像一座会移动的山峰。

直到这山峰消失在远方，与残阳下的西地平线融为一体，眺不见踪影了，孔子才俯身起来。他将那些竹简，晃悠悠地装满了一牛车，然后离开洛阳城，回他的鲁国。他的牛车，车轴发出吱吱扭扭的声音，就这样走过那两千五百多年前的历史空间。

牛车的车轴是用最结实的木头——枣木做成的。一根胳膊腕粗细的枣木，得长十年二十年，这木质细密而坚韧。用枣木做车轴，是最恰当的。两根弯曲的车辕，是用曲阜老家院子里那棵歪脖子古槐做成的，一棵槐树，锯倒，风干，然后解匠从中间一解两半，恰好可以做两根车辕。那车的两个木质的轱辘，亦是槐木做的。有木质的辐条，木质的轮子，辐条的连接处，码满铁钉，而木轮子着地的部分，则用铁瓦包满。至于车厢，杂木的就可以了，甚至轻巧的杨木，也可以用它来打车厢。

牛车在行走中，车轴上得时时涂上膏油，这样它的响声会轻一些，小一些。在那个叫人伤感的日子里，孔子就这样乘着牛车，离开了东周王朝的国都洛阳城。他将在他的祖邦鲁国，混上一些时日，然后失望地离开。离开前，他用“庙太小，挥不开我的刀”作为自嘲，然后走进就近的一个大国，号称春秋五霸之一的齐国。他在那里大约也是待了三年，然后再次失望地离开。

他在周游列国的历程中，实际上一直在寻找一个能实现他政治理想的地方。离开齐国，一番漂泊后，他又率领弟子来到了卫国。卫灵公老了，朝政懈怠，为了能见到他，得到重用，孔子放下身段，去见卫灵公的夫人南子。这就是史书上著名的“子见南子”的故事。南子是宋国人，美艳无比，虽然名声不好，但很得灵公宠幸。南子想借孔子来抬高自己，于是捎话给孔子，说要得到卫灵公的信任和使用，必须由她来介绍，她愿会见孔子。孔子先是婉言谢绝，后来见推不过，只好应命而往。晋见中，孔子向帷帐中的南子行叩拜之礼，南子则在帐中回拜。南子身上佩戴的玉器，发出悦耳的声音。孔子回来后向弟子解释，他并不想见南子，只是依礼答谢而已。

弟子子路觉得先生有失身份，说：先生不是平日教导我们，非礼勿听，非礼勿视吗？孔子辩解说：“非礼勿视”这一点我是做到了，隔着一层帷帐，所以我并没有看见南子的面容，至于“非礼勿听”，这一条我没有做到，因为我隔着帷帐听到了南子身上佩戴的玉器所发出的清脆声音，而我，没有能及时掩住自己的耳朵。说完，孔子让子路打来一盆清水，让自己洗洗耳朵。

孔子的屈就，虽然终于换来与卫灵公晤上一面的机会，但是，他并没有得到重用，还是被晾在一边。一个昏庸的、骄横的、懒惰的、荒淫无度的君王，有什么理由去听一个穷酸文人喋喋不休地讲些治国的大道理呢？孔子的这种一生的尴尬，与西方古典哲学的开肇者，那个在孔子死后十年才出生的苏格拉底，倒是很相似，难怪孔子被称为东方的苏格拉底，而苏格拉底被称为西方的孔子。不过，虽然同被称为平民知识分子，他们的主旨还是大大不同。苏格拉底开辟了一条铺满鲜血的公共知识分子用良心和良知发出声音的道路，这道路一直延伸到今日，成为西方文化的主流。孔子则践行了一种“学好文武艺，货与帝王家”这样的道路，这道路也是荆棘四布，并且延续到今日，并且至今还在深刻地影响着当代中国文化人的价值取向。所以，中国人的文化传统中，没有公共知识分子这个概念，那些历朝历代的愤世嫉俗者，很大程度上是因为没有能得到官家的赏识，没有能用自己的才华和热情为官家服务，因而发出抱怨之声。

不过，文化人还是有一点用处的。卫灵公突然想到要出游，带着他的美艳妻子南子在卫国的都城兜风，这时候他想到了孔子。君王和南子坐在第一辆车上，车踏踏而过，作为陪衬者，孔子坐在第二辆车上。当车驶过时，围观的人群看到，孔子的脸色很难看。

孔子大约在卫国又待了三年。有一天，卫国发生了内乱，太子派人去杀南子，但那人那时见南子美艳如花，不忍或不敢下手，太子在旁几次暗示时，被南子觉察了。南子拼命喊道：“太子要杀我！”事情败露了，太子落荒而逃，逃到晋国去了。为此，卫灵公要对晋国用兵，便问孔子打仗的事。孔子觉得这事牵扯到晋国，又系父子之争，不好说话，于是回应道：“要是问祭祀的礼节，我是懂的！夸口一句，天下可能没人比我更懂得的了。但是，要问打仗，我可是一窍不通呀！”卫灵公听了，很不高兴，第二天与孔子说话，爱理不理的！

见状，孔子明白自己该走了，又延挨了一些时日，卫灵公死，南子主持，让卫灵公的孙子辄继承君位，是为卫出公。逃亡太子蒯聩在晋国的支持下，假哭着到达边境，率兵准备篡位，结果被卫出公武力阻拦，使蒯聩的阴谋破产。

“危邦不入，乱邦不居”，孔子这样地嘟囔一句，沮丧地离开卫国，茫茫然向东南方向走去。牛车又吱吱扭扭地响起来了。他这次要去的是宋国的都城商丘。

第三十七颗念珠

孔夫子在宋国只待了短暂的几日，屁股底下的席子还没有坐热，就又得走。宋国一位司马，名叫桓魋，给自己做了一个石椁，三年了还没完工，孔子见了，斥责了两句。司马怪罪他多嘴多舌。一天，孔子师徒在一棵大树下习礼，司马得知后，便带人砍倒了大树。孔子担心司马不肯善罢甘休，继续为难他，于是带上弟子，换了衣服，装扮成老百姓的样子，赶着牛车继续行路。

这样他们又到了郑国，郑国也没接待。于是他们又向西去陈国。公元前 492 年，到达陈国都城宛丘。这时，孔子已六十岁了。孔子在陈国不久，鲁国发生了一场火灾，孔子在陈国推测说，烧掉的大概是桓、僖二公之庙吧！不久，从鲁国传来的消息证实了孔子的推测。陈湣公及大夫们对孔子的预料非常惊讶，孔子则认为这是上苍对违礼者的惩罚。

又有一次，天上掉下一只被箭射穿的鹰，箭头是石制的，箭杆长一尺八寸。陈湣公向孔子请教，孔子说此箭是武王灭商后北方的肃慎国进贡的，各国都曾分到过这种箭，陈国就有。一查，果然有，陈湣公更加佩服孔子的博学多闻。

孔子一行在陈国又住了三年。鲁哀公六年（前 489 年），吴国大举攻陈，楚国帮陈反攻，陈国一片混乱。六十三岁的孔子对弟子们说：走吧，到能施展自己抱负的地方去吧！孔子一行离开陈国，想经过蔡国去楚国。

从宛丘到蔡国正是吴楚交兵之处。当孔子一行走到陈、蔡交界的旷野时，被乱兵围住了。可怜的人哪，他们上天无路，进退两难，一连七天没生火做饭。这就是著名的“陈蔡之厄”的故事，后世的人们，以“急急如丧家之犬，惶惶如漏网之鱼”来形容孔子师徒当时的狼狈境况。

身处如此险恶之境，孔夫子仍神情自若。陈蔡道中，一棵古树下，饥肠辘辘的孔子仍抚琴、唱歌、讲学，脱下鞋子来，围着篝火，舞之蹈之，歌之诵之。弟子子路出去为大家找吃的，回来后仍两手空空。他气冲冲地问老师：“有道德、有学问的人也会遭难吗？”孔子说：“有道德有学问的人并非不会遭难，但一旦遭难，他们仍会坚定地守住自己，不荒腔走板，不乱了分寸！”子路又说：“恐怕是我们的仁德不够，智慧不足，人们才会信不过我们，不实行我们的主张！”孔子摇摇头说：“弟子啊！哪能这么说呢。假如有仁德就会使人相信，那么，伯夷、叔齐为什么会饿死在首阳山呢？假如有智慧的人的主张都能行得通，那么殷纣王时的大臣比干，为什么竟被人挖去了心呢？”子路听了，无言而退。

七天头上，另一位弟子子贡，找到楚国的营垒求救。讨到救兵，这样，孔子师徒们才没有被饿死在这陈蔡道中。牛车重新上路了，吱吱扭扭，这一支有些奇怪、有些滑稽、由一群堂吉诃德式的理想主义者们组成的队伍，才脱离了险境，不日后即达楚国的边境。

孔子在事楚的日子里，虽然得到了一定的礼遇，但自己仍然郁郁寡欢，感到才不尽用，于是他又想离开了。再一次走到楚国边境的时候，前程茫茫，两眼墨黑，他不知道自己这一个囫囵身子，下一站将会放置到哪里去。这时，迎面走过来一个人，叫接舆。接舆疯疯癫癫地踏歌而行，边走边唱：“凤鸟啊！凤鸟啊！为什么你的德行如此衰败？过去的不能再挽回，未来的还可不再着迷。算了吧！

算了吧！现在当权的人危乎其危！”孔子听到这支歌，猛然醒悟，赶紧下车，很想同唱歌者攀谈一番。可是，那人摆摆手，避而不见，自顾自地走远了。孔子扶着车，沉吟良久，明白在楚国不会有什么结果的，相比之下，还是去卫国为好。

这样，孔子一行又一次来到了卫国。当时卫出公在位已经四年，他的父亲，那个当年使人来刺杀南子的蒯聩，还没有力量返回卫国。而妖冶的南子，这时大约已经不在人世了，因为史书不再提及她了。不知趣的孔子，在一次宴会上，劝卫出公说，过去的就让它过去吧！蒯聩毕竟还是你的父亲，把他接回来吧，如果他真的野心不死，还想要这个位置，那么你就禅让给他吧！要么，眼下这个场面，“君不君，臣不臣，父不父，子不子”的，这不符合礼法呀！孔子的话，卫出公当然不喜欢听，这样他很快地又成了不受欢迎的人了。

随着孔子的周游列国，他的声名不管怎么说还是一日隆于一日，并且这名声不断地传回他的桑梓之地鲁国去。鲁国终于记起它的这个游子了。鲁哀公十一年（前 484 年），季康子派了三名大臣，带着厚礼，赴卫国迎接孔子。至此，六十八岁的孔子，终于结束了漂泊，回到了鲁国。

第三十八颗念珠

我曾经豪情万丈，归来却空空的行囊！六十八岁的孔子，回到鲁国的国都曲阜，他被鲁哀公尊为“国老”，像国宝一样地养起来，敬起来。跟随孔子多年的那些弟子们，有许多留在了他曾经周游过的那些国家中，为它们服务，而回到鲁国的这些弟子，也都出仕为官。

站在曲阜城中自家的门口，这位业已六十八岁的老人面对通衢大道，御风而立，双泪迸流，他想起当年拜见老子时，老子的教诲。老子说:“你常说的礼乐，创言者尸骨已烂，只剩些空话。我听说良贾深藏若虚，君子盛德而愚，抑骄去欲，无为而为，对你或许是最有益的啊！”

“老子是龙呀！”孔子长叹一声说，“走的兽可以用网捕，游的鱼可以用丝钓，飞的鸟可以用箭射，至于乘风驾云上天的龙是难以捉摸的。飞龙在天，吞云吐雾，见首不见尾，老子就是人中龙呀！”

他的周游列国、匡正时弊的梦到此结束。灰色的暮年就要不可遏止地到来了。他乞求上苍再给他十年时间，他在这十年中将闭门不出，将那些当年老子交给他的周朝的藏书，以及这些年周游列国时，收集到的典籍，以及他拜谒那些当时还活着的礼乐大师时，所收集到的礼谱乐谱，编撰出来，给后世留下一些典籍。为了表示他将闭门不出的决心，他将那辆陪伴他周游列国的牛车，用斧子劈了烧柴。劈车子的时候，孔子有许多的感慨，除了那两根车辕还是当年的旧物以外，其余的东西，都是车子每当磨损后，就地取材配置的，而且零件们不止一次地更换过。这车轴，是卫国的枣木做的，这车帮，是楚国的柏木做的，这车上的木轮子，它的辐条，是晋国的榆木做的。孔子偎着火塘，哼着歌，劈一件，烧一件，忆一段往事。

而那拉车的牛，也已经更换了多次了。眼前的这头牛是最后一任。孔子把它牵出来，将缰绳搭到牛的脖子上，朝牛屁股上拍一巴掌:“去耕田吧，你套在农人犁杖上的价值，比套在我的这辆破牛车上的价值更大！”

第三十九颗念珠

自此，孔子闭门谢客，开始修书。他把所搜集到的上古时代历史文化传统的实物和有关文献，进行了鉴别、分类、分析、综合，整理出了《诗》《书》《礼》《乐》《易》《春秋》六卷书，第一次系统清理了古代文化典籍。

这些典籍的整理，从大处讲，是对上古自黄帝开始的两千两百年这个东方文明板块的一个文化备忘录，同时，亦是对即将开启的下一个两千五百年的文化启示录。而孔子，正是站在那个时间节点上的人，他站在那个大门口，像个交通指挥，像个公益性质的向导。

而从小的方面讲，这些典籍，也是他给他学馆编的教材。编书以外，孔子的晚年还干了这样一件事情，这就是开办私塾，教化学生。中国后来的私塾教育，一般认为是从孔子开始的，他同时是伟大的教育家，“有教无类”是他的教学思想。据说孔子的膝下，有弟子三千，贤人七十二。只要有十小条的干肉作为尊师薄礼，孔子便可收他为弟子。弟子们则把孔子平时信口说出的话以及和弟子们的对话，编成一本书，这本书叫《论语》，同样是古典文学中的经典。《论语》中，孔子不无感伤地说：芝兰生于幽暗的山林中，承蒙有人赏识，它会芬芳地开的，而没有人赏识，它仍然会芬芳地开着！它是为自己而开。孔子的这句话，勾起后世多少文化人的感慨和共鸣呀！

孔子回到鲁国的前一年，他的夫人不幸病故，回到鲁国后不久，他的五十岁的唯一的儿子孔鲤也不幸死去。孔子的精神因此受到颇大的打击，悲伤的情绪，孤独的情绪从此伴随他直到终老。他修书的十年，就是在这样的情景下度过的。

后来，孔子最得意的弟子颜回亡故，年仅四十一岁。颜回聪明好学，道德修养很高，与孔子情同父子。孔子经常对人说，这就是将来要接替我的那个人。对于颜回之死，孔子悲痛欲绝，放声哭喊："老天要了我的命！"颜回死去的第二年，那个跟随孔子周游列国，相处时间最长的弟子子路，也在卫国的一次内乱中被杀。子路当时是卫国的臣子，在蒯聩回卫国争夺君位时，被蒯聩的朋党剁得稀烂。据说听到这噩耗时，孔子正在吃饭，他闻言大哭，将准备食用的肉酱也扔了。

一个又一个的沉重打击，使孔子的晚年更显凄凉。子路去世的第二年初，孔子就病倒了。一天夜里，他在病榻上恍惚梦见自己坐在堂前的两根柱子之间祭奠什么。第二天清早，他强撑病体，拖着拐杖挪步到门前，用沙哑的声音哼着这样一首歌：

"巍峨的泰山要崩塌了，粗壮的梁柱要断折了，哲人啊——要像草木那样地枯萎了！"

孔子唱着唱着，流下泪来。弟子们听见老师的歌唱，连忙跑来陪伴他，把他扶回床上。从这天起，孔子就再也没有起来。弟子们精心侍奉七天后，孔子与世长辞，时在鲁哀公十六年（前 479 年）二月十一日，终年七十三岁。

孔子死后，安葬在鲁国都城曲阜的泗水旁。弟子们为孔子守丧三年，而子贡则在孔子墓旁修筑草庐，守了六年。后世来这里拜谒、凭吊的人带来各地的树苗，栽到墓的附近，天长日久，蔚然成林，后世称其为"孔林"。

孔子逝世的第二年，鲁哀公将孔子故居改建为孔庙，并将孔子生前用过的衣冠、琴、车等陈列于庙中，岁时致祭。

孔子的追随者名叫孟子。孔子被民间称为圣人，孟子则被民间称为亚圣。孔子大约活了七十三岁，而孟子大约活了八十四岁。“七十三、八十四，阎王叫你商量事”，这是一个中国民间尽人皆知的民谚，那个年龄坎儿上，人最容易死，所以中国人把那叫“坎儿”。一个老者如果能熬到那个年龄，那么遇到这个坎儿时，那一年中都会胆战心惊、如履薄冰般去度，直到年关已过，心才又会重新放回原处。

第四十颗念珠

那是一个最好的时代；那是一个最坏的时代。那是一个告别的时代，人类的童年期刚刚结束，往事依稀仿佛，叫人不忍丢手。那又是一个布新的年代，还有更为漫长的没有尽头的苦难岁月在等待着人类去经历。那是一个成熟期和收割期，各类谷物都成熟了，种子在风中摇落，思想的果实等待人们收获；那同时又是一个播种期，各种异端的思想像雨后春笋一样拱出地面。那是一个“礼崩乐坏，人心不古”的年代，但同时又是一个高人辈出，圣贤显世的年代。那是一个“谗士高张，瓦釜雷鸣”的年代，但同时又是一个“百家争鸣，处士横议”的年代。后世的人们，将像仰望着一座座高山一样，仰望着那个时代性格突出举止乖张的各类奇异人物，将惊叹有声，赞叹那是一个从来没有出现过，而后来也未曾出现过的奇异时代。

孔子和老子，前一位作为儒学，或曰儒教的发端者，一个绵延数千年的文化血脉的最初源头，后一位作为黄老之学，或曰道教的集大成者，他们的名字与佛教的创始者释迦牟尼，与犹太教、基督教的传达神谕给人间的摩西、耶稣，与伊斯兰教先知穆罕默德一样，被后世供奉和崇拜，成为半人半神的人物，成为一处地域文明板块的标志性建筑。

一枚六瓣雪花落在地上，它落在此处而不在彼处，一定是有它的内在原因的。这原因就是，此处给了雪花一个落下来的理由，而彼处则没有给这理由。

在接下来的年代里，各种鸟儿将被从笼子里放出，三年不飞，一飞冲天，各种奇异的人物将怀揣绝学，粉墨登场。在孔子的牛车当年吱吱扭扭走过的道路上，如今尘土飞扬游子如织，各种名头大得吓人的人物，自命不凡的人物，往来穿插于这些彼此对垒的诸侯国之间，摇唇鼓舌，各逞能事。他们在寻找识货者，而试图拥有这个平台的目的，一半是为了给主子服务，另一半则是为了证实自家学说的无比正确。人们管他们叫“诸子百家”。

第四十一颗念珠

这些重要人物，纷纷从自己蛰居的茅庐中走出，走上道路，走过城市，试图以自己天才的思考来匡正社会，改造社会，拯救社会，同时使自己青史留名。他们著书立说，开门授徒，四方游说，互相辩驳。这是一个值得永久记忆和无比怀念的时代，是一场全民的思想大欢宴。这样的生机勃勃的情景，在中国的历史上，后世再也没有出现过。

它们是儒家、法家、道家、名家、农家、兵家、阴阳家、纵横家、杂家等等。他们光荣的名字是儒家的孔子，孔子弟子，孟子，荀子；是法家的子产，邓析子，管仲，慎子，李悝，商鞅，尸子，韩非子，李斯；是道家阴阳家的老子，庄子，宋钘，尹文，列子，邹衍；是墨家杂家的墨子，晏子，吕不韦，等等；是名家纵横家的惠施，公孙龙，苏秦，苏代，苏历，张仪，陈轸，公孙衍，鲁仲连，庄辛，以及杨朱，屈原，等等；是兵家的六韬吕望（姜太公），司马穰苴，孙武，孙膑，尉缭子，吴起，等等。

中国人不喜欢“先知”这个词，他们觉得这个词有点虚，有点不可捉摸，有点江湖术士气味，他们更喜欢“圣贤”这两个字。中国士大夫阶层一生修身养性，克勤克俭，就是力求令自己抵达这贤人、圣人的至高境界。

上面列举的这些圣贤们，他们在几乎所有的领域里都开辟了开端，从而为这个东方文明板块奠定了牢固的基础。他们的天才的光焰越过时代，照耀了这片大地两千多年，一直照耀到今天。后世的人们，应当永远怀着一颗感恩之心和敬畏之心，时不时地停下匆匆脚步，向昨天致敬，向每一座高山致敬。

而“诸子百家”中的儒家和道家，它们的学说在后世为皇家所用，为社会所用，为百姓所用，从而得到极大的发展，而当佛教传入中国大地以后，中国文明板块又一次伟大的相遇，儒释道三教合流，从而成为中国封建时代国家的“准宗教”。

第四十二颗念珠

姑且从“诸子百家”中，再挑出两个有意思的人物来说一说吧！

一个人物叫庄子，一个人物叫屈原。其实，那个时代到处都是人物，到处都是故事，到处都是不朽传奇，可惜这本书的长度有限，所以只能蜻蜓点水，一掠而过。唉，这本书的叙述者的胃口也似乎有些太大了，他想用一本书的厚度，将这五千年历史历历数遍，而这样做的结果只能是挂一漏万。

他叫庄周。他天生是一个梦想家。他在一个叫“宋”的小小的国家，做一名小小的官吏（漆园吏）。当别的得道高人们纷纷走上道路，走过城市时，他却选择了老死在他的漆园之中，用无穷尽的想象来做他的逍遥游。他说，在遥远的北海地面，有一条鱼，它的名字叫作鲲。鲲化身为鸟，叫作鹏。那鹏的身体极大，它的背，不知道有几千里，奋力飞翔时，它的翅膀就像天边的云。海上刮起旋风时，鹏迁往南海这个天然大池。当鹏迁往南海时，水花溅起达三千里，鼓动的翅膀扶摇直上九万里高空。它是乘着六月的大风飞去的。大鹏从上往下看，是这样一番光景：空中野马般的游气，飞扬的游尘，以及活动的生物被风吹而飘动。天色苍茫，那是它的本色吗？它的高远是没有穷尽的吗？凡间的虫鸟呀，你们不要讥笑大鹏吧，在那九万里高空，那精神的高处，它获得了一种大愉悦，一种超乎其上的感觉，而在那海与天相接的远方，它看到了这人世间最瑰丽的风景。所有这些，停留在高树上的你们，降落到地面上的你们，是永远体会不到的！

庄子说，有一位老寿星叫彭祖，他活了八百岁。世人都认为他是最长寿的，都想比附他。难道，区区八百岁就算长寿吗？有一种菌叫“朝菌”，朝生而暮死，它根本不知道什么叫“一个月”。有一种虫子叫“寒蝉”，春生夏死，夏生秋死，它根本不知道什么叫“四季”。而在楚国南方，有一只灵龟，以五百岁为一个春季，以五百年为一个秋季。这只灵龟该算是最长寿的了，然而，还有更甚者。上古时代有一棵大椿树，更以八千岁为一个春季，八千岁为一个秋季。这就是所谓的“大年”。那活了八百岁的彭祖对于灵龟和椿树来说，不也就是“小年”吗？

庄子说，有一个名叫南郭子綦的老先生，靠着几案坐着，仰头向天而缓缓地呼吸，身心俱入了物我两忘之境。他的神情看上去好像精神脱离了躯壳一样。侍立在一旁的弟子颜成子游问道：“这是怎么回事呀，原来形体是可以使它像枯木，精神是可以让它像死灰的吗？今天靠几而坐的先生，不像昨天靠几而坐的先生呢！”子綦说：“你问得好！今天我已经忘掉了我自己，你知道吗？你听说过‘天籁’吧！”子游向老师请教。子綦说：“那大地吐出气来，叫作风。这风不发则已，一发就有无数的窍孔发出疯狂的叫喊，你没有听说过长风呼啸的声音吗？高山密林里，百围大树的窍孔，有的像鼻子，有的像嘴巴，有的像耳朵，有的像柱上的木斗，有的像杯子，有的像舂臼，有的像深池，有的像水洼，它们发出的声音各不相同。这声音，有的像水冲击的，有的像箭射出的，像呼唤的，像吸气的，像叫喊的，像号哭的，前呼后应，此伏彼起……而当风暴一过，所有这些窍孔都归于空虚。”子游说：“这么说，地籁就是那些窍孔发出的风声，人籁就是箫管笙簧之类乐器发出的乐声，那么请问，天籁是什么呢？”子綦回答说：“所谓天籁，乃是那风吹万种窍孔发出的各个不同的声音。这些声音之所以千差万别，是由于各个窍孔的自然状态不同，并没有谁在鼓动它们发声，是那往来无定的风撞醒了它们，撞响了它们呀！”

庄子到楚国去游历，途中，他看见路旁有一个空枯的骷髅，就停下马车，跳下车。他用马鞭敲着骷髅问：“先生是因为贪生悖理而落到这种下场的吗？是因为战乱而被人杀死的吗？是因为行为不端而自杀的吗？是因为饥寒交迫冻馁而死吗？是因为年寿已尽而自然死亡的吗？”说完这些话，见骷髅不答，他抱起骷髅回到车上。晚上在驿站里，庄子把这骷髅当枕头，枕着它睡觉。半夜后，庄子梦见骷髅对他说：“你的谈话很像辩士。你所说的，都是活人的牵累，死了的人就没有这些了。你想听听人死后的情形吗？”庄子说：“好！”骷髅说：“人死后，上没有君王，下没有臣子，也没有四季的冷暖热晒；从容自得，把天地的长久当作自己的年岁，即便是天子，他的快乐也不过是如此的吧！”庄子说：“我让掌管生命的神灵恢复你的形体，还给你骨肉肌肤，把你送回到父亲妻儿故乡朋友那里去，你愿意吗？”骷髅听了，眉宇之间显出忧愁的样子，说：“我怎么能抛弃天子般的快乐，而恢复到人间的那种劳苦煎熬中去呢？”

庄子说，这个与骷髅对话的故事，除发生在他本人的身上之外，还发生在一个叫“列子”的人的身上。列子旅行到某地，在路边进餐，他看见一个百年的骷髅，半掩半露在路旁的萋萋蒿草中，于是走上前去，拢去上面的草，对骷髅说：“唉，只有你和我，知道没有死也没有生的道理呀！你果真忧愁吗？我果真快乐吗？也许，这个问题只有天知道！”

关于与骷髅对话这件奇异的事。距庄子的时代七百年后，在西域第一高僧，我们的鸠摩罗什身上，也发生过一次。话撵话，撵到这里了，把它说出。待到将来那叙述鸠摩罗什的专章，我们再来细说。

庄子大约一生都生活在梦境中，他还有一个最为著名的梦，数千年来不断地被人津津乐道的梦，这就是“庄生梦蝶”。一日黄昏，庄生大约正在他的漆园中酣睡，四肢展开床上，作东床坦腹之状。梦中，他梦见自己变成了一只蝴蝶，翩翩飞舞，快乐极了。从梦中醒来以后，他看见果然有一只蝴蝶，在他的床头前飞来飞去，时飞时驻。庄子想不明白："到底，是那只蝴蝶是我呢，还是，床上躺着的这个我是我呢？是不是那个翩翩飞舞的蝴蝶才是庄生，而这个床上躺着的庄生才是蝴蝶！"大约到死，庄子都没有闹明白这件事，他觉得自己在许多场合，常常有一种"蝴蝶"的感觉。

庄子路经一座山岗。在山岗前面的空地，长着一棵千年的老树。那树叫"樗"，它的树干木瘤盘结而不合绳墨，它的树枝曲曲弯弯而不合规矩。伐木人对庄子说："千百年来，那些有用之材都被人伐去，或盖房子，或造宫殿，或做犁杖车辕，独有这棵树，树心都糠了，歪曲的枝干也派不上任何用场，所以匠人们每一次瞅一瞅，都摇摇头走了。"庄子省悟道："这棵树正因为百无一用，所以才能享尽自然的寿数呀！"庄子下了山，到朋友家去。朋友很高兴，叫童仆杀一只鹅给他吃。童仆问："一只鹅会叫，另一只不会叫，杀哪一只？"主人说："杀那只不会叫的！"第二天，学生问庄子说："昨天山上的树木因为无用而能长寿，现在主人的鹅因为无用而被杀，请问先生将何以自处呢？"庄子笑着说："我或将处于有用与无用之间！"他还说："顺其自然当是最好的处世态度。既没有荣誉也没有毁辱，时隐时现或如龙如蛇，顺时变化而不偏执一物，时进时退游心于万物的根本，主宰外物而不被外物所役使，这就是神农和黄帝的处世态度呀！"

第四十三颗念珠

庄子的宋国的旁边，是屈原的楚国。他们几乎是同时代的人。宋国是一个小国。宋国旁边的楚国却是一个大国。战国时期，大的国家有七个，它们是齐楚燕韩赵魏秦，类似宋国这样的小国，则如过江之鲫不计其数。才华横溢的屈原，做过楚国的左徒，三闾大夫，先后辅佐过楚怀王，楚襄王。一生中数度被流放，最后，在国破家亡、报国无门的悲愤中，腰间系一块石头，投汨罗江而死。后世把他投江自尽的农历五月初五，叫作端午节。他是贵族出身，好驷马高车，好奇装异服，好高冠长带，在放逐的日子里，他来到一条江边，感慨着这个礼崩乐坏、人心不古、谗士高张、瓦釜雷鸣的浑浊世界，发出世人皆醉我独醒、世人皆浊我独清的无限感慨，他问那江上的渔夫：为什么行路如此之难呢？为什么品质高洁的我，却不能见容于社会呢？为什么世界如此之大，竟没有我的一块立锥之地呢？渔夫叹息一声说：如果这脚下的沧浪之水清澈的话，那么就用来洗你的冠缨；如果这脚下的沧浪之水混浊的话，那么就用来洗你的脚丫子吧！

屈原脱下朝服，弃了马车，他从水中采下荷叶，缝制自己的上衣，他从水中采下荷花，缝制自己的下裳。他从路旁采撷各种香气四溢的野花，佩戴在自己身上。然后，戴上高高的帽子，系上长长的衣带，腰间挎一柄长剑，胸前佩一块美玉，开始在沅江、湘江流域漫游。

在屈原颠沛流离的岁月中，有一天，路经一处先王宗庙。宗庙的墙壁上，画着许多有关天地山川、神话传说和历史人物的壁画。屈原看着这些壁画，联想到自己的遭遇，于是他激愤地把他的诸多疑问和困扰写到这壁画上，从开天辟地问到天体的构造、大地的设置，从神话传说问到有历史记载的年代，从世界大势一直问到眼下的屑小自己。

后来，人们为了纪念屈原，把他写在各幅壁画上的发问，一一抄录下来，加以整理，这就是屈原那有名的长诗《天问》。

屈原是中华文明板块产生的第一位有名有姓的大诗人，他的创作为浪漫主义文学开了先河，他的天才的光芒一直照耀和庇护着后世的文学，直至今日。除了《天问》以外，他的著名诗篇还有《离骚》《九章》《九歌》等等。

屈原写在壁画上的《天问》以吞天吐海之势、金刚怒目之态，叩天问地，上穷碧落、下穷黄泉般刨根问底，道出这位狂狷人物，对世界的诸多疑问。这位老夫子是这样问的——

远古之初的情形，是谁传说下来的呢？天地还未形成，又何从去考究它呢？黑夜和白天都是晦暝昏暗，又怎么能弄清楚它呢？元气充盈而无形，是根据什么去认识它呢？

白天和黑夜相互交替，是谁造成的呢？阴、阳、天的结合，它的本质是什么，它的变化过程又是怎样的呢？天有九重，是谁最初创造它、量度它的呢？

天昼夜运转，它的毂是怎样用绳维系着的？天极的轴又放置在哪里？用以擎天的八柱撑在什么地方？地的东南方又为什么会低陷？

九天（东方皞天、东南阳天、南方赤天、西南方朱天、西方成天、西北方幽天、北方玄天、东北方变天、中央钧天）的边际到哪里为止，又怎样相连，有谁知道九天的角落和弯曲处的数目？

天和地在哪儿会合？十二时辰怎样划分？日月附托在什么之上？众多的星星又是怎么排列的？

太阳从东方的汤谷升起，归宿于西极的蒙水边，从晨明到黄昏入暮，太阳所行走的路程有多少里？月亮有什么特别和贡献呢，却能死而复生（古人传说月亮每月生一次死一次，能够死而复生）？它为什么要把玉兔养在腹中？

女岐（神话中的女神）并没有配偶，怎么能生出九个儿子？

伯强（瘟神）住在什么地方？天地之间的祥和之气又聚在何处？

鲧并不能胜任治理洪水的事情，众人为什么要推举他呢？为什么不对鲧事先试验便加以任用呢？而后来尧为什么把鲧禁锢于羽山多年而没有放他呢？

禹在鲧的腹中生长，怎么会成为具有圣德的人？禹继承先父鲧治水的遗业，终于成就了先父未成功的功绩，既然他继承的是先父的遗业，他的谋划为什么又有所不同呢？

洪水泛滥，禹靠什么去填塞平息它呢？既然禹采用了疏导的方法治水，把洪水疏导出海，九州地面自然露出水面，又何必用泥土填塞使它高起来呢？

应龙（神话中有翅膀的龙）怎么用尾巴画地？洪水怎么随着应龙所划的水道向下游疏导？共工发怒，地为什么向东南倾斜？

九州地界交错，禹怎样划定它呢？川和谷为什么那么深？水向东流入海里，海水怎么不会满起来，谁能知道它的道理呢？

东西南北，那么相距有多长呢？如果说南北狭而长，那么它比东西的距离长多少？

昆仑山顶的玄圃，与天相通，它的脊骨坐落在哪里呢？山中还有增城九重，它的高度究竟有多少里呢？

天的四面八方所开的门，是供什么人出入通过用的？那南北所开的幽都之门，有什么风通过呢？

哪里是太阳照不到的地方？烛龙是怎样照亮它的呢？当羲和（为太阳驾车的神）还未扬鞭起驾时，若木树上那赤红色的花，怎么能发出光华？

哪些地方冬天温暖？哪些地方夏天寒冷？哪里的石树成林？哪里的兽类会说人话？哪里有虬龙背负着熊罴游戏呢？

传说有一种九个头的雄性毒蛇，飞蹿着爬行，来去飘忽无定，这种蛇在哪里呢？南方的灵蛇能把象吞吃掉，那么它巨大到什么程度呢？

黑水、玄趾还有三危，这些荒僻的山水究竟在哪里？如果人可以延长寿命而不死的话，那么寿命到什么时候才会终止？

那人面鱼身有手脚的鲮鱼在哪里呢？那白首鼠足会吃人的怪鸟鬿堆在哪里呢？羿怎样射太阳？而那太阳里的三足乌怎么会被射落了翅膀？

禹竭尽全力开山治水，又不辞劳苦巡视天下，到处扶贫济困。这期间，他为了延续子嗣而在台桑这地方娶了涂山之女，而结婚四天就离家去治水，为什么他的爱好和一般人不同呢？

启（禹的儿子）接替益成为夏朝国君，有扈氏不服而作乱。启忧思天下，兴兵讨伐，他是怎么从挫折中取得了胜利？

天帝派遣后羿降生东夷，后羿篡夺了夏后相的帝位，改变了夏朝的仁德之道，使万民蒙受忧患。后羿为什么能射瞎河伯左眼，又娶了洛水女神为妻？

为什么后羿用肥厚的野猪肉供奉天帝，天帝仍不以为然？为什么后羿有力贯七层皮革的箭术，却因他的宰相寒浞想娶纯狐（后羿之妻）为妻，被臣下合谋杀害了？

浇（寒浞的儿子）到嫂子女歧家去，有什么企求呢？为什么少康（夏后相的儿子）利用打猎，放猎狗追逐野兽，竟能袭击浇，把他杀掉而恢复了夏朝帝业？

少康夜袭女歧家，斩女歧首，误以为是浇首。女歧借口为浇缝制衣服，于是共舍度宿，为什么会遭此颠倒头颅的祸殃呢？

夏桀讨伐蒙山国，他得到了什么呢？妹嬉（夏桀的妃子，蒙山国所献美女）为什么那么放纵荒淫呢？商汤为什么要诛伐桀呢？

舜还是一般老百姓时，父母不做主为他娶妻，使他有成为鳏夫之忧，这是为什么呢？尧为什么不告知舜的父母，便把娥皇、女英嫁给舜为妻呢？

事物在萌芽状态时，谁能预料它以后会怎样呢？玉台十重（周王做象牙箸，箕子知道便叹息，认为有了象牙箸必配以玉环，有了玉环必配以佳肴，有佳肴必崇广宫室），是谁所造达到豪奢之极呢？

伏羲氏是天地初成时人们推立的第一位古帝。是谁为他开导万民，使百姓推崇他为帝的？

女娲（传说中母系社会的天子，风姓。人面蛇身，一日七十变化）所具有的那怪异的形体，是谁制造出来的？

舜的异母弟象，屡次谋害舜，舜奉父命去修仓库，象竟放火烧仓库，舜奉父命去淘井，象竟向井里倒泥土想活埋舜，而舜逃脱后却一如既往地友爱他，为什么象这样的恶人都能逃脱罪责？

吴国得以长久存在，立国于江南之地，谁能料到太伯、仲雍（皆周文王的伯父，居留在吴国，成为吴国开国之祖）会迁徙到这地方来，使吴地得到两位贤德的君主呢？

伊尹用饰有美玉的宝鼎烹天鹅羹进奉商汤，而得以侍奉于帝侧。伊尹是怎样辅佐汤讨伐桀，而终于把夏朝灭掉的呢？

汤用伊尹之计，讨伐夏桀，汤是怎样在鸣条那地方打败夏桀，把他流放于南巢以罚其罪？百姓为什么会皆大欢喜，对汤表示敬服？

简狄（帝喾高辛的次妃）在高台上侍候帝喾，祭拜上天有什么祈求呢？玄鸟堕下一卵（简狄吞其卵而生契），简狄为什么欢喜呢？

王亥（夏诸侯，殷人远祖）的父亲季认为儿子承继了自己的德行，可为什么后来王亥放牧牛羊，终于死在有易那个地方（传说王亥因淫乱被有易之君绵臣所杀）？

舜伐有苗，有苗败而不服。舜是怎样用干（盾）羽之舞怀柔有苗，使之归附？

纣处于诸侯叛离、民心背逆之际，为什么丝毫不感到忧愁，反而肌肤润泽，养得那么肥硕？

汤能继承先祖的德行并光大它，怎么说是嘉勉其志，使他在田猎时获得大牛的吉瑞呢？汤田猎时不是在道路上往返驰骋而过，每次都把猎获的野兽分给大家，这是为什么呢？

夏桀把汤从重泉放出来，问题是汤究竟犯了什么罪过呢？汤不能忤逆众人讨伐夏桀之心，终于决定兴兵讨伐夏桀，是谁激起人民反叛之心的呢？

为什么八百诸侯都如期率领兵马渡河到达盟津与武王会师，并争着参加盟誓呢？八百诸侯率领众将猛如群鹰，是什么使他们聚合在一起，同心赴命？

纣王死后，武王断其头悬于大白旗下，周公旦对这件事不加赞许。可为什么他又亲自为武王谋划伐纣之事，对奠定周朝帝祚的基业做了那么多的赞美呢？

殷施行了什么德政，而使天帝把天下授予它呢？及至有天下以后，又被灭亡，它的罪过又是什么呢？

周昭王出巡到了南方，他想要得到什么呢？莫非他是要亲自去接受越裳国进贡的白雉吗？

周穆王是个虚浮贪求的人，他为什么不理朝政，而喜欢周游天下，他想要得到什么呢？

那对到周朝来买东西的夫妇，在集市上叫卖的是什么呢？（这对卖弓与箭袋的夫妇拾获周宣王宫中的弃婴归养，长大后成为幽王后褒姒，导致周室倾亡。）

周幽王是被谁诛杀的？他怎么会得到褒姒的呢？

上天降给人的命运是反复无常的，那么，怎样才会受到天的惩罚，又怎样才能得到天的保佑呢？齐桓公身为五霸之首，九合诸侯，为什么最后也遭到了杀身的祸殃？

后稷是帝喾的嫡长子，天帝对待他为什么特别仁厚呢？他出生不久便被弃于冰上，为什么会飞来大鸟，用翅膀覆盖温暖他呢？

古公亶父（周太王）是怎么使豳地的人民带着财产，扶老携幼跟着自己来到岐山周（邑）地？

殷纣既已迷惑于妲己，还有什么可劝谏的呢？

西伯姬昌用纣王赐给的梅伯的肉酱祭告天帝，纣怎么会受到天帝惩罚，而使殷商无法逃脱覆亡的命运呢？

武王姬发兴兵伐纣，他为什么心中忧郁不安？他用战车载着文王的神主，用文王的名义伐纣，他的心情为什么这样急迫呢？

晋太子申生为什么缘故而自缢？申生的冤情是如何感动天地的？那骊姬（晋献公宠姬）猖獗得还畏惧谁呢？

既然上天授命他统治天下，他为什么不长存戒惧之心，肃慎恭谨，使帝王之业存在下去呢？为王者受到天下万民的礼敬，上天怎么会又使异姓更代他呢？

吴王阖庐年少时流散在宫廷之外，为什么后来能壮大威猛的武功，名震天下呢？

周朝的中央政权一度由共伯执掌，为什么周厉王之灵会怒而降灾？

那些蜂蚁般的反叛周厉王的民众，社会地位本是很卑微的，为什么他们组织起来后力量会那么强大？

现在时已入暮，忽然雷电大作风雨交加，可我回去又有什么意义呢？君王的威严已不能保持，求天帝庇护又有什么用处呢？

我遭到放逐，隐居在山洞里，对国家大事已无所知闻，还能发表什么意见呢？

君王贪得求功，绝齐伐秦，兵败将亡，国家的命运怎么能长久呢？如果君王能悔过，改弦易辙，我又有什么可说的呢？

我总是不解，吴王阖庐长期与楚国相争，为什么胜利者常常是他呢？

那郧女环绕闾社，穿过丘陵和斗伯比幽会，这个性情浪漫的女子怎么竟然生出了那么有才干的子文（楚国良相）来？

我以堵敖（楚文王子、楚成王兄，楚人称嗣君未登君位而死叫“堵”，“敖”是其名）之事作为告诫，楚国不会长久了，我怎么能再去劝谏君王，使自己的忠谏之名流芳后世？

第四十四颗念珠

这就是屈原大夫那一连串百多个问号的《天问》。一个落魄客，畸零人，在一座古庙里，面对墙壁上的壁画，他赤着足，嘴里呷着酒，在每幅壁画前沉吟良久，然后挽起袖子，蘸饱墨烟，挥笔把自己的疑问，自己的思考，自己的忧愤，信笔题在上面。

那是一座什么样的宗祠呀，它将这个东方人类族群那些旧年的故事，或实或虚的传说，王朝的更替、玄机与命数，一一彰现在墙壁上，用图形画出。也许吧，这样的祠庙并不曾有过，那壁画也不曾有过，百多个问号的屈原式“天问”，只是他在流放路途上的思考，对世界的拷问，屈原是假托了一座祠庙，一串壁画，来将他的叩天问地借此说出。然而哪，我们还是相信历史上有定论的东西吧！这定论就是，确实有这么一座祠庙，墙壁上有一串壁画，被放逐的人儿哪，他足迹所至，偶然地路经这里，侧畔江水泱泱，风云奔来眼底，块垒在胸，他援笔写下他的《天问》。后来，当楚国已亡，为强秦所吞并，当这位书写者投河已死，已成古人，人们把他投河的那个日子，农历的五月五日，定成一个名叫“端阳节”的节日，吃粽子、赛龙舟以纪念。而当人们偶然地在祠庙的墙壁上，在壁画的空白处，看到这些涂抹上的句子时，无比感慨的人们，便把这些句子抄录下来，汇编成一篇奇文，并且给这奇文冠以一个《天问》或者《问天》的篇名。

那放逐者在墙壁上涂鸦的时候，已经被放逐了许久，已经落魄和潦倒得不成样子了，但是，天性爱好整洁的他，崇尚美人香草的他，仍然头顶着高冠，身佩着长剑，已经有些褴褛的飘带长长地拖在地上，一朵香气四溢的小花佩在胸前，一枚洁白剔透的美玉，挂在腰际。

第四十五颗念珠

这个熙熙攘攘长达三百多年的全民思想大欢宴，在秦统一六国之后戛然而止。东周王朝王权衰微，诸侯国蜂拥而起，各据其地，纷纷坐大，先有春秋五霸，继有战国七雄。而至战国七雄年代时，名义上的周天子，也从原来的名存实亡，彻底地终结于洛阳城了。世界自此进入一个无序的年代，无主的年代，没有权威的年代。

正是这样的土壤，为“诸子百家”的兴起，为各种异端邪说的抬头，提供了温床。时代在那一刻多么色彩斑斓呀！这个东方种族在那一刻多么活力四射呀！当今天的我们眼泪汪汪地回溯那个时代时，我们会说：我们也曾阔过呀。

秦是战国七雄之一。这个将来注定要影响历史的国家，按照史书上的说法，它最初是一个在祁连山麓游牧的小小部落，后来在周朝开始的年代里，成为周朝的牧马人，开始在陇东高原现在叫礼县的地方安居下来，修筑城池，建立诸侯国，然后无声息地一步步且坐且大。

西周的都城是丰镐二京，它紧依着秦岭北麓，距后世的长安城也就是三十里远近。后世有“八水绕长安”一说，从陇东高原远徙而来的著名的渭水、泾水，算是八水中的两条，其余六条，即是就近从秦岭中奔流而出的六条水流。秦岭通往关中平原，有七十二峪之说，每一条山峪中都有激流奔突而出，上面所说六条，只是取其中较大的六条来说事而已。而这里谈到的丰水和镐水，是告诉你西周的都城丰京和镐京的大体位置而已。

换言之吧，那丰水出山的丰峪口山脚下，后世曾有一座著名的佛家寺院，这寺院叫草堂寺，在我们的这本书中，正在焦急地等待这就快出现的佛门的三大高僧，一个叫法显，一个叫鸠摩罗什，一个叫玄奘，也都与这草堂寺有关，与这丰峪口有关，与这既被称为秦岭，又被称为终南山的伟大山脉有关。

那个曾是夏禹王朝农业官的后稷部落，成长于武功（即《诗经》中谈到的那个“武功”），坐大于豳州，立国建都于岐山，他们把自己的王朝叫周，把部族发迹的那一块地面叫周原，尔后在这丰峪口地面，建立丰镐二京。我们知道，到了周幽王时，骊山上烽火戏诸侯，博美人褒姒露齿一笑，这件事导致了西周王朝的灭亡，于是周的都城，从这里再往东迁，定都洛邑。洛阳在东面，所以那以后的一段时间，称东周。

为什么要东迁呢？史书告诉我们，周幽王废王后申氏，而立褒姒为后，又废掉太子宜臼，而立褒姒的儿子伯服为太子。这事惹怒了申后的父亲申侯，一时联合西部犬戎，举兵攻打了周幽王，在骊山下杀死周幽王，尔后宜臼继位，这就是周平王。西部犬戎事成后迟迟不退，拥兵自重，不断在周遭滋事。周平王觉得惹不起他们，于是迁都。

西部犬戎是谁呢？史书上并没有更为详尽一些的记载，中原的王朝，视周边的那些蛮族，那些游牧民族、渔猎民族为东夷、西戎、南蛮、北狄，所以，这西部犬戎应当是西戎的一支，那么，他们和后世的秦王朝是不是有一些关系呢？起码，牧马人的秦，当是这些西戎的一支吧！或者说不是！遥远的古代史为黑暗所遮掩，我们的视力不够，看它如雾里看花。

可以想见，东周列国时期，关中平原已经开始被游牧人深深地影响了。这也许就是孔夫子周游列国，老死不入秦地的原因吧！这位老先生只抵达洛阳城，匆匆地拜会了一下作为东周王朝图书馆馆长的老子，就又匆匆地折身而去了。

虽然这块地面，正是周公旦创制立规，大行周制周仪周礼周乐的周王朝发祥之地，凤鸣岐山之地，文王梦熊、渭水泱泱之地，但是，以“悠悠万事，唯此为大，克己复礼”为一生责任的孔老夫子，却蹊跷地一生足迹没有踏入秦地。这事叫后人有些百思而不得其解。

第四十六颗念珠

秦，这个周王朝养马人的部族，大约在群山环抱的陇东高原，经历了六七代王，他们在这里修筑坚固的城池，向当地人学习农耕的知识，推崇和学习周朝的文化礼俗制度。当王权式微，周已不周之际，他们从崇山峻岭中走出，顺着那条古老的河流渭水，从渭水进入关中平原的那个地方，铁马秋风大散关，进入关中。

那时候的关中平原，已经不再有黄河象出没，不再有沼泽四布、芦草丛生、古树参天，由于大禹治水，疏通了河道，渭水一泻而下，进入黄河，于是渭水开始收缩成一股，在这块冲积平原的中间地带，勒一道十里宽的河床，时而静静地奔流，时而浊流滚滚波浪滔天。不过它是基本上被驯服了，于是这个号称八百里秦川的地方，成为得天独厚之地。

雄心勃勃的秦朝，从山上走下来，暂栖七大散关下面的雍地，继而东向而走。开始的时候他们向东走得猛了一点，在泾渭交汇处的下游，建立了一座栎阳城，作为国都，接着，发现这座城距离黄河、距离中原地面太近，而他们的国力羸弱，还时时处在覆亡的危险之中，于是他们又向后退了五十里，在渭河的咸阳渡上，建起咸阳城。这里是通往西域的古渡，必经之处，这里又是东进中原的桥头堡，进可以攻，退可以守，确是一处理想的都城位置。而这样的一座城叫它什么名，由于它在渭水以北，水之北为阳，五陵原之南，山之南为阳，所以这座城池叫“咸阳”，取“两两皆阳”之意。

以咸阳城为国都，秦强盛起来，成为战国七雄之一。而到了千古一帝始皇嬴政手里，一举灭其余六国，完成中华大地上的大一统。秦王扫六合，虎视何雄哉！挥剑决浮云，诸侯尽西来。如果说三皇时代被认为是中国原始社会阶段，夏禹开辟的大夏王朝被认为是奴隶社会的开端，那么，秦始皇统一六国后所建立的大秦帝国，被认为是中国封建社会的开端。

由乱世到治世，这情形和喜马拉雅那边的古印度很相近，而大秦帝国和印度孔雀王朝也几乎同时代并行存世。诸侯纷争结束了，一个强大的王朝，一个有力量的统治者，完成了这封建大一统。起源于五印大地的佛教，正是在孔雀王朝，得力于贤明的阿育王的提倡，被奉为国教，进而大行于天下的。而大秦帝国的年代，秦人在最初的时候大约更崇尚法家，因为要靠法家的理念来治国和强国，而在后来的时候又崇尚道家，因为秦始皇嬴政企求长生不老，他从道家的学说中寻找养生之法，炼丹之术，长生不老之术，并且派一个叫徐福的道士，率领五百童男五百童女乘筏出海，去寻找长生不老的仙药。

对于刚刚结束了的那个“诸子百家”时代，秦皇则表现出了极大的冷漠和轻蔑。他只相信力量和权势，相信盾牌和刀剑，天下是实力打出来的，他明白这一点，“诸子百家”那些摇唇鼓舌，坐以论道，信口雌黄，说黑道白，叫他生厌：这个世界，难道就不能更简单一些吗？于是，在发布诏令，令天下“车同轨，书同文”的同时，秦皇下令焚书，即把“诸子百家”所创作出来的各种经卷，统统搜集起来，一把大火烧个精光。

那些大谈玄学，喜欢论辩，到处惹是生非的儒生们，不知道这个时代已经变了，他们的好日子已经结束了，他们还在那里摇唇鼓舌，见秦皇不待见他们，于是众人便聚拢到了太子扶苏的门下。扶苏是个正直忠厚的人，也不好将他们拒之于门外，于是好吃好喝，将这些人当“闲人”一样养着。

那些“处士横议，扰乱朝纲”的话语不断传来，秦皇终于不可忍受。大约是一个春天的早晨，或者是一个秋天的早晨，秦皇对扶苏说，你知道有个有名的所在，叫作骊山，就是周幽王烽火戏诸侯的那个骊山，你知道那骊山的背后，有个著名的女娲谷吗？相传，那里就是当年女娲炼七彩石补天的地方，你的门下有那么多的儒生，喜欢鼓噪，那么见了这个陈迹，他们一定会有许多感想，从而写出许多斑斓文章的。太子呀，请将他们尽数带上，今天咱们去游骊山女娲谷吧！

到了骊山，进了女娲谷，眼见得这四百多个儒生，无一遗漏，统统地进入了谷中，秦皇哈哈大笑说，将谷口给我用土封住，将这四百多个宝贝，挖坑埋了。这话一出，事先就埋伏在谷中的士兵，得到指令，于是将谷口封住，将这四百多名儒生，挖坑活埋。

因此后世又将这骊山女娲谷叫作坑儒谷。连同秦始皇的“焚书坑儒”传说，这条山谷亦成为一处名胜。

一旁的扶苏见了，跪在地上哭着劝阻。但这时哪有扶苏说话的份儿。秦皇瞅了他一眼，说：蒙恬将军修完万里长城之后，又率三十万大军，正驻屯陕北高原的上郡城，修筑一条从长安城通往阴山草原的用兵大道，你回去收拾行装，明天一早就启程，到那蒙恬军中，去做监军去吧！

说完，秦皇转身起驾，去看骊山脚下那正在修筑中的他的骊山坟墓，以及征用来的匠人们正在就地取土、起窑烧制的那些陶俑。那一块地面正浓烟滚滚，火光冲天。

第四十七颗念珠

那时候秦的国都，还在咸阳，不过渭河这边，已经开始有一些宫殿建筑，丰镐二京消失之后，那地方叫长安乡，而大约不久之后，到了大汉王朝时期，它就会变成长安城的。

有一个著名的所在，叫阿房宫。它最初不叫阿房宫，秦始皇叫它“房宫”，一长串的房子，中间靠走廊连接，从渭河北岸的咸阳城东楼，穿过渭河桥，抵达长安乡，然后三步一楼阁，五步一台榭，绵延一百多里，一直通到骊山脚下的正在建设的坟墓顶端。然后在这坟墓的顶上，庞大的金字塔式的土台之上，起一座辉煌楼阁，诗人们所谓的“西北有高楼”，当是指的这一座高楼吧。我们知道，后来这一座高楼，连同这百里房宫，被来自楚国的复仇者西楚霸王项羽一把火烧掉。

也许，长安城的诞生，最初就是这些房宫。虽然这些房宫被西楚霸王一炬成灰，但是在房宫的四周，建筑物还是一批一批建造起来了，于是它成为后来的汉王朝的首都，成为中国历史上最威名赫赫的千古帝王之都。

项羽是一介武夫，或者说是那个时代还硕果仅存的具有贵族精神的骑士。后人说：竹帛烟销帝业虚，关河空锁祖龙居。坑灰未冷山东乱，刘项原来不读书。那意思是说，销毁了这些“诸子百家”的典籍，坑杀了这些摇唇鼓舌的儒生，秦皇从此觉得天下太平，可以高枕无忧了，想不到他的帝业却因为缺少这些思想的支撑，而变得空虚。可悲呀，当“焚书坑儒”那坑灰还没有冷却，山东那边已经乱了，原来这刘邦、项羽都不读书，都不是读书人。前者是丰沛地面一个小混混，后者是楚地一介武夫。

帝业的空虚，当然也与这修筑阿房宫，修筑骊山陵墓有关。这些工程耗费了大量的民力财力，天下初定，需要体恤民力，安定四方，需要老百姓休养生息才对，但是刚愎自用的这位千古一帝，却自己为自己掘下了坟墓。

秦始皇广征天下民夫，修筑骊山陵墓。秦二世胡亥亦效仿之，在继续修筑阿房宫的同时，又广征民夫，戍边屯垦。在从中原地面征夫，前往一个叫渔阳的河北地面去戍垦的队伍中，有两个人揭竿而起，站在高处振臂一呼，从而揭开了反抗秦制，推翻王朝的序幕。这两个人一个叫陈胜，一个叫吴广。这两个人聪明地把曾令屈原欲爱不能欲恨不能的楚国的亡君树起来，充当旗帜，又联络六国的亡国贵族，从而掀起了反秦的大风暴。这叫大泽乡起义，虽然它后来失败了，但是秦王朝的根基已经动摇。前面谈到的那两个不爱读书的刘邦、项羽，就是从这失败的队伍中派生和成长起来的两股军事力量的代表人物。

那时的这块渭河冲积平原，已经相当的富庶和繁华了。自从大水退去，夏禹的农业官后稷，在这里掘下第一锨土，种上五谷杂粮，开中华农耕文明之先河后，渭河归于河床，田野上精耕细作，布满五谷，庄稼两年三熟。而村庄则星罗棋布一般，散落在平原上、山根下、渭河的高高的老崖顶上。

第四十八颗念珠

关中平原的富甲天下，还得力于一个原因，那就是泾河之上的一条著名水利设施郑国渠的建成。郑国渠是与广西灵渠、四川都江堰并称的公元纪年前古中国三大水利工程。司马迁在《史记》中曾经感慨地说："渠就。……于是关中为沃野，无凶年，秦以富强，卒并诸侯！"史圣在这里把郑国渠的修筑和秦的一统六国，甚至提高到这因果关系上来说。

那郑国渠的修筑，最初的起因，完全是一幕历史的滑稽剧。那渠是在韩国派来的工匠，一个名叫郑国的人的指导下修的。迫于强秦咄咄逼人的东进态势，黄河对面的韩国人，想出了一个"疲秦之策"，这就是派工匠到秦国，游说秦王来修一条渠，从而改变关中平原的灌溉条件，而它真实的意图，则是"疲秦"，让秦把大量的人力财力，花费到修这条像西洋景一样有着美好愿景的渠道上，从而无力跨过黄河去攻击韩国。

韩国是从春秋五霸的晋国，派生出来的一个国家。晋文公时代，晋国雄踞中原地带，西扼黄河蒲坂之险，东倚雁门塞外草原，可以和任何强大的敌人对峙，后来一分为三，派生出来魏国、赵国、韩国，这样国力就明显地衰弱了。而春秋五霸时代变成战国七雄时代，大约就是因为晋国这一分为三的缘故。后人在山西的侯马，建了个晋文公博物馆，那博物馆大门上的对联是"若非韩魏三分晋，一统未必是强秦"，那意思是说，假如晋不三分，后来一统天下的，未必是秦，是谁，还很难说。这话是古代一位行吟诗人路经这里时说的，那话三分是惋惜，三分是痛楚，还有三分是一种酸溜溜的老陈醋的感觉。不过天下兴亡事的味道，这话倒是说出了。

韩国派来的水工郑国，来到咸阳城一番游说，果然说动了秦王嬴政。秦王让郑国遍踏关中地面，来选择这筑水坝的地址。流经关中平原，主要有两条大河，一是自大散关跌宕而下的渭河，一是从嵯峨山跌宕而下的泾河，所以渭河平原，准确的叫法应当叫泾渭冲积平原。那郑国，将关中平原的水系，视察一遍，包括大散关、嵯峨山，双足也都走到了，最后选定，在泾水注入平原的嵯峨山口，凿空山体，打一个隧道，让水从隧道流过，这边，则修一个大的水坝拦水，而后修一条大渠，引水向东，渠的下泄处落脚到黄河边上的、《诗经》中多次提到的洽川。大渠两侧，再修上干渠。干渠两侧，再修上诸多支渠，支渠两侧，再修上诸多毛渠，这些毛渠，就直接把泾河水引到地里了。这样，关中平原将成为旱涝保收的千里沃野。

踏勘好了，于是在这嵯峨山腰，泾水河边，一项伟大工程叮当动工。那郑国大约是个工作狂，他这时候早已忘了自己来修渠的初衷，一门心思要将这件杰作完成。不说嵯峨山间火光彻夜照耀，昼夜不息，凿石声、民夫们的号子声惊天动地，却说，在六年之后，突然有秦人的细作，从韩国都城新郑，回到咸阳报告，说这修筑郑国渠的馊主意，完全是韩王的“疲秦之计”，韩国想以此来消耗秦国国力，令秦不能东顾。

秦王嬴政听了大怒，遂令这郑国渠的修筑，停了下来，又把水工郑国，抓回咸阳，绑在午门口，要将他斩首。随后，秦王又发了个《逐客令》的诏令，签上大名，四处张贴，扬言要把咸阳城中居住的，在宫中供职的六国人士，一一逐出，限期离境。

是一个人挽救了这个郑国渠，也挽救了这些个六国人士，也挽救了此时正如日中天的秦朝，这个人就是秦的宰相李斯。李斯是河南人，自己也在这被驱逐一列，为自己辩解，为别人辩解，为这条渠辩解，他也该站出来说话的。他当时好像还没有当宰相，而是朝中的大夫。于是，他写了个《谏逐客书》，上呈秦王嬴政。

李斯在《谏逐客书》中说，大王啊，为什么您是如此喜欢那些六国进贡来的奇珍异宝，却又嫌弃这些六国投奔咸阳的贤能之士呢？这些贤能之士的价值，要超过那些奇珍异宝的呀！万法归一，为我所用，才是一位贤明的君王所应当采取的方略呀！众星拱月，海纳百川，才有可能建立起我们强大的帝国呀！

秦王嬴政听了，幡然醒悟，于是下令收回那《逐客令》。那个韩国来的水工郑国，好在还没有被处斩，于是便将他又放了，好言安抚他几句，给他换了身干净衣服，让他重回嵯峨山修渠。

大约十年后，郑国渠修成，泾水清清渭水黄，一股清冽的泾水水流，从嵯峨山的半山腰，一个打通了的山洞中奔涌而出，扑向平原，山洞外面，再修一个大的水坝来拦水和调节水，那些水渠管网，随后修就是了。如是这般，这个水利史上的伟大工程郑国渠完成了。

郑国渠主要灌溉渭河平原北岸，而自终南山溢出的七十二峪清冽之水，主要灌溉渭河平原南岸。至此，八百里秦川的万顷良田，得以丰沛灌溉，春种秋收，两年三熟，旱涝保收。关中平原自此成为粮仓，秦王国也因此而愈加富强，从而为鲸吞六国创造了条件。

当平原上劳作的人们，以手加额，指指点点，对着从家门口经过的那一百余里长的逶迤房宫，发出“哦——房宫”的赞叹时，郑国渠的渠水，正从他们的脚面上流过，如脂如膏地进入庄稼田。

那干了这么一件大事情的郑国，后来的情形如何呢？所有的史书都只在记录这项工程时提到他，而后来工程完工后，他也就从中消失了。他大约是得以善终的。他毕竟干了那么大一件利在千秋的大事。当秦终于吞并六国之时，他大约正在咸阳城中，佝偻着个头，面无表情地看着，而项羽一把大火，将秦朝宫室化为灰烬时，他大约正蜷曲在宫门口一个有着石狮子的角落里，茫然地看着，作壁上观。世界变化得太快，叫他不明白。

第四十九颗念珠

太子扶苏扶着骊山女娲谷山坡上一棵歪脖子树，恸哭三声。第一声为这四百多儒生而哭，觉得这些都是些饱学之士，人中翘楚，就这样地死于非命，实在可惜。第二声哭是自责，哀叹自己的无能为力——利剑不在掌，结友何须多。第三声哭则是预感到自己此去上郡前途未卜，也许，悲惨的命运在等待着他。

皇命不可违。女娲谷前，扶苏哭罢，又长跪一番，而后，便别了骊山，独自回到咸阳城，第二日，收拾一番，轻车简从，取道淳化林光宫，顺着那正在修筑的秦直道，一路东北而行，到了上郡营中，见过蒙恬将军。

秦直道的起首，从咸阳城北边上的淳化林光宫开始，先在平原上行驶一段后，攀上高山，顺着陕甘分水岭子午岭的陡峭山巅，笔直北行，到黄河边，有舟船可渡，过了黄河，是一抹的大漠草原，直道继续北行，直抵鄂尔多斯地面的九原郡。这条道路，全长一千三百多里，削山头，填深谷，笔直向前，乃是秦始皇统一六国之后，修筑万里长城之后，另一项浩大的军事工程。这道路朝发而夕至，直通漠北草原，一旦边关有什么动静，中央政权可以迅速发兵，星夜赶赴。人们说，长城像一张弓，秦直道像是搭在弓上的箭镞，威慑匈奴，安定边关。

大将蒙恬，在率兵修筑完万里长城之后，马不停蹄，开始这条道路的修筑。史圣司马迁在《史记》中，将这条道路叫“秦直道”“秦驰道”，而在老百姓的口口相传中，叫它“天道”“云中道”“圣人条”等等。专家考证说，那被叫作“圣人条”的这一段，自统万城而长安，当为后世赫连勃勃所重修或扩修。

大约秦始皇去世以前，这条秦直道就已修通，秦始皇走没走过这条路呢？记载中没有说过，《史记》中司马迁只含糊其词地说了“绕直道而返”几个字。他的最后一次出游，归程的时候，已经死亡，当时走的大约正是这条开天辟地式的伟大道路。最后一次出行，最远处走到秦皇岛，在那里东临碣石，望洋兴叹，给后世留下一个“秦皇岛”这样的地名之后，折身回返，后来在一个叫博浪沙的地方，被亡国的韩国申徒张良遣人用一个一百二十多斤重的铁椎砸向御驾，好在秦始皇是乘在另一辆车上的，因此铁椎只砸死了妃子，秦皇得以幸免。大约与这个惊吓有关，又行一段路程，他在一个叫沙丘的地方病死。临死时，立下诏书，令太子扶苏火速赶回咸阳城即位。

宦官赵高，隐瞒了秦始皇死亡的消息，帝王之辇上，装着一具尸体，赶回咸阳城。大约是热天吧，尸体发臭，其臭难闻，于是赵高令人从市井上买来鲍鱼，放在车上，用鲍鱼的臭味掩盖尸体的臭味。及至回到咸阳，急匆匆地扶秦始皇的次子胡亥即位，然后假传一道始皇帝的诏书，给远在上郡的太子扶苏。

随从诏书一起送达的，还有一坛毒酒。诏书赐太子扶苏死。于是乎扶苏不顾大将蒙恬的劝阻，将这坛毒酒饮掉。扶苏死了，蒙恬长叹一声，也引剑自刎。上郡地面，后世叫它“绥德城”，又称“天下名州”。城濒临著名河流无定河，倚一座叫作“疏属山”的秃山而筑。那扶苏陵、蒙恬墓就在疏属山腰、呜咽泉边。

二世胡亥即位后，宦官赵高专权，先是腰斩了懦弱的宰相、法家人物李斯，接着又指鹿为马，杀了朝中一半的命官。二世胡亥出行，赵高派了一辆鹿拉的车跟随，这时李斯已死，赵高继而为相。胡亥说：相国呀，你怎么用一只鹿来拉车？赵高说：是鹿吗？那拉车的分明是一匹马呀！众位大臣，你们说，这是鹿还是马？大臣中，有一半人说这分明是鹿，另有一半人说，既然宰相说它是马，那它就是马了。赵高后来，把这些说是鹿的大臣们，一一杀掉，从此朝中噤声，只赵高一人说话。再到后来，项羽的大军破了关中，进了咸阳城。懦弱的秦二世胡亥，乞求赵高说，这个皇帝我不当了，将我降为万户侯，只要能保住这条卑贱的性命，就行了。赵高不许，令女婿阎乐，逼胡亥自刎而死。秦二世而亡。

秦始皇的陵墓，现在在骊山东北，平原的一道坡坎上。当年的高可摩天的陵墓顶上的楼阁，已经被项羽烧毁，现存的土台，仍然高耸、伟岸。陵墓东边，当年烧制的陶俑，半掩地下，威赫赫地一个方阵，面东而向。秦二世胡亥的墓，一说在长安城东南郊的曲江池，一说在骊山秦始皇陵的东面鸿门镇。

第五十颗念珠

那名叫“鸿门”的地方，亦是一个有名的所在。楚汉相争时，这里有一条临时边界，名叫“鸿沟”。鸿沟上，大约有一个营门，或寨门，人们叫它“鸿门”。西楚霸王项羽，在这里设过“鸿门宴”。

被称为“强秦”“暴秦”“虎狼之秦”的秦王朝灭亡时，最先进入关中、攻入咸阳城的是刘邦。刘邦、项羽曾经相约，谁先进入关中，就谁坐天下，而另一个则回去继续当他的种地的百姓，后来刘邦先进关中，先破咸阳，尔后，在始皇帝的龙床上打了个滚以后，又仓皇退回，他觉得此时的自己势单力薄，羽翼尚未丰满，生怕惹恼了项羽。后来项羽入关，然后两军对垒，便有了这个鸿门宴故事。

刘邦是丰、沛地面的一个小混混，生于丰，长于沛。后来起事在沛，所以称沛公。刘邦斩白蛇起义，成为天下反秦大军中的一支。项羽是楚国贵族后裔，江南豪族。在鸿门，项羽设宴，原来的目的，是想按照叔父项梁、谋士范增的意图，在宴会上将刘邦杀了，从此天下不再有人敢与项羽争锋。

鸿门宴上，刀光剑影，有个成语叫“项庄舞剑，意在沛公”，说的就是事先安排好的楚国勇士项庄，借舞剑为名，伺机就要取刘邦性命的故事。刘邦见了惊恐，拿语言来激项羽的大怜悯之心，好名重义之心。项羽仁厚，说声罢了吧，放这汉王沛公一马吧！这样刘邦得以从鸿门逃脱。范增见了，大骂道：竖子不足与谋也！又说：他年取项羽人头者，即是今天放走的这个汉王沛公也。说罢遣人去追，那刘邦早已逃逸，前往秦岭那边的汉中养精蓄锐，以谋大位。

于是后来乌江边上刘邦大将韩信十面埋伏，垓下一场大战，项羽自刎而亡，天下从此归刘姓，“力拔山兮气盖世”的一代英雄项羽以悲剧收场，令后人为之扼腕。

刘邦得天下以后，便定都长安，于是中国历史上一个显赫的朝代，大汉王朝开始。而鸿门镇这地方，作为关中道上一个往来必经之地，还发生过一件有关刘家的小故事。

刘邦住在长安城新建的未央宫里，华衣锦食，有一天突然想起远在丰县老家的老父亲，当初取得天下以后，他曾衣锦还乡，回过一次老家，并仗剑踏歌，吟唱出“大风起兮云飞扬，威加海内兮归故乡，安得猛士兮守四方”的豪唱，而今，想起老父亲，他于是遣人将老父亲从丰县接到长安未央宫，与他共享荣华。

谁知道老父亲是劳碌命，小老百姓的日子过惯了，未央宫的山珍海味，吃了脾胃不舒服，晚间床上那绫罗绸缎，盖在身上睡不着觉，加上宫中规矩又多，叫人无所适从，于是整天哼哼唧唧，提出想回家。人说帝力无边，好个汉高祖刘邦，于是叫人把家乡丰县老家的整个村子，一股脑儿搬来，搬到这鸿门镇上。那村上人家，左邻右舍，一切按当初的邻里关系布局，房屋也按丰县风格建设，就连那些鸡呀狗呀牛呀猪呀，也都是老家村子搬迁来的，到了晚上，各认各门，各回各家，绝不走错。这个名为“新丰”的村子建成了，挑一个晚上，驷马快车，将刘老爷子从长安城接出，驶到这新丰时，说声“到了”。刘老爷子有些疑惑，心想这么快就到了，感慨这皇家的车马就是快呀！回到屋里，确定是自家的屋子，见了街坊邻居，也确定是自己的街坊邻居，才觉心安。从此这昔日的鸿门镇又有了新的称谓叫“新丰镇”。那村子一直延续至今，那村上的人，当是当年丰县，刘皇家那村子里的人。

前面说到汉高祖刘邦衣锦还乡时，所作的《大风歌》。那歌子末尾一句，叫作“安得猛士兮守四方”，这句感慨，是有感而发的。是时，雄踞北方大漠，长久以来不断滋事的匈奴游牧人，正在对新生的大汉王朝造成极大的威胁。当年秦始皇时代，匈奴人已经对中原农耕文明地区，对中央政权造成威胁，所以，秦皇修筑长城，修筑秦直道，正是为震慑匈奴，征伐匈奴，至汉高祖刘邦时代，匈奴人出了一位英雄人物冒顿大单于，号称天之骄子。冒顿曾率游牧人组成的大军，浩浩荡荡，破关中平原的北塞门户萧关，越过当年西周王朝的龙兴之地豳州，直抵长安城下。

属下说，已经看到长安城头上的角楼了，单于，是不是该停住脚步了！冒顿大单于慨然喝道：“匈奴人的牛羊吃草到哪里，哪里就是匈奴人的疆界！”迫于情势，政权新建的汉高祖刘邦，曾御驾亲征，但不顾劝阻，轻敌冒进，被冒顿团团围定在白登山，后来幸亏采用了谋士陈平的计策，贿赂了冒顿王的夫人，夫人才从中周旋，网开一面，令汉高祖刘邦这么一个伟大历史人物，急急如丧家之犬、惶惶如漏网之鱼，乘着夜色从冒顿王夫人的裙裾底下钻出，星夜逃回长安。

所以汉高祖刘邦的《大风歌》，完全说的是心头之事，所以大汉王朝之初，才采取了一系列胡汉和亲的方略，直到后来，雄才大略的汉武帝当政时代，才主动出兵，战旗猎猎，猛将如云，彻底令匈奴人臣服。

第五十一颗念珠

文化人说，历史是一个任人打扮的女孩子。又说历史是得胜者书写的历史。再又说，姑妄说之，姑妄听之，无奇不传，无传不奇。最后又说，历史是一颗钉子，我用它来挂我的小说。刘邦坐了天下之后，便开始诛杀开国功臣，异姓王侯。究竟是那个御风而立、弹铗高歌“大风起兮云飞扬”的汉高祖，是真实的刘邦呢，还是那个一肚子的琐碎心思，叫人琢磨不透的小小亭长，猥猥小人，是真实的刘邦呢？回答说“都是”！人是一个矛盾体，具有两面性，两个刘邦都是刘邦。

在歹毒的妻子吕后，这个农妇的帮助下，汉高祖刘邦诛杀了许多功臣。最惨烈的一次诛杀是对淮阴侯韩信的诛杀。刘邦找一个借口，借故离开长安城，吕后则找一个借口，借故把韩信召入宫中。老百姓的戏文中说，“空中布着瞒天网，地上又漫铺地毡”，然后吕后便派人，用木头做成的刀剑将韩信刺死。为什么要给韩信这样一个死法呢？原来，当年刘邦汉中拜将台称韩信为大将军时，曾经许下口愿，将来取得天下之后，绝不做兔死狗烹、鸟尽弓藏的事情，刘邦说这话时，上指天，下指地，手拍腰间的佩剑做证。所以这诛杀韩信，得瞒着天地鬼神，并且不能用佩剑这样的铁器。

大汉开国功臣中，韩信、萧何、张良并称为“汉初三杰”。张良就是那个当年在博浪沙，支使人用一只一百二十斤的大铁椎，企图椎杀始皇帝的那个人。张良是饱学之士，明白事理，知道这兔死狗烹、鸟尽弓藏的道理，于是挑一个日子，偷偷出了宫，来到秦岭山那边，汉中地面一个叫紫柏山的地方，遁入山中，从此修仙问道，不问人间纷争。那地方，在留坝县，后人将那紫柏山，修成一个风景点，叫“张良庙”，庙的大门两侧，有楹联如下：“书不在多一卷可为帝王师相；楼勿轻登高语恐惊天上神仙。”门楣上则有“倦鸟归巢”四字匾额。

第五十二颗念珠

大汉王朝的四百年帝业，在第五位皇帝汉武帝刘彻手里，达到全盛。张骞出使西域，成凿空西域第一人，足迹直达西域三十六国，他的马蹄踩出了一条中国和世界连接、被后世称作“丝绸之路”的道路，把世界各文明板块的界限打碎了。丝绸之路的凿通还促进了世界三大宗教，佛教、基督教、伊斯兰教的沟通，为佛教跨越葱岭，进入塔里木盆地，继而大盛于中华大地，奠定了基础。

丝绸之路又叫茶叶之路、陶瓷之路，这条横贯欧亚非的黄金大通道，为处于丝绸之路东端的长安城和处于西端的罗马城，都带来了巨大的财富。建立于关中平原上的长安城，这个被青砖绿瓦民房村落簇拥的一个大堡子，成为当时世界上唯我独大的城市，世界的东方首都，人类农耕文明定居文明建立起的最大的城堡。

国力强盛的大汉王朝，一改昔日的和亲政策，开始对匈奴主动出击。汉武帝把这叫“拓边”。那个时期涌现出许多著名的将领，例如李广李敢李陵祖孙三代，例如卫青、霍去病、李广利等等。有个使臣叫苏武，在遥远的贝加尔湖畔被匈奴王羁留，北海放羊十九年，不肯投降，不肯被匈奴王招降为驸马，最后终于万苦千辛，回到祖国，从而被视为忠君爱国孝家的一个典范。固原人傅介子将军，率领一支二十多人的队伍千里奔袭，杀匈奴人扶起的楼兰王，令汉室养大的质子即位，从而保证了丝路的畅通。再比如一介书生班超，汉王朝的史记官，投笔从戎，率领三十六人使团，也是千里奔袭，于鄯善国火烧匈奴使团，从而震慑西域，疏通丝绸之路。继而就任西域都护，在塔里木盆地驻营三十余年。

未央宫有东西南北四座大门。四座大门之外，四面围墙上，断断续续，又开了十二座小门。人们把这些小门叫掖门。其中西北角的那一座掖门，又叫“司马门”“待诏司马门”。

这司马门的外边，也就是说未央宫赭红色围墙的外边，有一溜官衙风格的青砖瓦房。那地方，应该是当时御用文化人居住的地方。

已经为皇家服务，有俸禄可吃的文化人，比如修史书的司马迁、班固、班超等等人物，大约都在这里居住过。还有那些拥有一肚子才学，想要报效皇家的儒士，大约也在这里排队，一年两年，等待君王召见。中国的古文化传承中，只有孔子孟子，没有“独立文化人”这个概念。文化人的最高目标是“学好文武艺，货与帝王家”，即把自己的本事学好，然后将自己像商品一样自荐给买家，而这买家只有一个，那就是皇家。退一步来说，倘若这万丈雄心退了，心灰意冷了，不去寻求合作了，那就把自己这个饱学之士的身子，放逐于江湖之上，成为隐者。

汉武帝的未央宫时代中，宫中一直有一个影影绰绰、不甚清晰的人物，这个人物就是贰师将军李广利。李广利有个弟弟，是宫中著名的乐师，叫李延年。李广利有个妹妹，是绝代佳人李夫人。史书上说，李延年为汉武帝演唱了一曲《北方有佳人》。曲中唱道：“北方有佳人，绝世而独立。一顾倾人城，再顾倾人国。宁不知倾城与倾国，佳人难再得！”这曲子应当是用现在的陕西话来唱的，这样“国”和“得”，才在一个韵上。

仙乐阵阵。汉武帝听了，问道：这样的绝世佳人，世上真的有吗，还是仅存在于音乐之中？乐师李延年说：是有的，活生生一个大美人，远在天边，近在眼前。汉武帝起了好奇心，问着，北方佳人在哪里？能否晤上一面，瞅上一眼！一饱眼福？李乐师说：君王啊，实在不好意思，这大美人就是在下李延年的妹妹！这李妹妹叫什么名字，史书上没有说，因为她很快就被汉武帝纳为妃子了，所以史书上讳其名，或者忽略其名，只叫她“李夫人”。这李夫人还为汉武帝生了一个儿子，史书上将这叫“举一男”。后来李夫人红颜薄命，死了。死之前，她对汉武帝说她还有一个哥哥，叫李广利，是个将才，希望君王能关照他，给他一个建功立业、封王封侯的机会。

这样汉武帝就或真或假地做了一个梦，梦见大宛国有汗血宝马，继而又作了一个《天马歌》。清晨临朝，在堂上将这《天马歌》诵读一遍后，遂拜李夫人的哥哥李广利为贰师将军，领兵三万，前往如今中亚地区乌兹别克斯坦的二师地，去讨天马。

从长安城未央宫到二师地，何等遥远。李广利先率兵去了一次，算是借。结果当时这个叫大宛国的西域弹丸小国不给面子，李广利只好二次再去。二次去是大兵压境，兵戎相见。这样灭了大宛国，抢了三万匹汗血宝马回来。两次征讨，共耗去三年时间，当李广利将军赶着这三万匹汗血宝马回到长安城，到未央宫朝见汉武帝时，当年的三万兵丁活着回来的只有一千人，而抢回来的三万匹良马，长途跋涉，旅途劳顿，也只剩下三千。而李广利自己，面容憔悴，骨瘦如柴，史书记载说贰师将军枯瘦如同一架骷髅。

接下来就是那场导致李陵兵败被俘、导致司马迁因为为李陵辩护而被处以腐刑的著名战事了。北征匈奴的那一场战事，汉武帝仍拜贰师将军李广利为统帅，又派李广的孙子，骁勇善战的李陵将军为偏将。他们前往的地方是匈奴腹地。“匈奴腹地”是哪里，史书记载中语焉不详，幸亏记载中有个“受降城”地名，从而令我们知道了，李广利率领大军主力驻扎的位置，当是今天的内蒙古额济纳旗地面，而李陵孤军深入，导致全军覆灭的地方，则已经接近乌兰巴托西面，阿尔泰山中段了。

匈奴人与大汉军队作战，不固守一个地方，而是让骑兵来掠阵，然后佯装不敌，继而诱敌深入，远离驻营，再四面合围，聚而歼之。大漠辽阔，天地一色，欧亚大平原之间的偌大地面，皆可供这些游牧人纵横捭阖，从容用兵。

这次匈奴人捕获孤军冒进的李陵将军，就是用的这计策，亦步亦趋，仿佛挑逗一般，将李陵的三千兵马，引诱到大漠深处，旷野之间。大漠旷野之中，挖了一条堑壕，堑壕上面，盖上红柳、芦苇、芨芨草,上面再覆盖上浮土。李陵求功心切,率领骑兵,一路穷追不舍，于是齐刷刷地跌进这堑壕里，人仰马翻，无一幸免。李陵往下三千人马，全被生擒活捉。李陵被捉时，李广利大军所在的位置，现在叫额济纳，当时叫居延海，或者叫黑水城。居延海西北，有个著名的城池叫“受降城”，当是后世接受匈奴人投降时所修筑的。唐诗中“回乐峰前沙似雪，受降城外月如霜。不知何处吹芦管，一夜征人尽望乡”，说的当是这地方。史书上说，主将李广利畏敌如虎，不敢正面与匈奴人作战，后来见李陵兵败被俘，又不去救，所以难脱其咎。史圣司马迁就持这种看法。不过从兵家孙子为我们提供的军伍常识来看，李广利将军当时采取的敌情不明，故而步步为营的办法，绝对是上上策。大约吧，李广利将军有孤军深入西域，掠取汗血宝马的过人经历，他熟悉匈奴人的战术，知道游牧人的凶悍。

这个故事前面所说的都是序曲，它最重要的关节，引起后世两千年扼腕长叹耿耿于怀的关节在于，当未央宫中的汉武帝得知李陵兵败被俘，又做了匈奴人的东床驸马，领兵侵掠汉朝领地时，动了雷霆之怒，于是朝廷上议事，要把李陵诛灭九族，将这李陵满门三百口，问罪处死。啥叫九族，按照《说文解字》的作者许慎为我们提供的说法：父家四族，母家三族，妻家两族，合起来是九族。

司马迁那时候该是住在司马门外面青砖绿瓦“长乐未央”瓦当下面的一个大汉王朝的史官，父亲司马谈的续任。文化人不懂政治，政治的事情你最好不要插嘴，中国两千年官场文化，锤炼出来的最高智慧，其实就两个字，这两个字叫“装傻”。长着嘴巴，但是不说；

长着眼睛，但是不看；长着耳朵，但是不听。站在朝班之中，像个朽木一样端翘地立在那里，怎么撞也撞不响，这才叫见其高。可是我们的不知轻重的司马迁，却是插嘴了。

史官司马迁为降将李陵辩护，连他祖孙三代的功绩都说出来了，又对李广利的见死不救，大加鞭挞。汉武帝当年启用李广利为将，本来就有一些心虚，担心大臣们说他手下有私，这下，见司马迁这样一个小人物，站起来说话，说是在那里排侃李广利，但眼见得话题就快扯到自己身上了，于是乎恼羞成怒，遂将一腔怒火发在司马迁身上。司马迁后来的结局如何，大家也都已经知道，他被汉武帝处以宫刑，或者叫腐刑，也就是说，将这个男人的生殖器连同睾丸一起割掉。

蒙此大羞的司马迁，余生于是只做了一件事情，这就是忍辱负重，完成被后世称为“史家之绝唱，无韵之离骚”的《史记》。据说，只要当时司马家能给出两万钱赎罪就可以免去刑责，但是这个韩城芝川司马家拿不出来。又据说，施了腐刑以后，下身那地方，形同女器，红肿、流脓，其臭难闻，每遇阴潮天气，其痒难耐。这情形一直伴到司马迁完成史书，伴他终老。而当年一个美男子的司马迁，腐刑后胡须渐渐脱落，不男不女，形同太监。男儿之奇耻大辱到这里也就算尽了。

司马迁的父亲叫司马谈，也是一位史官。父亲当年送儿子入私塾发蒙时，曾说：五百年必有王者兴，其间必有名世者。这话据说是孟子说的，说的孔子。意思是说，从周文王，到孔子恰好五百年。而孔子以降，至司马迁出世，至今恰好又一个五百年，于是乎，司马谈说萧条异代，该有一位精神的王者出现了，亲爱的孩子呀，这王者就是孩子你呀！

司马迁的家乡，在韩城芝川镇。背倚梁山，黄河从东侧呼啸而过。这一段黄河晋陕峡谷流程中，有三处著名渡口，一是军渡，一是津子渡，一是风陵渡。这韩城，就在津子渡上。而那梁山，亦是一条著名山脉，当年大禹治水，劈开梁山，凿出龙门，令黄河水得以下泄，进入平原。所以陕西这边的山脉叫“梁山”，山西那边的山脉叫“吕梁山”（第二梁山，或次梁山）。芝川则在一条水小的芝川河形成的川道里，芝水流入黄河的那一侧，有一座袖珍型的小山，司马祠、司马墓就在这小山的顶端。山巅东望黄河，松柏环绕。

芝川镇中有两个姓氏，据说是司马迁的后人，一个姓氏是“同”，一个姓氏是“冯”。他们说后世怕受到朝廷迫害，于是将“司马”双字拆开使用，给“司”字前面安一个门，表示该家族将闭门不出，关门闭户，远离世事纷争，险恶江湖，以求自保。而给“马”字前面，又添两条腿的这一族人，则表示爹妈给我多生了两条腿，随时准备跑路避祸。

第五十三颗念珠

丝绸之路的开通，是汉武帝时代一件重要的事情。迄今为止，丝绸之路是人类文明史上最重要的一条道路。在丝绸之路开通前，东西方文明板块之间，是彼此孤立的，老死不相往来的。这原因不是它们不想相通，而是有高山大河阻隔，荒漠草原阻隔，人类的脚力不能完成这遥远的穿越。只是在距今三千八百年前的那时候，人类跃上了马背，靠马、靠骆驼作为脚力，人类才有可能完成这跨越洲际的穿越。人类学家告诉我们，那第一个跃上马背的，大约是东方的游牧人匈奴人，而那跃上马背的地点，有可能是那先有赵武灵王胡服骑射，后来又有高祖刘邦兵困白登山的那个山西雁北草原。

如果按照人类学家为我们提供的研究成果，人类从第一个猴子直起身子走路，从被称为“智人”的那个时候开始，至今已进化和经历了三百万年的时间了。简言之，我们人类的历史已经有悠悠三百万年的时间了。而人类的沟通史是多长时间呢，如果从人类第一个好事者跃上马背的那一刻算起（法国作家布封说，人类对马的征服，乃是所有征服中一次最高贵的征服），则只有三千八百年。如是说来，在人类漫长的黑暗的隔绝史面前，人类的沟通史简直简短到可以忽略不计。

所以呢，东方文明和西方文明，是两个在各自的蛋壳里孵育出来的文明。它们是两个完全不同的东西。所以呢，东方人很难理解西方，西方人也很难理解东方。所以呢，东方人永远学不来西方，西方人也永远学不来东方。所有学习到的东西都是皮毛，所有之前的学习过程都以失败而告终。

很好，有一条伟大的穿越大半个地球的道路被踏出来了。踏出这条道路的人叫张骞。穿越的结果是，各文明板块之间的界限被打碎了，被串通起来了。世界开始沟通，开始交流，当然也少不了冲突和争战，但那不是主旋律。主旋律是各文明板块之间开始融合、互补，世界开始缓慢地成为一个彼此联系的整体。

这些被打碎和串联在一起的有中华文明板块，古印度文明板块，从两河（幼发拉底河，底格里斯河）文明开始的叙利亚文明板块，古埃及文明板块，波斯帝国文明板块，地中海文明板块，古希腊文明板块，古罗马文明板块，等等。道路的这一头起始点在大汉王朝的首都长安城，另一头则在遥远的罗马帝国的首都罗马城，在阿姆斯特丹入海口，甚至从突尼斯分路，直抵非洲。

对于丝绸之路之于人类文明进程的影响，以及助力，以及贡献，怎么高的评价都不算过分。对于凿空西域第一人张骞的功绩，亦怎么高的评价都不算过分。

丝绸之路促进了人类之间的沟通，东西方之间的沟通，而在此之前，东西方几乎是老死不相往来的。丝绸之路打破了各文明板块之间的封闭状态，让各文明板块之间开始融合，互补，彼此致敬，让人类的各文明成果惠及全世界。

它还是一条宗教传播之路。世界三大宗教在中亚汇合，罗马基督教的十字军远征，抵达印度河流域，伊斯兰教则走得太远，穿越中亚细亚辽阔的原野，和众多国家，一直沿着先知穆罕默德的手指所指，走向遥远的东方，甚至抵达东南亚以及太平洋岛国。而尤其重要的是，原生于天竺的佛教，翻越葱岭，沿着这条伟大的道路进入中国。汉传佛教在东方大地的落地生根，为儒释道三教合流的中国封建时代国家准宗教的确立，提供了可能性。

当然，它还是一条财富之路，脚夫贩卒骑着马，赶着骆驼，唱着古歌，披星戴月地穿梭在这条横贯欧亚非的黄金通道上，物流滚滚，财富滚滚，从而为这条道路的两端——世界的东方首都长安、世界的西方首都罗马，都带来了巨大的财富。

中国历史上最为强盛的建都长安的王朝——大汉王朝和大唐王朝，它们的强盛都与这条道路所带来的巨大财富有关。

一支驼队从帕米尔高原深处一个青松遮掩的村庄前经过，一个在村口玩耍的孩子跟着这驼铃走了。他在行旅的途中长大。当驼队路过荒凉险峻的阿富汗高原时，喀布尔城中，国王正在给他的美丽的公主招亲。丝路途经的地方的所有国家的未婚的王子，都慕名前来应招。年轻的脚夫也光着脚跳下马背，走入城中。他怀抱着都塔尔，趋上前去，对喀布尔王说：“尊敬的王呀，我没有什么可以为你奉献，因为远行者囊中羞涩、一贫如洗，可是我有都塔尔，还有夜莺般的歌喉，我创作了一首歌，请允许我将这首歌，为像月亮一样美丽的公主弹唱吧！我有信心，这首歌将抵得上所有的那些王子们带来的财宝，将会俘获公主的芳心！”说罢，脚夫弹唱了起来。这件事情的结局是，公主果然被这歌声深深地感动了，从而爱上了这位脚夫，然而，势利的喀布尔王食言了，他赶走了这位一文不名的流浪者。这样，公主在她的后花园中因为思念脚夫忧郁而死，而脚夫则继续唱着歌，继续行走他那没有尽头的路。

最后，脚夫倒毙在了路旁，他被就地掩埋了，黄沙迅速地吞没了那掩埋的痕迹。虽然，脚夫那嘶哑的杜鹃啼血般的歌唱声停止了，但是，这首歌的传唱并没有停止。这首歌继续在丝绸之路上风一样地流传，它借助脚夫们的口，传唱到丝绸之路所路经的所有地方。而到最后，这首歌则传回到了帕米尔高原那脚夫的故乡。伴随着这首歌的传唱的，自然还有那个喀布尔王为公主招亲的故事，以及那个公主和那个脚夫后来的悲惨命运。后来，再后来，一位音乐家来到这里，他收集到了这首歌，改编成今天的《花儿为什么这样红》，用它做了一部电影的插曲。

第五十四颗念珠

张骞是陕西汉中人。他第一次出使西域的时间是公元前139年。他的一生曾两次出使西域，两次合起来将近二十年。耶稣在伯利恒的出生，和在耶路撒冷的蒙难，是在他之后一百多年的事情了。而伊斯兰教的诞生，先知穆罕默德的出世，则是在更晚些之后。

丝绸之路既是丝绸之路，亦是茶叶之路，还是一条陶瓷之路。张骞的家乡汉中，当是中国茶叶最早的发源地之一。神农氏尝百草，得百病，药医之，药不能医，茶解之。这个关于茶叶起源的美丽传说，就发生在秦岭的首阳山，张骞家乡不远处。也许，告别祖祠，踏上漫漫西行路的张骞，顺手从家门口的茶树上摘下茶叶，打入行囊。古语中“临洮易马，汉中换茶”这句话，说的就是这最初的茶马古道上，“易马换茶”的故事。而陶瓷，亦是这条道路上的通商货物，西方人将中国称为“China”，意即陶瓷之国。可见，西方人最早知道中国，认识中国，很大程度上是从这沿着道路进入西方的陶瓷开始的。

苏武也是陕西人，他的家乡就在后稷挖第一镢土，开始中华农耕文明的地方。那个地方名叫武功。武功是一个多么古老的地名呀！《诗经》中曾提到过它。刀耕火种的人类初民需要练好武功去狩猎，所以把这个地方叫“武功”。那时候人类还少有征伐，所以这“武功”和后世的帝王们的“文治武功”一说无关。武功人苏武作为朝廷命臣，被匈奴人在遥远苍茫的贝加尔湖畔（古书上叫北海）关押了十九年，啮雪吞毡，九死一生，最后终于回到了长安城。

苏武的被发现和被追讨，这事与另一个悲剧人物李陵有关。在阿尔泰山东南被匈奴人俘获的李陵将军，在自己做了匈奴人的驸马，成为匈奴人的领军大将之后，受匈奴王室委派，前往贝加尔湖畔去劝说被羁押的苏武，劝他归降匈奴人，并且也为东床驸马。红脸汉子的苏武，严词拒绝了。也许，正是这个李陵劝降苏武的消息传到长安城后，惊动汉王室，从而促使汉武帝做了两件事。一是将李陵一族灭门，二是开始张罗着与匈奴人谈判，营救苏武。

另有一位重要的人物叫班超，扶风安陵人，也就是今天的陕西兴平人。他的事迹亦与丝绸之路有关。班超的哥哥叫班固，妹妹叫班昭，都是东汉时期的史官。却说班超大约正在著书立说，一行大雁鸣啾着从长安城上空飞过，史官班超将手中的史笔一掷，叫一声“男儿当学傅介子、张骞，为国家社稷担当，建千秋功名”，说罢，投笔从戎，率领一个三十六人的使团，前往西域，抵达楼兰城后，火烧匈奴使团，威慑西域三十六国，从而令堵塞了的丝绸之路重新打通。

一位将军骑在马上，尾随一行人向西域走去。将军长长的一张马脸，络腮胡子，脸色凝重，目光忧郁。他叫傅介子。即班超在投笔从戎时候提到的那个傅介子。他是北地人，也就是今天的甘肃庆阳人。西汉王室中的骏马监。丝绸之路那边传来惊人消息。三个月前，位于罗布泊地面的楼兰国，老国王驾崩。消息传出，楼兰国典在匈奴的质子尝归，星夜赶去，继承王位。匈奴人那一刻，大约主要活动区在祁连山一带，因此，这个尝归很快就抵达楼兰即位了。楼兰王的小儿子叫尉屠耆，此时在汉长安城的未央宫中，给汉王室做质子。听到这个消息大哭。因此，汉昭帝派傅介子带二十名壮士前往楼兰，扮作丝绸之路上的客商，潜入城中，伺机刺杀尝归，辅佐尉屠耆即位。傅介子取得了成功，尝归被刺死，尉屠耆即位，成为新的楼兰王。耆即位后，遂将楼兰国改名，叫鄯善国。而傅介子的那二十壮士，耆为他们做了最好的安排。他让这二十人组成一支屯垦部队，独立成一个单位，在距离楼兰城不远的另一座叫米兰的城市驻守。并且从楼兰城中，挑选了二十个金发碧眼的美女做他们的妻室。这些人，将在米兰——那塔里木河汹涌地注人罗布泊的入口，定居下来，成为从中原迁徙到西域的第一代屯垦者。

第五十五颗念珠

李夫人之后，汉武帝后来又热恋上了另一个女人，这就是钩弋夫人赵婕好。汉武帝打马，马蹄嘚嘚从冀北走过，在一户人家的后门口，临河的台阶上，有一个白衣女子坐在那里，楚楚动人。这女子从生下来以后，就从没有笑过，而且，她的双手老握成拳状，不肯展开，但是，马蹄过处，刘彻一出现，那女子突然开花一般灿烂一笑，那自出生以来就握着的双拳，也像开花一样灿烂地展开。汉武帝被震动了，他停下马蹄，俯身将那白衣女子抱上他的马。后来，他将这女子带回长安城未央宫，封她为钩弋夫人，又称拳妃。后来，大约大量的时间，这钩弋夫人就在汉武帝的避暑行宫，位于秦直道起始点的淳化甘泉宫居住。那甘泉宫在秦始皇的年代里，叫林光宫，记得，太子扶苏就是从这里，踏上正在修筑的秦直道，前往蒙恬将军驻地绥德城的。后来朝代更替，进入了大汉，这宫殿易名甘泉宫，成为大汉王朝的未央宫之外，另一个重要的议事场所。

汉武帝将死的时候，对钩弋夫人说：嗒嗒的马蹄是美丽的错误，可我爱你爱得如此之深，所以乎，我想让咱俩生的这个孩子继承皇位，但是你年纪还轻，只有二十六岁，还会活很长时间的，我担心我死后前朝吕后专朝乱政的事会发生。钩弋夫人听了,明白圣上的意思了，她说：是的，嗒嗒的马蹄是美丽的错误。说罢，走出殿门，在甘泉宫的走廊上，解下腰间的三尺白绫，悬梁自尽。汉武帝闻声赶来的时候，钩弋夫人已死，悬在梁上，脖子上勒着白绫，一张小脸已经没有了血色，长长的舌头从嘴里伸出来，垂下。她的小儿子叫刘弗陵，正抱着母亲的腿摇晃，哭喊。汉武帝见了，嗟叹一回，俯身抱起孩子，又令人将钩弋夫人厚葬。

这事发生在甘泉宫，秦直道开始的地方。那个继承皇位的刘弗陵，即是我们前面谈到的汉昭帝。钩弋夫人墓则在甘泉宫外面就近处。一个隆起的黄土包前，后世的墨客骚人多有凭吊，感慨这钩弋夫人的命运。而今天的人们则给这土包前，萋萋荒草间，安放了一块卧石。卧石雕刻成钩弋夫人的形象。钩弋夫人死后，开了后世立子杀母的一个恶例，尤其在南北朝时期的北魏盛行一时。

秦直道是一条伟大的道路，是秦始皇为震慑匈奴，安定边关而修筑的。它从陕甘分水岭子午岭之巅，一路修筑而过，逢山削山，遇谷填谷，自长安附近的淳化甘泉宫，穿越山脊，北渡黄河，直抵内蒙古包头，即历史上的九原郡、五原郡。史书上说，这是秦皇堪与万里长城相媲美的另一项浩大工程，是人类历史上最早的“高速公路”之一。

这条道路上走过许多匆匆过客，他们那消失在历史迷宫中的背影，总会给后人以无限的想象和无尽的嗟叹。那第一个走过的也许是秦始皇吧！当他乘着吱吱扭扭的马车或牛车，从这个他雄心勃勃地修筑出的道路上走过时，他已经死亡，没有了感觉，只留下一路似有似无的鲍鱼气味，从子午岭崇山峻岭之间飘过。

在汉武帝的年代里，这条道路成为安定北方、北击匈奴的一条重要的军事通道。汉武帝勒兵十八万，至阴山脚下、北方大漠，面对穹庐旷野，高叫道：普天之下，谁敢与我为敌？恫喝三声之后，四围静悄悄的，无人敢应。汉武帝遂感到了没有对手的悲哀，于是班师回朝。回程中，来到了子午岭的一支支脉——桥山之巅，筑汉武仙台，祭拜轩辕黄帝，而后，回到未央宫里，修仙问道去了。

想汉武恫喝三声，天下无人敢应的那一刻，困扰了中央政权数百年之久的北方匈奴侵扰，已接近尾声。在后来的汉元帝的年代里，居住在秦直道另一头的南匈奴王呼韩邪，也曾经三次往返这条道路，前往长安城的未央宫里求婚。呼韩邪的意图很明确，就是迎娶一位大汉公主回来，完成一次“胡汉和亲”，从而与汉王朝携手，一同抵御他的哥哥郅支的北匈奴政权。呼韩邪的走动取得了效果，他迎得了未央宫里的后宫美人王昭君回家。马蹄嘚嘚胡笳声声昭君出塞，这条古老道路上一阵香风飘过，一个佳人的丽影，一段千百年来常说常新的佳话产生。昭君北嫁九原郡以后，从理论上讲，南匈奴成为大汉王朝的属国，于是乎南匈奴与汉王朝联手，一同征讨北匈奴。这样，北匈奴在郅支大单于的带领下，唱着凄凉的草原古歌，“失我祁连山，令我六畜不蕃息，失我焉支山，令我嫁妇无颜色”，开始向中亚细亚迁徙。

“胡汉和亲”是汉王朝确立政权以后，采取的一项安定边关的带有绥靖政策的方略。初得天下，心高气傲的汉高祖刘邦，小觑了匈奴人的强大武力，他率兵讨伐匈奴，结果在大同地面雁北草原一个叫白登山的地方，被匈奴人围困，三万兵马被杀得只剩下两千人。“汉下白登道，胡窥青海湾。由来征战地，不见有人还。”惊魂未定的汉高祖刘邦，自此将“胡汉和亲”作为一项借以休养生息、逐步强大国力的大略方针。昭君出塞已经是后来的事情了，而在此之前，第一个前往西域地面去和亲的是细君公主，她去的地方是阿尔泰山脚下的那片草原，她下嫁于乌孙王。乌孙是西域地面一个古老的国家，而细君公主下嫁的目的，也是为了联合乌孙，从另一面来夹击匈奴。甚至，张骞的出使西域，汉王室最初的目的，亦是为了在西域广阔的地面，匈奴人的背后寻找同盟者，来抵御匈奴。可见，匈奴人在

鑿空西域
第一人
張騫
昌建寫
乙未歲
西安

究天人之際
通古今之變
成一家之言
高建群
乙未西安

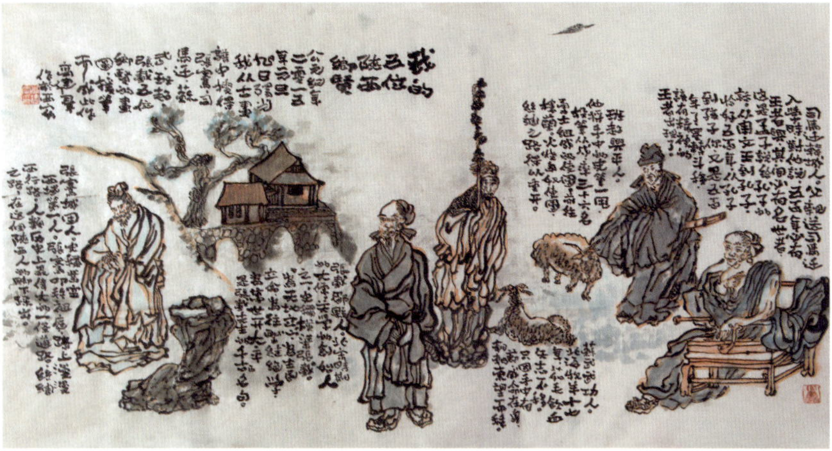
我的五位陇西乡贤

北方草原的侵扰，已经成为汉王朝的心腹大患了。

第五十六颗念珠

正像后世的王昭君是三嫁匈奴一样，阿尔泰山脚下的细君公主，也是两嫁乌孙，在丈夫死后又嫁给丈夫的孙子。这是游牧人的古老习俗，不足为怪。楚楚动人的细君公主，大约是二十六岁时死去的。中亚细亚地面，有着如昼的白夜，有着铺天盖地的芨芨草滩。她大约是死在白夜，死在一片芨芨草碱滩的，死之前，她在羊皮上写下一首哀婉的《悲愁歌》，让人捎给远在长安城未央宫的汉武帝。当汉武帝读到这首诗，泪流满面的时候，他得知，细君公主已经香消玉殒，长眠在了塞外的那一片碱滩上，芨芨草旁。

却说当南匈奴王呼韩邪，三次来到未央宫求亲时，居于北方大漠的北匈奴王郅支，也曾来过一次未央宫，他来的目的，也是求亲，但是还是呼韩邪抢在了前头。昭君北嫁以后，南匈奴王与汉王室合兵一处，北击郅支。这样，郅支率领着他的部族，且战且退，向中亚细亚地面迁徙。最后，在遥远的贝加尔湖畔，当年苏武北海牧羊的地方，郅支被汉王朝西域都护府尾随而来的一支小部队所斩杀。

那里正是苏武牧羊的地方，荒凉，空旷，朔风怒号。郅支率领他的部族来到这里。这里，在郅支的脚步之前，曾经有一支粟特人先期到达这里（他们亦来自中亚，是在被匈奴人击败以后，逃逸到这里的），他们在贝加尔湖畔建立了一个小小的国家，修筑起单薄的碱土城墙。郅支灭掉了这个国家，占据了这座城池。原先，他是准备率领他的部族，在这里长期据守和生活的。一支小部队的到来打碎了他的梦。这支部队由西域都护府的副都尉陈汤率领，在郅支且战且退，向西迁徙的日子里，这支队伍便悄无声息地一直尾随其后。就在郅支在粟特国占城为王，定居半年之后，一天夜里，陈汤率众偷袭成功，斩北匈奴王大单于郅支于粟特城中。从此这支迁徙的洪流在中国的史书上消失，不再被提及。但在传说中，二百年后，这支北匈奴洪流追逐着水流和青草，追逐着西地平线上的落日，一步一挨，完成了一场堪称悲壮的洲际大穿越。他们从东欧地面的喀尔巴阡山，呼啸而下，这支起源于东方的牧羊人部族，裹挟了欧亚大平原上的三十万的各民族兄弟，在布达佩斯建立匈人帝国。帝国的建立者是被称为“上帝之鞭”的阿提拉大帝。

话再说回来吧。昭君三嫁，先是嫁给南匈奴王呼韩邪，接着在呼韩邪死后，嫁给他的继任者，呼韩邪的二夫人生的大儿子。这个王死后，昭君再嫁继任者，即王的长子也就是呼韩邪的孙子。这就是著名的昭君三嫁的故事。

传说中说道，王昭君后世的三位公主，在东汉末年，曾经顺着这秦直道，回过一次长安城。一位著名的历史人物曹操，当时是当朝的宰相。曹操率文武百官，出长安城一百五十里，专程来到淳化甘泉宫，众官员列队，礼炮三响，东汉王室以当朝公主的礼仪，隆重迎接三位公主回朝省亲。曹操手执三位公主的手说，塞外不毛之地，苦寒之地，如果三位公主愿意，曹某当在长安城里，为公主们修个家府，让三位公主在此颐养天年。三位公主听了，垂泪道：为奴的早就习惯了那塞外的风霜之苦，加之，朝中还有儿孙辈们，需要我们的照应，因此，这回长安城定居的事情，就不敢了。曹操又问，那还有什么事情，需要我曹阿瞒打理。公主们低声商议一阵后，于是说道:匈奴人在边关滋事，其实是有原因的，或遇旱灾，或遇蝗灾，或遇风灾，或遇鼠灾，或遇瘟疫流行，或遇干戈生事，匈奴部落无法生存，于是只好向中原地面水草肥美的地方侵掠。所以乎，若想要边境地面长治久安，可否将这匈奴部落，跨过长城边墙，安置在内地。这样他们有了定居之所，加上衣食无虞，也就不会再滋事了。

甘泉宫的迎接仪式上，曹操听了三位公主的这番话，深以为是，这样，嗣后很长时间，中央政权采取了一项政策，即将长城线外的匈奴人安置到口内来。中央政权在山西境内，设河东五郡，安置匈奴。这就是历史上有名的五分匈奴的“内附”政策。

而后来中国北方的五胡十六国之乱，则是由这内附的匈奴王室开始掀起的。匈奴左部将刘渊从被安置的山西离石起事，匈奴右部将曹毅从被安置的陕北高原中部县（后世易名黄陵县）起事，从而在中国北方广阔的土地上，掀起一股长达二百八十六年之久的滔天大浪。而匈奴末代王赫连勃勃，以王昭君的直系后裔自居，率匈奴铁弗部，建大夏国，筑统万城，完成了这个伟大游牧民族的天鹅最后一声绝唱，那个北方旷野上的城池统万城，是他为这个民族画出的一个大大的句号。

那是后话了，后话到后面再说。

哈，这个东方文明板块就这样走着，走在它自己的路上。他们勇敢地把自己交给道路，而道路把他们带到不可知的远方。虽然正如东方民间谚语所说，“前头的路是黑的”，充满未知之数，然而呀，生命是我自己的，所以我不妨大踏步地向前走去，前头无论是什么，都由我负责 。

此一刻，正像这个东方文明板块一样，世界各文明板块都在匆匆忙忙地赶路，迢遥的道路上挤满了牛车、马车，挤满了骑行者和步走者。那情形，诚如苏格拉底所说——哪一条路更好呢，唯有神知道。

第二部

鸠摩罗什如是说

汉传佛教的奠基者之一——鸠摩罗什法师圆寂前，作如是说——我一生所译经论三百多卷，句句无误。愿这些经论传流后世，大家共同弘扬流通。我现在在大众面前发誓：如果我的译经没有谬误，那么火化以后我的舌头不会焦烂。

第五十七颗念珠

在接下来的时代里，那场伟大的相遇就要开始了。中华本土的自黄帝问道广成子开始，到第一个王朝夏朝的《连山易》，第二个王朝商朝的《归藏易》，再到第三个王朝周朝的《周易》，再到后来，由老子李耳集其大成，为其奠定理论经典地位的《道德经》，道教经过长久的岁月洗礼、思想磨砺，已经趋于成熟，已经深入到广泛社会和寻常百姓人家，成为中华文明的牢固根基之一。

而由孔子开始，秉承周公之礼，以“六经”、《论语》等夯实坚固基础的儒教，业已四散开来，流布开来，以其博大和深邃、平易和实用，深入民间，尤其是士大夫阶层中间，成为中华文明的另一个牢固根基。尽管秦始皇的年代里，焚书坑儒，那些儒学经典，多被焚烧，民间闲书，尽付一炬，但是儒学精神不死，劫后余烬中，仍有许多的东西留存下来，从而为后世的儒学思想大放光华、登堂入室，提供了条件。

让儒学登堂入室，成为国学，成为国家宗教的人是汉武帝。这是汉武帝诸多功绩中一件重要的功绩。他采纳了董仲舒的意见，罢黜百家，独尊儒术，将孔老夫子的牌位，从曲阜小城请出来，在中华大地上广设祭坛，祀以香火。并且将孔子的陵墓重新修缮，广植树木，竖立碑刻，号称“孔林”。又将孔子旧居扩建成一个纪念馆，收集些老先生当年的遗物，陈列其间，供人顶礼膜拜。

道观和文庙，现在已在中华广袤的大地上、村镇中、都市里、险峻的山头上，纷纷建起。从这块皇天后土上，自然而然地成长起来的大树，树大成荫。它们翘首以盼，在等待佛教的到来，等待那来自五印大地上的释迦牟尼光辉的照耀。这将是又一次伟大的相遇。正如许多年前，孔子北走洛阳城，与老子相遇一样，这次是老子与孔子，与释迦牟尼相遇。三位先知，将合力支撑起中华文明大厦，将为儒、释、道合流从而形成的中国封建时代的国家准宗教站台，成为标志性人物。

其实在我们前面的冗长叙述中，佛教就已经缓慢地、坚定地迈着步子，绕过喜马拉雅山，进入塔里木盆地，并像塔里木河涨潮时期的大水漫灌一样，一步一步地走向东方了。只是人们不知道，而在史书上，则把佛教的传入，从东汉时期算起。

在五胡十六国年代里，号称西行求法广游五印第一人的伟大僧人法显，曾看到在这块塔里木河流经的地面上，有许多的西域的小国家。一棵高大的胡杨树下，也许就是一个自然村，一条河流迂回流淌的布满泥沼和绿荫的洲子，也许就是一个王国。这些弹丸小国，是公元纪年开始前后那场中亚古族大漂移的时代的产物。在那飓风一般的动荡岁月里，中亚细亚地面像一口沸腾的大锅。世界三大古游牧民族雅利安游牧民族、古阿尔泰语系游牧民族、欧罗巴游牧民族，前两个就消失在那中亚细亚广袤的土地上了。而欧罗巴游牧民族，则从马背上跳下来，开始学习定居，开始以舟作马，驶向海洋，开始开启人类的大航海时代。而在中亚，飓风过罢，那些被宿命的手抛来抛去，四处为家的游牧部落，找一个背风的地方，落地生根，成为一个一个的村庄，成为一个一个的国家。法显告诉我们说，一个国与一个国之间，语言大相径庭，习俗也大相径庭。有的国家，贫困、凋敝，居住民还处在混沌和蛮荒之中；有的国家，人们的衣着要鲜亮一些，礼仪举止要文明一些，那城郭的建筑，也好像已经有了一些中原文化的因素。

法显说，有的国家，人们信小乘佛教，有的国家，人们信大乘佛教，而在另一些国家，佛教好像还没有进入，人们处在一种原始宗教崇拜时期。法显说，在那些信奉小乘或大乘佛教的国家里，村村中央起精舍，户户门前起佛塔。佛教的进入和普及，已经达到根深蒂固的地步了。那些信徒们学习的是天竺语，法显在这里没有说普通民众说的是什么语言，大约，普通民众说的还是他们本民族的土语吧！而当他们从事法事活动的时候，精舍内外，才梵音阵阵，香烟缭绕。法显最后问他们，这佛教是什么时候越过葱岭那终年冰封雪裹的峰巅，传入塔里木盆地的？村民们听了之后说，好像从人们记事的时候起，佛教这信仰就有了，它是固有的呀，是从大地上生出来的呀，就像那大地上自然而然地生出的庄稼一样。

几乎可以肯定地说，在法显之前，一定还有一些僧人翻越这险峻的高山，前往五印大地求法，从而将这释迦牟尼的光辉照耀在山的这边。也几乎可以肯定地说，鸠摩罗什也不是穿越漫漫河西走廊，进入长安城或进入中原大地的第一个外来僧人，那在鸠摩罗什之前，云游的印度、西域高僧们已赤着双脚，托着钵，执着杖，一个接一个，一年接一年，一代接一代，后者踏着前者的脚印，纷至沓来，来到东方。

这情形，就如在法显与鸠摩罗什的二百余年后，另一位汉传佛教的伟大奠基者之一玄奘法师，广游五印，功德圆满，回到大唐后，当朝的纪事中说，那一时期本朝中共有四十七位高僧游历五印，而人们在这花名册上寻找，并没有找到玄奘的名讳，这个事实说明，那个朝代并不只有四十七个僧人出去，一定还有更多，况且，以民间行为民间身份出游的，官方也确实不好统计。

只是，由于法显名头过大，行高德劭，且他的出行、他的陆去海还像一部传奇一样引起世人注目，引起官方注目，文献记载又没有找到先于他的人，才将他列为第一人。

鸠摩罗什当然也是这样。不过，在他之前，已经有诸多的印度和尚或西域高僧，进入中原，这是有史料记载的事情。

同样地，如果要细究历史细节，凿空西域第一人也许并不是张骞。因为我们知道，在半虚半幻半真半假的中国古代神话传说中，就有周穆王前往天山天池，去赴王母娘娘的蟠桃会的情景剧。另外，在道家的亦庄亦谐、令人信疑参半的传说中，就有道家的鼻祖老子，在途经函谷关、楼观台之后，青牛没有歇蹄，而是西行到遥远的昆仑山顶，去会面山那边的另一位先知释迦牟尼的故事。那本《老子化胡经》是杜撰也罢，诳言也罢，令人读了，不能不佩服我们古人的无穷想象力。

如果上面说的这些还都不足以为凭，那么，距今四千余年到五千年之久的陕北高原神木县的石峁古城，这个被称为轩辕城的地方，它的古老甚至能和两河流域文明所产生的城郭相媲美，它的城池中，那个古老的祭坛上就有和田玉的祭祀器皿出土，这是不是说明，那时候已经有人用双脚踩出道路，将昆仑山上的美玉，运抵到这地方。当然，我们还可以推测，以这遥远的路程，以这人类步走的双脚之力，一块玉，从那个地方搬到这个地方，大约是靠了几代人的传递，才完成的。

同样地，距今约五千年的马家窑文化遗址，距今约四千年的老山文化遗址，也都有着和田玉器皿、佩件的出现。它们的年代，都较两千一百五十年前踏上西行之路的张骞，要早上很多。“玉门关”这个张骞曾经路过的地方，就是和田玉从塔里木河进入河西走廊的一个关隘，或一个玉石集散市场。

虽然这样说，但是，张骞还是伟大的。之前大约都是民间行为、商业行为,而他的开拓是官方行为。之前大约都是一段一段地行走的，一代一代地接替的，而他将这条欧亚大通路用马蹄确凿地走出。这是多么了不起的一项业绩呀。张骞大约永远也不会想到，在他孤零零的凄楚的身后，竟跟随了那么多的人，车水马龙，一代一代地行走，摩肩接踵，鱼贯而来。

第五十八颗念珠

葱岭高大险峻,终年积雪,一座座突兀的冰峰在阳光下晶莹剔透，寒光闪闪。佛教怎么在那遥远蛮荒的年代里，翻越崇山峻岭，进入山的这一边的塔里木盆地的呢？那简直是一个谜。

昆仑山脉连绵不绝，像一条青龙一样昂头向东，连接上秦岭，直到黄河岸边才终止行走。秦岭终止的那个地方，突然像画了一个大大的惊叹号一样，一座状如莲花的山峰矗起，这座山峰人们叫它华（花）山。华山的绝对高度并不是太高，但因为这条横贯了半个中国的中央山脉，这时已行进到海拔相对要低些的中原地带，所以山峰显得突兀奇拔，峥嵘万状。

佛教的传入，在跨越了葱岭，进入塔里木盆地以后，它东行的路线，正是沿着这条山脉行进，而那些伟大的僧人们，亦正是沿着这条山脉或往或返。

是的，佛教进入东方，是沿着这条山脉推进的，是用开凿一个又一个佛窟的形式而推进的。人们依着山岗，凿出一个又一个千佛洞、万佛洞，在佛窟的中央，雕刻或泥塑释迦牟尼的尊者之像，分列他左右的是诸多菩萨。而在四周的墙壁上，雕刻或绘制释迦牟尼的投胎、降生、成长、出家、成道、说法、涅槃以及涅槃后众弟子的结集。这些雕刻和壁画，还像那些连环画一样，在墙壁上记录下佛家那些流传久远、或真或虚的释迦牟尼成佛前数世的苦行、积德的本生故事。

那建在葱岭这一面的佛窟，也许最早的一个，是建在拜城县境内的克孜尔千佛洞。险峻的凄凉的红色的或栗色的山岩上，凿出一个千佛洞，人们用木质的楼阁，顺着山岩搭建成屋，攀缘直上。千百年来，朝圣者、供养者络绎不绝，来这里上香礼佛，来这里安妥自己的心。克孜尔千佛洞下面，就是那当年著名的西域佛国，古龟兹城了。在一段时间内，它曾是西域佛教，尤其是大乘佛教的中心之一。

在克孜尔千佛洞的斑驳的墙壁上，刻着这样一段话——一个一贫如洗的女子，路经一座寺院，她没有什么可以布施，于是，她从山脚下摘来一束野花，为佛祖献上。那么这位女子，就是一位可尊敬的施主，因此一念诚心，她获得无量功德。

无独有偶，在穿越了塔里木盆地，穿越了塔克拉玛干大沙漠，遥远的地域的这一头的敦煌莫高窟，第三二九窟中迎门的那幅壁画，正画着这样一个女子：长裙曳地，脖颈高挺，一只脚踮起，一只脚平伸，高绾的发髻，向前突出的前额，两手平举，手执花篮。她的花篮里也许是花，也许是供果，也许只是一个象征性的物什。这大约描绘的是一位这个佛窟的供养人的形象。今天的莫高窟管理者，给这幅壁画命名为“敦煌莫高窟第三二九窟唐代供养菩萨”。

供养人现象也许是这些佛窟能够被以数百年的耐心艰苦开掘的重要原因，除了信仰的力量外，物质的保障是必须的。克孜尔千佛洞的开凿，大约除了龟兹王家提供的财力以外，大量的经费支出，正是来源于龟兹城中富户人家，以及塔里木绿洲地面上信众们的馈赠和供养。敦煌莫高窟大约也是这样，旁边的敦煌、阳关、嘉峪关的居民们，一定是源源不断地来供养它的。

而佛窟建成之后，供养还在继续。甚至，某一个佛窟，就是由就近城市中的某大户人家世世代代供养的。佛教所以能够在中国落地生根，大行其道，而在它的发源地印度，却日趋衰落，这大约是一个重要原因。而第二个重要原因则是，中国的僧人们自己耕田，自食其力，那每一个或大或小的寺院，都有几亩到几十亩薄地不等，这种自食其力、自给自足的生存之方法，在印度则是没有的。

佛教传入中国，是以修凿佛窟为一个一个的跳板，跳跃着向前走的。克孜尔千佛洞是最早的跳板，下一个大的标志性跳板即是敦煌莫高窟。其实，在这两个跳板之间，还有着许多的跳板，例如说法显高僧、鸠摩罗什高僧、玄奘高僧都曾歇息和长久滞留过的楼兰佛塔，例如于阗古城、高昌古城、交河古城那些石窟和寺院建筑，只是，人们省略了那些，忽略了那些而已。

这时候的佛教，还强烈地保留着印度本土佛教的特点。而随着大教东流，佛教一步一窟地走向中原，这外来的东西逐渐地本土化，而寺院中雕刻或绘制的那些深目高鼻的佛陀菩萨形象，悄无声息地逐步变成中国人的面孔。

第五十九颗念珠

顺着这东南向的绵绵山脉，佛窟一个一个凿着。它下一个著名的石窟是天水附近的麦积山佛窟。麦积山是一座独立于秦岭的小山，在秦岭之侧，在渭水河旁。鸟鼠同穴，渭水出焉。渭水这条著名的水流，中华民族的主要发祥地之一的水流，源自一个叫渭源县的地方，三个泉眼有水流涌出，然后依着秦岭，一路跌宕向东。渭水孕育出的第一个城市，就是天水。渭水从陇东高原奔流而下，进入关中平原时，那最后的关隘叫大散关。继而进入关中平原，孕育出另一座名城，过去叫陈仓，现在叫宝鸡。继而，又孕育出咸阳城，咸阳城在渭水之北，首阳山之南，山之南为阳，水之北为阳，都是“阳”，所以称为咸阳。接下来，水流过处，它孕育出千古帝王之都长安城。再接下来，又孕育出渭南城，而后，奔流入黄河。渭河是黄河最大的支流。渭水泱泱，千年流淌。行人莫问当年事，故国东来渭水流。

麦积山佛窟是将一座独立的小山，朝西南一面，全部凿成一座众佛云集、祥云笼罩的佛山。山脚下有大殿，有释迦牟尼与众佛陀，众菩萨倚塔而立。尔后，横的竖的栈道、石阶，层层叠叠，最后一直通向山顶。栈道与石阶过处，但有空隙，都凿有佛像或佛窟，密密麻麻，不计其数。秦岭烟云，缠绕山间，给人以“好一座佛国”

之震撼。

终南山是秦岭的一部分。终南山高大、峻拔，一座座山头，拥拥挤挤，散漫铺开，高与天齐。岭北岭南，古木参天，溪流奔溅。这里号称中国大陆的中央山脉，中国的南北分界线。大约从魏晋南北朝的法显法师、鸠摩罗什法师开始，到后来唐代的玄奘法师，再到后来以至今日，终南山成为汉传佛教的根基之所。据说从那时起，山中寻常年间,有寺院两千多所,高僧大德不计其数。诗人们有诗赞曰：一片白云遮不住，满山红叶尽为僧。

那自五印大地翻越葱岭而来，进入塔里木盆地的佛教，顺着这条伟大山脉，一直走到终南山的最东头，走到千古帝王之都长安城，嗣后，它又沿着昆仑山的另一支支脉——陕甘分界线子午岭，直奔东北，在那里有一个重要的跳板——大同云冈石窟，而从云冈石窟，再一跳，折身回到中原，在华山的对面，黄河的左近，一个名叫洛阳城的地方，建立汉传佛教的另一个标志性建筑——洛阳龙门石窟。尔后，中心开花，花开四野，梵音阵阵，弥漫整个中华大地。

那子午岭，是昆仑山的一支支脉，岭的东边是陕西，岭的西边是甘肃，子午岭高大，险峻，林木葱茏。岭的中央最高处，正是前面我们说到的秦始皇堑山堙谷修筑的著名的秦直道。而中华民族的始祖公孙轩辕，他被埋葬的那个桥山，则是这座子午岭向东南方向伸出的一支余脉。司马迁在《史记》中说，黄帝崩，葬桥山，他说的桥山就是此处。桥山东南而走，至一个叫沮河拐弯的地方，停下来，形成一座古柏参天的山峁，轩辕氏就葬在这山峁上。

佛教的东传，仍以修凿石窟为特征之一。那秦直道两侧，林木遮掩处，大大小小的佛窟密密麻麻，不计其数。仅在富县张家湾镇一处地面，前不久做文物考察，就从林木遮掩处，搜出不为时人所知晓的五百多座佛窟（富县张家湾镇和尚塬）。佛窟大小不等。有的如石渣河石泓寺，佛窟规模宏大，香火千年不断。另有一些小的、中等的佛窟，满山遍野分布，拨开一丛灌木，压倒几棵蒿草，便可觅得小佛窟来。以此可以想见当年子午岭秦直道，佛事活动之盛。

佛教正是以这一个一个石窟为跳板，扎实地、一个萝卜一个坑地跳到大同的，每当专家们设想，这一处地面应当有一个跳板才对，于是攀上山崖，拨开树木去寻，果然就能准确地找到一个石窟。

第六十颗念珠

佛教之所以沿秦直道这条道路进入大同，与一个伟大的草原帝国有关。这个草原帝国叫北魏，鲜卑族政权。公元 398 年，北魏道武帝拓跋珪迁都平城，就是今天的大同，北魏统治者通过这条道路，迎接佛光梵音，并且修凿云冈石窟，以示其将北魏建成佛国的决心。嗣后，强盛的北魏一步一步进入中原，它每到一处，便将佛窟修到那里。它从大同开始，占了邯郸，占了开封，占了洛阳，占了长安。它在将洛阳作为都城的时候，给那里留下了著名的龙门石窟。

这个草原帝国还将它的触角，一直延伸到遥远的塔里木盆地，大约除了行使行政管辖的权力之外，令这条佛教东传的道路畅顺，也是它驻军的一个原因吧。那支小部队直到北魏灭亡几十年以后，还可敬地驻守在那里。不知最后他们到哪里去了，也许是融入了当地居民之中吧。

北魏拓跋焘大帝亲率他的西征军，曾经降鄯善，灭于阗，平定塔里木盆地。拓跋焘是那个时代的英雄人物，那时的北中国地面，狼烟四起，群雄争霸，有五胡十六国之说。拓跋焘的铁骑横扫长江以北，基本上平定了中国的北方。

另一位拓跋宏大帝，亦是一个历史上值得纪念的有个性的人物，他强行推行鲜卑北魏的汉化，从行政制度到服饰以至人们的姓氏，都向中原居民学习。他的理由很简单，如今我们很强势，可以进入和占领任何一个地方，但是如果子孙有一天国运衰落，武力不逮，那就惨了，那样就会被汉人强力地反弹回去，那么就只好离开这土地肥沃、气候湿润的中原地带，重新回到苦焦的漠北草原去了。所以，改汉姓，着汉衣，将自己同化于汉民族，才是永保后世无忧、子子孙孙得以生生不息的万全之计。

拓跋宏的决策取得了巨大的成功。那个时期的“五胡”是指匈奴、鲜卑、羯、羌、氐。中华民族是一个由多民族大融合而形成的伟大民族，那个长达三百六十九年之久的“魏晋南北朝”年代，正是中华民族的一个大融合时期。中华文明是由农耕文明和游牧文明两部分组成的，五千年来它迈着左右腿前进，一条腿是农耕文明，另一条腿即是游牧文明。游牧文明不断地为中华文明提供着强劲动力。

站在长城线外，向中原大地瞭望，你会发觉，史学家为我们所津津乐道的所谓二十四史正史观点，在这里轰然倒地。从这个角度看，一部中华文明史，是农耕文明与游牧文明相互交融、相互促进从而形成的胡汉混血的文明史。每当那以农耕文明为主体的中华文明，停滞不前，趋于衰落，难以为继时，羌笛羯鼓便惊起于北方，游牧民族的马蹄踏破长城，呼啸而来，改朝换代，从而给这个古老东方文明，灌注新的“胡羯之血”。

关于姓氏，拓跋宏从北魏皇族改起，从自己改起，拓跋这个鲜卑人高贵的姓氏，自此改为“元”，拓跋宏自己则从此改名“元宏”。

北魏的最后一位皇帝，是孝武帝元脩。那时，北魏的中央政权已十分虚弱，它的两位大将，一位叫高欢，驻军邯郸，正筹划建立一个叫东魏的国家；另一位大将，叫宇文泰，驻军长安，正筹划建立一个叫西魏的国家。元脩先在高欢那里，住了几年，高欢嫌他碍事，想毒死他，元脩得到消息，便星夜带领皇族，跨过黄河，逃到长安城，投奔宇文泰。然而，孝武帝还是没有能够逃脱被毒杀的命运。宇文泰在终南山下的避暑行宫逍遥园宴请孝武帝，然后在酒中下了砒霜，将这末代北魏皇帝毒死。

随同孝武帝元脩来到长安城逍遥园的皇族们，见主子被毒死，于是如惊弓之鸟，顺着终南山根，向东逃命。追兵在后面喊着“见头不留”的话，逃命的人听了，于是将“元”字头上那一横去掉，自己把自己头割掉，改姓“兀”，从而在蓝田县终南山根，建立兀家崖、兀家庄、兀家村等。所以，现在这一带那些“兀”姓人家，当是鲜卑皇族后代，是从“元”姓而来，而“元”姓，又是自“拓跋”姓氏而来。

第六十一颗念珠

威赫赫的一座长安城建立在八百里秦川之上，厚重的城墙，巍峨的角楼，四塞为固，八水环绕，门开四面，风迎八方。关中地面星罗棋布般布满一个又一个同姓同氏族的村庄，可以说这长安城就是其间最大的一个村庄，是农耕文明定居文明建立的最大一座城堡。曾经在一千多年的时间进程中，它是世界上独一无二、唯我独大的城市。世界的西方首都是罗马，世界的东方首都是长安，靠一条古老的穿越大半个地球的道路——丝绸之路，将这世界的东西两端沟通。

前面说了，那些兀家崖、兀家庄、兀家村正是北魏末代皇族逃命至此，落地生根，建立起来的。自此以后，便依着秦岭，临着灞河水，隐姓埋名，居住下来，世代繁衍。只有那口口相传的家族史，有时会零星地向你透露些许老辈子的消息。

类似这样的村庄还有许多。这些村庄传说，地名由来，姓氏变迁，如果细细考究下来，会是一部真正的文明史和民族史，以及迁徙史。相比这些具有民间色彩的村庄史来说，那些书卷文化为我们汇总的二十四史，或者说帝王将相史，才子佳人史，后者虚幻了许多，虚讹了许多，或者说空淡了许多。那里面的许多所谓历史真相，也许都不是真相，或者说是被粉饰过的真相。

拓跋宏在自己先以身作则，将拓跋宏改为元宏以后，责令宫廷上下拓跋皇族，都随他改“元”姓，还令鲜卑北魏的一些主要姓氏，也都改成汉姓，例如鲜卑族有名的大姓“叱干”，就改成“薛”姓。长安城附近的礼泉县，有个“叱干镇”，想那地名，当是鲜卑叱干人曾经居住过的地方，而他们最初的麇集，当在拓跋宏改姓之前。而为大夏国赫连勃勃修筑统万城的鲜卑人叱干阿利，这“叱干”也是改姓之前的称谓了。后世改姓“薛”，融入汉族。以至今日，想那后世时唐朝的大将薛仁贵、薛丁山，极有可能那“薛”姓就是舍“叱干”姓而改之的。

鲜卑族融入汉民族，尤其是在长安城以及左近地面的融入，十分庞大，可以说长安城四周，东西南北的山原上，这样的鲜卑族村庄比比皆是。而长安城中，历史记载，前秦苻坚时代，后秦姚兴时代，城中人口三分之一是汉族，三分之一是古羌族，三分之一则是鲜卑族，可见在这魏晋南北朝、五胡十六国时代，胡汉交融，民族大融合，游牧人鲜卑的融入程度了。这另一方面也说明了拓跋宏的政策的成功。

回民族进入中国，最初是沿着古丝绸之路东走，大约会走上几代人，走走停停，停停走走，才走到东方，进入中原，人们叫他们“西域回回”或“昆仑回回”，因为是从西域地面，昆仑山下而来，所以这么叫，而不知道他们的原居住地更加遥远。那些肤色黝黑，五短身材，以表演滑稽戏为谋生手段的来自西域的艺人，人们则称他们为“昆仑奴”，当然，称那些做仆人、门童、保镖的人也叫“昆仑奴”。在唐代的志异中，有关“昆仑奴”的记载很多。

后来，丝绸之路有一段时间堵塞，而海运兴起，于是阿拉伯人的东行的路线是走海路，即从伊拉克那个海口城市坐船，经过遥远的行程，从中国的泉州登陆，然后自泉州而苏州，自苏州而南京，自南京而开封、洛阳，集结在这里。尔后从开封、洛阳再分散到全国各地去。他们被称为“海上回回”或“南番回回”。由于自海路而来的回民族，距离当代更近，所以当下中国地面的回民族，以这一类移民居多。

而一次最大规模回民族的迁入，则源于成吉思汗的战争。史书上说，成吉思汗西征花剌子模，从小亚细亚带回一百五十万战俘，然后在开封、洛阳，将他们分散到全国各地。后来又有史学家考证说，这其实不是战俘，而主要是工匠，是手艺人或生意人。成吉思汗带回他们，是为发展经济、发展贸易、充实国力而考虑的。

关中平原地区，拱卫着赫赫长安城的这些村庄，大约个个都是有它的来头的，而且很多还大有来头。大地是一本活着的大书，如果将这些村庄刨根问底，写出它们的发生、发展和流变史，那么我们的大而化之的书面历史，便会充填上许多鲜活的细节。前面我们谈到汉高祖刘邦为他的父亲设立新丰镇的历史。前边说了，这里不谈。却说那新丰镇的南边，鸿沟外面，有个村子，叫“门家村”，通村姓“门”。传说这门家村，亦是有一些来历的。村民们当是春秋战国时赵国的著名宰相蔺相如的后裔。传说赵国灭亡后，仇家追杀蔺相如的后人，于是后人们一路奔跑，跨过黄河，直到这终南山下，围上一个窝儿，建立一个村庄。追兵们喊着“草头剜心，斩草除根，妇孺老幼，一个不留”这样的狠话，村上人听了，于是将这“蔺”字，割去头，剜掉心，变成一个“门”字，而“蔺家村”也改名“门家村”，这样，九死一生，存活下来了，然后，繁衍至今，这一丝香火才没有断了。

同样地，在史圣司马迁的家乡，韩城芝川镇，也有一个家族传说。司马迁死后，司马迁的后人们为了躲避或是官家或是仇家的加害，将司马的“司”和“马”拆开，分成两姓，而“司”字前面安一道门，变成“同”字，表示关门闭户、永离世事纷争，“马”字则前面再添两条腿，变成个“冯”字，表示一有不测，则抬脚走人。芝水是一条浅浅的水流，东流入黄河，入口处就在贴着黄河龙门和大禹治水的那个梁山下方。江山替代，岁月更迭，粗茶淡饭、面孔粗糙的后裔百姓们，年年清明节，同冯两族，会来到位于芝川口上、濒临黄河的那个突兀的小山顶，来祭祀他们的祖先，光荣的司马迁。那山巅处有司马祠、司马陵。司马陵，乃金国的一位皇帝路经这里时所修，于是将它修成圆锥形的仿佛帐篷那样的一个石砌山包。

而金国最后一位皇帝的墓茔，则在泾川县城、泾河对岸的一座山上。山下河边是一个大村庄，叫完颜村，村子眼下有五千口人，都姓完颜。村子中间有一个庙，庙堂上供奉着昔日金帝国的历朝历代皇帝牌位。山顶上的坟茔，共有两座，一座即葬着前面提到的金帝国末代皇帝，据说葬的是真身；另一座是衣冠冢，葬的乃是大名鼎鼎的大将军完颜兀朮，《杨家将》戏文中把他叫金兀朮。

第六十二颗念珠

在我们说话的这个当儿，在葱岭那边，在五印大地上，释迦牟尼的光辉，正如佛陀的巨掌一样，温情地抚摸着河流和山岗，照耀着大地和万物。释迦牟尼出生时那一块地面的菩提树，释迦牟尼宣告佛教诞生那一处地面的菩提树，释迦牟尼讲经和信徒们结集的那一处地面的菩提树，释迦牟尼圆寂时的那一处地面的菩提树，它们都在疯狂地生长，年复一年地增长着自己的年轮。

作为佛国，在精舍四布、佛塔林立、梵音阵阵、香火缭绕的五印大地上，矗立起了一座方城，这座方城叫那烂陀寺。那时，它是这个佛国的最高学府，全世界僧人们向往的地方。菩提树树荫笼盖，婆娑多姿，斑驳的石块层层堆砌，咏经之声惊天动地，酥油灯盏彻夜照耀。

传说此地原是庵摩罗园，后来五百商人捐钱买下敬佛献佛礼佛。于是佛祖释迦牟尼在这里说法三个月。后来摩揭陀国王铄迦罗阿迭多在此兴建佛寺，他的后继者们也陆续扩建。这样经过历代君王的大兴土木，虔心营建，那烂陀寺宏伟壮观，成为这个佛国的第一大寺，佛学界的第一学府，它显赫的声名远播世界各地，而争相前来朝拜和研习佛法的僧人们摩肩接踵，络绎不绝。

梵语“那烂陀”三字如果意译的话，该是“施无厌”的意思。

那时造访过这座宏伟圣殿，曾在此处研法习经的中国僧人们告诉我们说，眼中所见，那烂陀寺宛如一座四方城，庄严、恢宏，四周有长廊环绕。寺高三层，高三到四丈，用砖建造，每层高一丈余。横梁用板搭造，用砖平铺为房顶。寺的四边各有九间僧房，房呈四方形，宽约一丈。僧房前方安有高门，开有窗洞，但不得安帘幕，以便互相瞻望，不容片刻隐私。僧房后壁乃是寺的外围墙，有窗通外，围墙高三四丈，上面排列有人身大小的塑像，雕刻精细，美轮美奂。

全寺分八大院，据《大慈恩寺三藏法师传》卷三所载，该寺为7世纪时印度第一大寺，僧众常达万人，修学大乘及小乘十八部、吠陀、因明、声明、医方、术数等。那烂陀寺，每天都有一百多个讲坛在开讲，其兴隆之状，蔚为壮观。

那诵经的声音，那梵音阵阵，那酥油灯点燃后焦煳的香味，它们大约会传得很远很远，甚至飘过葱岭的终年积雪的山头，飘向东方。而菩提树，这奇异的树木，它的粒种大约也会随风而舞，洒落到东土那边辽阔的土地上去，要不，为什么在偌大中国地面，寺院的门口，庄户人家的院落，深山人迹罕至之处，会时不时地有这种树木生出来呢？它们是风吹来的吗？是靠根系一点一点在大地表层繁衍生发出来的吗？或者是靠那些行脚僧，有意地或者无意地带来东土的？我们不得而知。

在中国最为古老的文学作品《诗经》中，就曾经有“菩提树”这个字眼。我们记得《诗经》收录的那首诗名叫《南山有台》。诗中说：“南山有鸭椿树叫栲，北山有菩提树叫杻，乐哉君子，怎不秀眉大寿！乐哉君子，声誉这样美茂！”权且让我们在这里设问，那菩提树是这菩提树吗？佛陀的思想那时候还没有传入，佛的光芒还无从照耀到东土啊。有一种说法，释迦牟尼在毕钵罗树下成佛，菩提光开始照耀，于是人们把这树叫成了菩提树。这话有根据吗？这话是不是说那些经历过菩提光照耀的树木都可以称作菩提树呢！

但是我们还是固执地认为，促使佛教传入东土，并在东方大地发散出大光华的最主要原因，还是佛家那博大精深，那无上智慧，那“佛观一钵水，八万四千虫”式将大千世界一袖裹之的大视角，那大自在、大包容、大怜悯的处世态度。

干渴的东方大地，像久旱望云霓一样渴望着这甘霖的滋润。住在长安城的前秦皇帝苻坚，早晨临朝时，说他夜来做了一个梦，梦见一位身披黄金袈裟、胡貌番相的高僧，坐在一尊黄金狮子法座上，正在讲经。苻坚说：世界上真有这样的高僧吗？你们帮我找一找，我要拜他为国师，要在他的训导教化下，让我的国家成为佛国。于是乎，画师们根据苻坚的描述，画了一张高僧像，贴在丝绸之路所经的所有关隘或者路边小店的墙头上。立即有经丝绸之路过来的商人，揭了这画像说，这是西域第一高僧、龟兹国的国师鸠摩罗什的画像呀。这样就有了前秦后秦两场抢夺鸠摩罗什的战争，有了鸠摩大师终于被掳入长安城，从而译经、弘法，为汉传佛教奠基的故事。

哦，辉煌了数个世纪，后来为突厥人的铁蹄和马刀所毁的那烂陀寺。如今，在那倾圮的石头围墙的旁边，仍有三棵稀疏而清爽的菩提树矗立着。树下，远道而来的白衣少女，双手合十，正在虔诚地打坐。或问这白衣少女从何处来，少女答曰是从来处来，再问这来处是何处呢，少女笑而不答，继续她的打坐。那三棵菩提树，是当年佛祖释迦牟尼讲经时代的菩提树吗？而那冰凉的、黝黑的、斑驳的、曾被突厥人的铁蹄踏过和马刀砍过的石头，如果你们开口说话，会告诉我们那辉煌年代的诸多故事吗？会告诉我们法显的故事，告诉我们鸠摩罗什的故事，告诉我们玄奘的故事，告诉我们许多为历史岁月所湮灭、没有留下姓名的东土求法和尚的故事吗？

印度人喜欢说石头是“饥饿的石头”。它们所以饥饿，是因为虚怀若谷，求知若渴。它们冰冷而缄默，把这座当年天下第一大寺的辉煌记忆，永远交还于尘封的历史。

第六十三颗念珠

佛教传入中原，所建立的第一座寺院，通常被认为是建立在洛阳城的白马寺。东汉明帝派遣大臣西域寻佛，于大月氏国遇到印度高僧摄摩腾和竺法兰。二高僧受邀同往中国，以白马驮载佛经、佛像，于永平十年（67年）来到国都洛阳。明帝兴奋异常，先安排二高僧暂歇负责外交礼宾事务的官署，第二年又敕令修建一座寺院，为纪念白马驮经之功，僧院被命名为白马寺。白马寺有中国佛教的“祖庭”和“释源”之称。

天下名山僧占尽。既有第一座寺院落地生根，后来这寺院便遍地开花。这些寺院在随后的战乱年间，多居于名山大川之中，与松风林涛、溪流山泉为伴，于是乎更给予这舶来品以神秘缥缈、深不可测之感。

通常认为，汉传佛教有八大祖庭，它们是：一、法相唯识宗的祖庭——陕西西安大慈恩寺。二、法性三论宗祖庭——陕西户县草堂寺。三、法华天台宗祖庭——浙江天台山国清寺。四、法界华严宗祖庭——陕西西安华严寺。五、净土宗祖庭——陕西西安香积寺和江西庐山东林寺。六、禅宗祖庭——河南嵩山少林寺。七、密宗祖庭——陕西西安大兴善寺。八、律宗祖庭——陕西西安净业寺。

八个祖庭中，有六个在陕西，由此可知诗人说的形容终南山云遮雾障、峰峦高耸处“一片白云遮不住，满山红叶尽为僧”一句，绝非诳语。也叫我们想起《诗经》的《南山有台》中，十分蹊跷地提到的那“菩提树”的字眼。

陕西境内，名刹古寺众多，多到不计其数。例如位于终南山之巅的翠微寺，此处原是唐太宗李世民避暑养病的离宫，始建唐代初年，唐贞观十年（636年）废，贞观二十一年（647年）重修，名曰翠微宫。元和元年（806年）改为翠微寺。贞观二十三年（649年）唐太宗李世民因病死于翠微宫。据传唐太宗驾崩的前一天晚上还在宫中和玄奘法师谈经论佛，太宗死后高宗李治在翠微宫含风殿登基。

又比如位于关中平原与陕北高原的接壤处，宜君县地面，有玉华寺，乃是玄奘法师的圆寂之所。又比如位于终南山脚的樊川，有护国兴教寺，乃是玄奘法师的灵骨舍利子安置之所。这些，在我们接下来详说汉传佛教三尊者法显高僧、鸠摩罗什高僧、玄奘高僧时，将要详尽地谈到。

在这里，还需要特别谈及长安城正西约一百公里，位于渭河之滨的法门寺。法门寺之“法门”大约是“唯我独尊，不二法门”之意。这座寺院原名叫阿育王寺。佛祖释迦牟尼圆寂后，所得之佛舍利，被当时五印大地的八位国王平分去，然后在各自的国家造八座佛塔，以示敬佛、礼佛。后来到了印度国孔雀王朝阿育王时代，阿育王决定发掘佛骨舍利塔，将佛骨舍利取出，然后在佛家认为的十方世界，造出八万四千座佛塔，将这佛骨舍利分送各处建塔安奉。这法门寺所建立，供以舍利的佛塔，当是八万四千佛塔中的一个。

传说，阿育王统一五印后，想发掘这八座佛塔，但是实际上只发掘了七座，而其中一座，不敢去动，原来这是本塔，是佛门建造的第一座佛塔，后来的所有佛塔，都依这座塔的样式来造，所以叫“本塔”，是动不得的。

印度阿育王为弘扬佛法送舍利于世界各地，凡得舍利处皆建塔供养，法门寺即由此而来。唐朝时，法门寺被定为皇家寺院和内道场，是当时四大佛教圣地之一。唐朝皇帝曾先后七迎佛骨，这项盛大法事活动，自唐太宗开始，第二、第三次则都与武则天女皇有关。其中第六次因文学家、一代名士韩愈的强烈反对而广为人知。韩愈上谏书《论佛骨表》触怒了唐宪宗，被贬潮州，韩愈吟唱着“云横秦岭家何在，雪拥蓝关马不前”的诗句怏怏而去。所谓“迎佛骨”，是举办一个盛大的道场，一路洒水，将法门寺供养的佛骨舍利，迎送至长安城大明宫，供奉一些日子后，再隆重送回法门寺地宫，重新收存。萧条异代，千余年后的“文化大革命”期间，法门寺曾遭遇一场大浩劫，当地的红卫兵冲进寺院，法门寺中的一位高僧，名叫良卿法师，为保护地宫，保护佛骨舍利，点火自焚而亡，火光起处，天地为之变色。后来，到了 1981 年，佛塔半边倾塌，在重新修缮佛塔时，发现塔下面的地宫，从地宫中除出土不计其数的当年皇家供奉的珠宝之外，最弥足珍贵的是出土四枚佛骨舍利，其中第三枚为灵骨（真身舍利），另外三枚为影骨（为保护真身灵骨而仿制的佛骨）。第一枚佛骨为地宫后室出土，虽非灵骨却是四枚中受到最隆重礼遇的一枚，该佛骨一共被八重精美华贵的宝盒包藏（最外层包函是银棱顶黑漆檀香木宝函，发掘时已严重朽坏）。人们推测，唐时皇家曾七迎佛骨，这七迎的大约正是这一枚佛骨，换言之，给文学家韩愈招来流放之灾的大约正是此枚。皇家需要举办如此盛大的佛事活动，真身舍利不宜挪动，以防不测，于是法门寺和尚，便以这影骨替代，这样推想，该是合理的。

良卿法师民国年间在洛阳白马寺主持寺务，后来又到终南山南五台住寺，后来再受法门寺恭请，来法门寺主持寺务，是当时佛门名望颇高的一代大德高僧。1966 年 7 月 12 日傍晚时分，夜风凛冽，星光惨淡，高僧自焚于法门寺。这是法门寺历史上继唐代的惠恭法师、金代的法爽法师之后，第三位法师自焚殉教。联想到这法门寺地宫中藏有真身舍利，那么三个不同朝代的三位护法高僧，以身殉教，以身护塔护寺，是不是他们知道那地宫中的惊人秘密呢？这样推测也许是合理的。

法门寺建在渭河南岸，想那时距大禹治水已数千年，关中平原上沼泽已干涸，大水已退去，成为千里沃野，所以佛寺一步步从山顶、山腰、山坡、山下的台地上，最后落脚到这泱泱渭水之滨了。

第六十四颗念珠

在汾河的岸边，有一个村子叫龚家庄。在村庄的南边，有一座小山包，或者小土岗，土岗上有一座寺院。早年间，这土岗还没有寺院、佛塔的时候，突然生出了一棵树木。这树越长越大，最初树身是青皮色，后来日见斑驳，树冠亦枝叶婆娑，伞一样地铺开。初夏时节，树冠的枝柯之间，会生出一束一束粉红色的花朵，花朵谢后，便结下杏核大的果实。龚家庄以及方圆地面的人，都从来没有见过这树木，不知该怎么称呼它，以为大奇异。

话说有一天，一位胡貌番相的行脚僧，从土岗下面的大路上经过，仰头看见这树木，吃了一惊，上到岗子上便拜。他说这奇异的树木，名叫菩提树。它原产于五印大地，原名叫毕钵罗树，后来释迦牟尼在树下成佛，众弟子在树下结集。释迦牟尼成佛的那一刻，身后有万道菩提光发出，映红天空，毕钵罗树则沐浴在这菩提光中。于是自此以后，佛门弟子将这毕钵罗树叫作菩提树。

汾河谷地亦是中华文明的发祥地之一，中华初民最早的居住地之一。大禹王建都于此。也许，中华文学的伟大源头《击壤歌》，就是生于这一片丰饶的谷地上。后来春秋五霸之一的晋文公，亦在此建都。

汾河谷地上麦浪滚滚，五谷丰登，村庄星罗棋布，河流纵横交错，老百姓一派安居乐业景象。远道而来的行脚僧，感慨说，这菩提树是如何在这一块地面生出的，令人迷惑不解，是哪一位西域而来的游方僧，戴着自己用菩提籽做成的念珠，在这土岗上歇息打尖时，有一颗念珠遗落在这里，从而落地生根的呢，还是得了丝绸之路的开通，那熙熙攘攘皆为利来，攘攘熙熙皆为利往的客商，将一颗菩提树的种子，粘在马的鬃毛里、骆驼的鬃毛里，或者自己肩上的羊毛擀成的褡裢里，偶然地带到这地方的？或者，是那天空飞翔的无拘无束不知国界为何物的鸟儿，用它们高贵的嘴巴衔来的？抑或哩，菩提树的树根，在地底下盘根错节，它的最可靠的最常用的繁殖办法，是那释祖证道时的那一棵高大的菩提树，它的根从地下一路延伸，从而延伸到这遥远而又遥远的地方的！

僧人万般感叹，他用下面这段话，为他的感慨作结，这段话就是：“雪落在此处，而不落在彼处，一定有它的深意所在！”行脚僧说完，决定从此不再四处云游了，他要在这里起一座佛塔，建一座寺院——无名寺。于是开始以这座土岗为中心，到四处地面去化缘，又在四周村子里弘法传教，广收信众。

无名寺院下面的龚家庄，通村都姓龚，靠近东西大路头一家的那户人家，自然也姓龚。这户人家与村子上别的人家没有什么两样，喝的是汾河水，种的是两年三熟的庄稼，那院子，是由黄土夯成的围墙，三间庄基，简陋的上房，和院子两侧各三间揭背厦子，门口一个门楼，有些旧的黑漆柴门，晚上那门上上门闩，双门吱呀一合，中间有一个木头关子一插，如是而已。

这户人家，前头连续生了三个男丁，都早早夭折了。现在第四个出生，村上人说，你看这孩子像个剥光了皮的猫一样，红光哧溜，那叫声也像猫一样细弱，八成养不活的，就像前几个讨债鬼一样，跑到你家走一圈，辱没你家一顿，就要走了。孩子要活命，得送到那无名寺去，求佛祖金光护身，罩住他，百毒不得相侵。孩子的家人听了，深以为是，于是照做了。那时在此处地面，进寺院为孩子求神灵呵护，并且求得长命锁，像命根子一样挂在胸前，直到成人，似乎已成了一种乡俗。三岁时，这孩子来到无名寺剃度，成为小沙弥，住持给他取名“法显”。那时当初建寺的那位胡貌番相的行脚僧，早已老去，骨灰舍利装进一个坛子里，在后院里一个小白塔中供着。是如今的这住持,给这龚家小孩子取法名的。住持还说,叫他“法显”，姓“释”，天下之出家人，皆以佛祖释迦牟尼之姓为姓。而等到这孩子正式入寺为僧,法号前面,再加“沙门”二字,即“沙门法显”。——“沙门”为吐火罗语的音译，即“息心”或“勤息”之意，佛教用以专指依照戒律出家的人。那吐火罗语，那一时间段，正流行于西域佛国龟兹一带，据此可以推测，那建寺之初的胡貌番相的远行僧，正来自龟兹或龟兹左近地面。

果然是“雪落在此处，而不落在彼处，一定有它的深意所在！”无名寺院里的菩提树树影婆娑，原来它是为这汉传佛教发展史上的伟大奠基者之一、广游五印西行求法第一人的沙门法显而来的呀！

法显三岁被度为沙弥（即小和尚），然后回到龚家庄家中，以沙弥之身在家里借住，然而几次大病，几近性命不保。家中人无法，只好将他再送回这无名寺中。很奇怪，一住进寺院，菩提树下，晨钟暮鼓一响，他的病就没有了。其间，母亲想念儿子，托人捎信来寺中，要儿子回家见个面，法显都婉拒了。母亲无法，只好在寺院门前搭个小屋，渴望瞅上儿子一眼。释法显十岁时，父亲去世，叔父以其母寡独不立，逼法显还俗，法显双膝跪倒，涕零道："下济三途苦，上报四重恩。父母养育之恩，当居大恩，需一生一世当牛做马报之。奈何孩儿已遁入空门，远离尘俗。也许，沙门法显本来就是佛门中人、佛家弟子，只是借龚家庄一户人家的父精母血给个人体，然后出世而已！"叔父听了，只好离去。后来不久，法显的母亲也去世了。龚家庄东西通衢大道上的这户人家，至此灭绝。法显听了，大哭一场，回龚家庄料理了母亲后事，重新回到寺院里，从此再无牵挂专心向佛。

法显二十岁时受大戒，史书以"志行明洁，仪轨整肃"形容这位得道高僧二十岁时的庄严风貌。受戒后，他曾前往洛阳城白马寺挂单，挂单是中原地面僧人的一项礼仪行走方式。行脚僧欲入寺院投宿，须把自己的衣钵挂在僧堂之钩上。住持许可，乃可住下。不许可则离开。通常的话，天下僧侣是一家，只要情况许可，一般都会安单接待。

法显在洛阳白马寺修持过一段时间，而后又回到家乡这座寺院。又几年以后，闻听当时魏晋时代的著名高僧道安，自南方而来，受前秦苻坚所邀，正在前秦的皇家寺院大石室寺讲经，于是启程渡过黄河，来到长安城。嗣后法显便在长安城长期居住下来，融入当时日盛一日的大教东流的佛教东传潮流之中。

其实，长安城，洛阳城，以及法显出生的临汾，距离都十分的近。文化同属一个大的文化板块。以长安城为中心的关中平原，又称八百里秦川者，那一个时期称为关中，或称为关中道。而山西临汾、运城地区，加上河南的洛阳、三门峡地面，那时称关东。而陇东高原，也就是甘肃的平凉、天水、庆阳，宁夏的西海固地面，那个时期称为关西。闲书上所说的“关西大汉击节而起，慷慨悲凉”，就是指的平凉、天水、固原地面的人们唱秦腔时的豪迈情景。

公元399年，已年届六十二岁的沙门法显，感慨此前传入的佛门经典多有残缺，多有抵牾，决心前往五印大地，寻求真经。他从长安城出发，和他的四个同学慧景、道整、慧应、慧嵬一起踏上漫漫西行求法之路，开始了佛教史上一个划时代的伟大事件。

法显从长安城出发，是年他已六十二岁高龄。他在五印大地上寻佛求法十四年，于七十六岁高龄时从海路，经斯里兰卡回国，从青州长广郡牢山（今山东省即墨县境）南岸登陆。尔后在中国南方各大寺院里弘法和译经。根据记载，大约在八十六岁时去世。

他被称为广游五印西行求法第一人。

他是公元399年离开长安城的。他离开的第三年，西域第一高僧鸠摩罗什来到长安，后秦皇帝姚兴仍安排鸠摩罗什高僧在法显之前、道安之前的那座大石室寺居住。不过将大石室寺扩建，屋顶苫以谷草，从而改称草堂寺。草堂寺后来成为汉传佛教八大祖庭之一，法性三论宗的祖庭。

而在法显西行二百多年以后，另一位高僧释玄奘，也就是被《西游记》小说称为唐僧的僧人，亦从长安城出发，顺法显开辟的西行之路，前往五印大地求法。

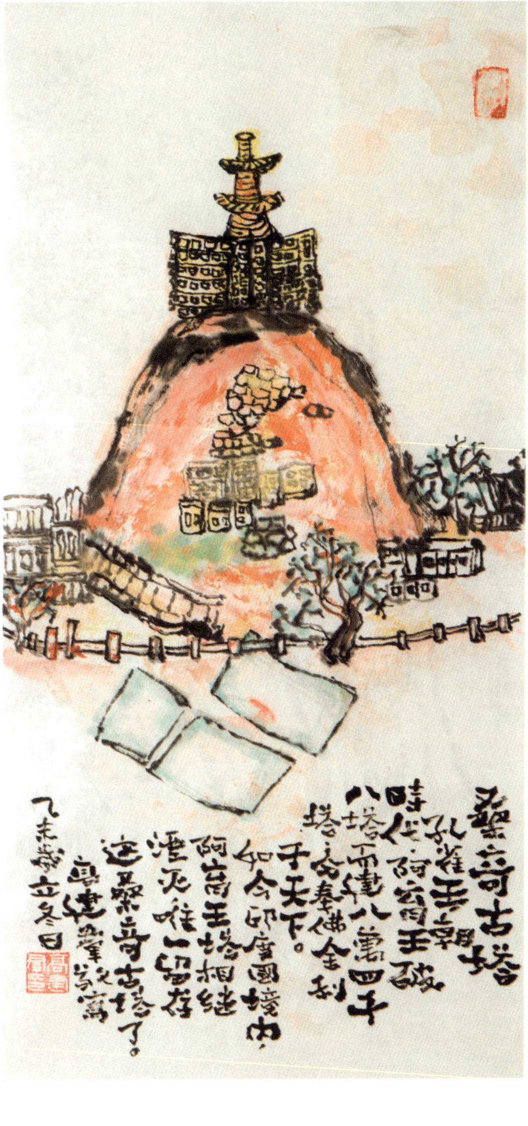

桑奇古塔
孔雀王朝時代，阿育王破
八塔，而建八萬四千
塔，分奉佛舍利
于天下。
如今印度國境內，
阿育王塔相繼
湮灭，唯一留存
這桑奇古塔了。
高建群筆之寫
乙未歲立冬日

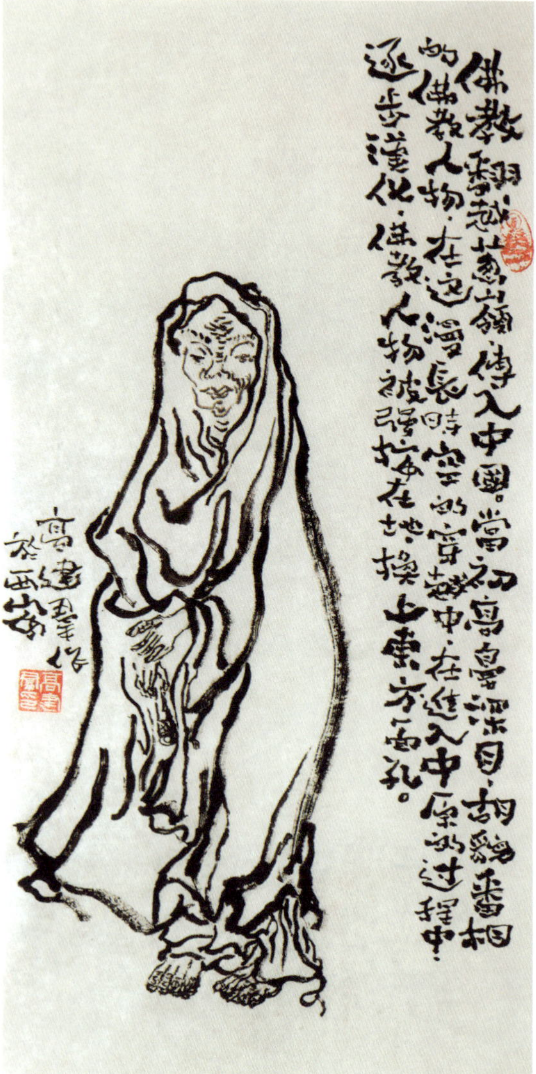
佛教翻越山嶺，傳入中國。當初高鼻深目，胡鬚番相
的佛教人物，在漫長時空的穿越中，在進入中原的過程中，
逐步漢化，佛教人物被強按在地，換上東方面孔。
高建群作
於西安

彭城新寺，魏晉一代高僧釋法顯圓寂於此。
南朝四百八十寺，多少樓臺煙雨中。
西行求法第一人廣游五印，法顯和尚晚年在南朝四百八十寺終老。

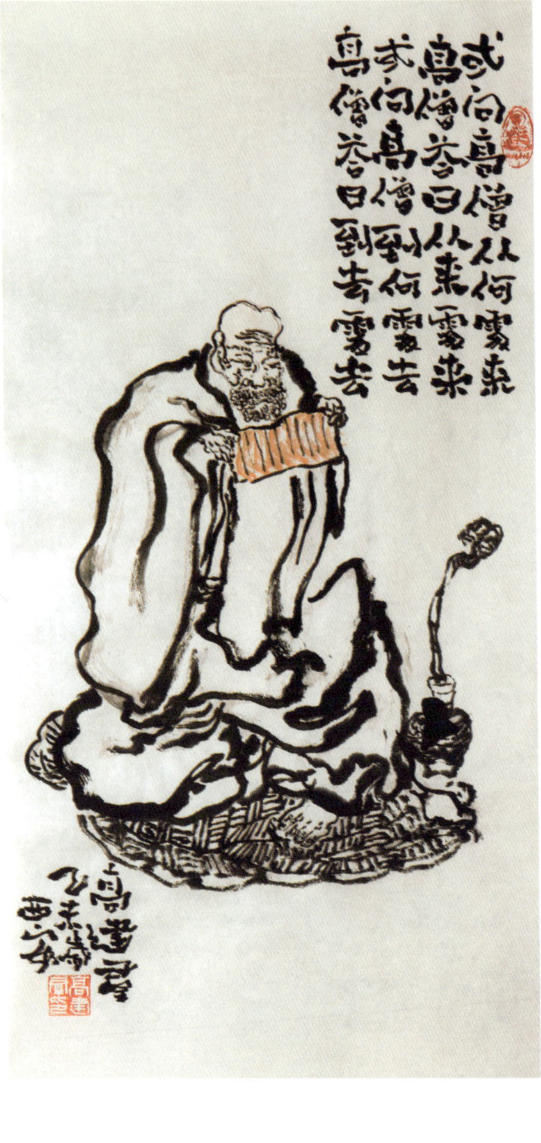
或问高僧从何处来
高僧答曰从来处来
或问高僧到何处去
高僧答曰到去处去
高建群画
乙未岁
西安

唐代另一著名僧人义净在他所著《大唐西域求法高僧传》中说："观夫自古神州之地，轻生绚法之宾，入显法师则首辟荒途，入奘法师乃中开王路。其间或西越紫塞而孤征，或南渡沧溟以单逝。……然而胜途多难，宝处弥长，苗秀盈十而盖多，结实罕一而全少。寔由茫茫象碛，长川吐赫日之光，浩浩鲸波，巨壑起滔天之浪。独步铁门之外，亘万岭而投身；孤漂铜柱之前，跨千江而遣命。"义净的这番话，说出了晋、唐当时求法僧人往来中国和南亚旅程中的困苦和凶险，并特别指出其先驱者法显和玄奘的重要性，也是把他们两人并举。而两人中，开天辟地，陆去海还之沙门法显，则更见其重要，他的九死一生，侥幸生还，则更是一个奇迹。

第六十五颗念珠

公元399年，高僧道安辞世后的第十四个年头，法显一行，从当时五胡十六国之一国——后秦的都城长安出发，逆渭水而上，大约数月之后，到达黄河岸边的金城，也就是今天的兰州。适逢佛家的夏坐时间，于是在金城找一家寺院挂单，在寺院中闭门不出，打坐修持整整三个月，结束了，然后逆黄河西北而行，抵达当年的南凉国，今天的西宁市。

所谓夏坐，即印度佛教僧徒每年雨季在寺院安居三个月，不外出，谓之雨安居，亦称夏坐或坐夏、坐腊。印度僧徒，依佛圣教，坐雨安居，或前三个月，或后三个月。前三个月当是从五月十六日至八月十五日，后三个月当是从六月十六日至九月十五日。我国及日本之僧徒则是从农历四月十六日入安居，七月十五日解安居。

法显在金城的夏坐，是他西行求法路途上的第一次夏坐。第二年在河西走廊张掖城，是第二次夏坐。好在晚年回到东土的法显，曾在译经著说、弘扬佛法之余，在南朝四百八十寺的某一寺中，将他的西行求法的历程，写成一本叫《佛国记》的书，据这本书，我们才知道了法显此行所经的路线，看见了他亲眼所见的当年的事物。而对每年途中的夏坐，他一般都有记录，这样我们也就此推出他此行所用的时间的长度，即大约十四年之久。

法显一行顺黄河岸边西行，至西宁市。这里有个南凉国，亦是五胡十六国之一国，国王是秃发傉檀。这个国家的建国者叫秃发乌孤，鲜卑族，原本是吕光手下一员大将，吕光派他驻守南凉，于是他在南凉自立为王，建南凉国，死后传位给了弟弟利鹿孤，利鹿孤死后又传给了傉檀。吕光大家知道，是前秦苻坚的一员大将，苻坚派他前往西域，先是请，再是夺，破龟兹城，掳得鸠摩罗什前往中原，后来吕光行到凉州城时，苻坚淝水兵败，于是吕光在凉州城自立为王，称后凉。五胡十六国，虽然群雄蜂起，邦国林立，时局变幻之快，令人眼花缭乱，但是细细想来，凡事都有个出处，一个国家与一个国家的建立，西瓜扯蔓儿一样，一定有它的传承转换所在。

法显西行的时间，是公元399年，那个时间段，正处于这个近三百年的黑暗混乱年代的中期的开始。

秃发傉檀是鲜卑人，秃发是姓氏，傉檀是名字。后世的人们发现，这个鲜卑与雄踞漠北草原的北魏鲜卑，是同一族系。而“秃发”二字发音，亦与“拓跋”二字相近。当时的文化人，记述北魏拓跋时，取其音，写成“拓跋”二字，记述南凉秃发时，取其音，写成“秃发”二字。当时地域相隔，少了沟通，少了统一，才造成这种不统一的文字表达。

伟大的僧人，在南凉国稍做停留，便沿湟水，翻养楼山，前往河西走廊名镇张掖城。张掖城当时正处在战乱中，东有后凉出兵来攻，西有敦煌太守李暠自立为凉公（史称西凉），伺机滋事。那时驻守张掖城的是张掖王段业。法显在书中，以“张掖大乱，道路不通”而记之。后来法显一行，历尽千难万险，得以进入张掖城，拜见张掖王，此时已经进入夏天，夏坐的闭门修行期到了，于是法显在张掖夏坐。此是法显西行第二年即公元400年之夏坐。

在张掖城的一座寺院里，修持打坐三个月后，法显一行继续西走，抵达那后世闻名遐迩的敦煌。

敦煌莫高窟大约才刚刚开凿，还没有形成规模，要不，法显的书中会有所提及的。不过，初始阶段的工程，大约已经开始了。而它的大规模的开凿，是在鸠摩罗什之后，法显之后。按时间推算，鸠摩罗什是在公元401年抵达长安城的，而在此之前，他自龟兹国被掳到马背上之后，曾在河西走廊的凉州城被吕光羁留十七年，因此，他自西向东，路经敦煌的时间，大约比法显早上十七年。

敦煌莫高窟的最先动工，则又在法显来此之前的三十多年前，即公元366年。莫高窟有一座断头碑，上头有“伽蓝之起，滥觞于二僧”字样。所谓“二僧”，这两个在敦煌最初造窟的僧人，一个叫乐僔，一个叫法良。乐僔行经此地，忽见金光，状有千佛，于是就在此造窟。接着法良禅师又在乐僔法师窟侧，更即营造。

出敦煌，便进入令人恐怖万状闻之变色的罗布诺尔荒原。《佛国记》称为沙河的那条河流，《西游记》中称为流沙河的那条河流，当是塔里木河注入罗布泊那一段的河流。它叫孔雀河，自库尔勒往下，似乎就叫这个名字了。那法显书中说的“恶鬼热风，遇则皆死，无一全者”，当是指这一块地面时常刮起的那种黑风暴，新疆人称之为

“闹海风”的即是。刚才还是晴天白日，突然远处一疙瘩黑云起了，云彩顺着地皮移动着向人逼近，像一堵黑色的墙一样。风过处，天昏地暗，飞沙走石，人和动物，或顷刻间被撕成碎片。这风是直直地走着的，可能有时会与人擦肩而过，这时你将手往那黑风中一伸，啪的一声，伸进去的手指就被风削去了。

法显眼中看到的那沙河即孔雀河，那蓝汪汪的邪恶神秘而凶险的大水，当是著名的罗布泊。罗布泊是后世湖水变小以后的名字，法显当时路经时，那一汪蓝水还十分硕大丰盈，它的名字叫蒲昌海。而在蒲昌海之前，在遥远的侏罗纪时代，整个西域地面为一片大洋所覆盖，这片大洋叫作准噶尔大洋。大洋随着水去浓缩成湖，在法显的时候叫作蒲昌海，今天叫罗布泊。沧海桑田，山谷为陵，这一汪蓝色的碱水，见证了西域地面的地理变迁的历史。接下来如果有机会的话，我们还会谈到侏罗纪时代那场伟大的造山运动的，正是这个造山运动，形成了西域地面后来的种种地貌特征，形成了一条伟大山脉从昆仑东向而走，直抵中国内陆腹地。

蒲昌海是内陆湖。这条从帕米尔高原流出，进入塔里木盆地的河叫塔里木河，而在河流入海口这一段，又被叫作孔雀河的激情水流，两千余年来一直伴随着一个美丽的推测，或美丽的假说。这推测与假说则是：蒲昌海在此并没有画上句号，而是像坎儿井一样在此形成潜流河，潜流过巴颜喀拉山，然后又从山的另一面流出地面。流出地面的河流就叫黄河——这就是“黄河重源说”。这个说法最初来源于张骞，再由司马迁在《史记》中记载下来，流传到《汉书》，再流传到北魏时郦道元所撰的《水经注》。

蒲昌海的南面，敦煌方向，横亘着一片雅丹群，这就是屡屡被人们提及的白龙堆雅丹。鬼气森森，瘴雾弥漫，雅丹群狰狞地矗立在那里，像一万峰伏倒在地上的骆驼。蒲昌海的东北面，则是另一个雅丹群，它同样有名，叫作龙城雅丹，灰蒙蒙的天宇下，那龙城雅丹，像一座绵延百里的城堡，有垛口，有角楼，有威赫赫的一长溜坚硬的城墙。蒲昌海的西边，就是那著名的所在，楼兰城了。不过沙门法显抵达的那一刻，楼兰已易名鄯善国。法显在他的《佛国记》中，记载了他在鄯善国的情景。

而在蒲昌海的东面，则是一条横贯罗布诺尔荒原的袖珍形的绵长山脉。这山叫库鲁克塔格山。法显所说“唯以死人枯骨为标识”，当是指自己翻越库鲁克塔格山时所见到的情景。

山体是花岗岩的，坚硬无比。山前山后开满了石花。什么叫“石花”呢？一块石头，中亚细亚地面夏天灼热的太阳，将它烤得发烫，烫得像要着火似的，这时候如果突然有一阵猛雨一浇，于是“哗”的一声，石头就破裂了，开花了，眼睁睁地看着形成一堆堆碎片。许多石头都在开花，因此碎片布满了戈壁。如果这花岗岩是黑色的，那么这一块戈壁滩就成了黑戈壁，如果这花岗岩是红色的，那么这一块戈壁滩就成了红戈壁，如果是白色的，那就是白戈壁了。于是红戈壁、黑戈壁、白戈壁，再加上间或还有一点白色碱滩，五颜六色，光怪陆离，装扮着这库鲁克塔格山的山前山后。

没有淡水，蒲昌海的水是碱水，是亿万年来不断自上游而来在此聚积和逐渐干涸的碱水。后世它将完全干涸（1972年），从而在湖面上形成十三米到十八米厚度的盐壳，但法显来到这里时，海水泱泱，还十分浩大，不过大约已经因为含碱量过高而不能饮用了。法显一行从敦煌至楼兰，穿越白龙堆雅丹，穿越库鲁克塔格山，共用了十七天的时间。无法想象，这十七天的饮水是如何解决的。在令人扑朔迷离的传说中，有个“罗布泊六十泉”之说，是说在这偌大的荒原上，一共有六十眼泉水，但是，这些泉水，陌生路人是很难找到的，只有荒原上那飘忽不定，宛如游魂野鬼的野骆驼、野马才能找到它们。

根本没有道路，天空灰蒙蒙的，一片混沌，太阳只在中午时候才匆匆地在头顶上露个小脸儿，然后又沉入雾霾之中，大地上则瘴气弥漫，不见任何生物，整个行程，宛如在地狱里行走一样。是的，要识别道路，确定方位，那要在戈壁滩上寻找前行者留下的枯骨。法显一行，在库鲁克塔格山西侧，一片黑戈壁上，只见到一匹马的尸骨。骨头上还带点皮毛，是野马吗？他凑上前去看，发现这不是一匹野马，因为马的蹄子上，还钉有铁掌，从而被证明这是一匹被乘骑过的马。“你是谁？你的主人又是谁？为什么你们抛弃了有着丰美水草的生活，跑到这死亡之海来了！难道，你们也像我一样，为一个似乎有些虚幻的梦想而来的吗？受那不可知的命运的驱使而来的吗？”法显在这匹马的尸骸前面，坐了许久，才掉头离开。而在法显这十七天的行程中，他只见过一个有生命的生物，这生物是一只小小的轻盈的花翅膀的苍蝇。法显避开随行者，到一个沙丘后面去净手，净手就是解手或方便的意思。他解开袍子，取下系裤子的布裹缠，抹下裤子蹲在那里。一会儿，他拉下的屎橛子的上面，落下一只苍蝇。这是法显十七天穿越中唯一见过的有生命的东西。它靠什么活在这荒原上呢？法显朝四周看了看，看到不远处有一片白色的碱滩，他明白了，这花翅膀的苍蝇是靠每天早晨，吸吮那盐碱表层上面的露水而活着的！“生命呀，请接受一位行脚僧的崇高敬意！”法显提上裤子，整束好行装后，双手合十，向这只花翅膀的苍蝇致意。

第六十六颗念珠

蒲昌海西岸，即是那在传说和歌谣中屡屡被提及的楼兰城。法显拖着老迈的身子，风尘仆仆走入楼兰城。城中那座最高的建筑是佛塔，佛塔下面是寺院，有四千多个僧人在那里习法，习的是佛家的小乘之学。法显一行，在寺院请求挂单，然后得到邀请，在寺院安歇。

楼兰国在法显一行到来的四百多年前，已易名鄯善，所以法显在他的记述中，称这里是鄯善国。楼兰的更名源于一场国家变故。老楼兰王有两个儿子：大儿子叫尝归，典给匈奴人做质子。二儿子叫尉屠耆，典给长安城未央宫的汉家天子汉武帝做质子。所谓质子，它的性质，大约一半的意思是人质，另一半的意思是干儿子、义子。老楼兰王病毙，于是两个儿子拍马赶往楼兰城，抢着去继承王位。匈奴人那时的主要活动区域，大约正在河西走廊的祁连山一带，他们离楼兰城近一些，加上匈奴人的马快，这样，当汉王室的质子赶回楼兰时，匈奴人那边的质子，已抢先继承王位了。城头上射出无数利箭来，尉屠耆见了，只得在城外吊唁父王一番，然后掉转马头，又回到长安城去，将这事向汉武帝哭诉。汉武帝命骏马监傅介子，率二十勇士，领着王子，再回楼兰。

傅介子一行，扮作丝绸之路上的客商，赚入楼兰城中，第二天面见匈奴人新立的楼兰王时，图穷匕首见，斩杀楼兰王于宫廷大殿之上。尔后，辅佐新的楼兰王尉屠耆即位。这就是历史上有名的大刺客傅介子，千里长途奔袭，刺杀楼兰王尝归的故事。王新立以后，弃了楼兰这个名字，改国名为鄯善。大刺客傅介子是宁夏固原那地方的人，楼兰之行之后，他后来的去向是如何呢，所有的史书上，都没有关于他后来情形的记载。史书上只提到了，跟随傅介子一起去完成这次刺杀的那二十勇士，后来没有再返回中原，新的楼兰王感念他们的扶持之功，给他们每人配了一名金发碧眼的楼兰美女做媳妇，然后在楼兰城的旁边筑了一座新城，名叫伊循，也就是今天人们所说的米兰城，供这二十名士兵居住。这大约就是中原王朝西域屯田的开始。

范晔的《后汉书》中，谈到东汉史官班超投笔从戎，率领三十六人使团，赶往鄯善，火烧匈奴使团，重新打开通西域之路时，曾说，班超在那未央宫西墙处的司马门官署中，正将自己埋入一堆史料中著书立说，突然间翻心了，将笔往地下一扔，说道："男儿生世间，及大应封侯，正该像博望侯张骞一样，铁鞋踏破万里黄沙，像大刺客傅介子一样，含笑间一柄长剑取敌酋首级！"说罢，踏上前往西域的征途。班超在鄯善国中住下后，夜来趁着大风，火烧匈奴使团居住的客栈，从而迫使鄯善王就范，倾向于汉室，丝绸之路得以重开。班超此行，也从此长期留在西域地面，担任汉王朝在西域地面的最高军事长官——西域都护，率部平定西域地面五十多个国家，历经三十一年征战后，才告老还乡。

到大唐王朝开国以后，在西域地面设两个都护府，行使中央政府对西域地面有效的管理和统治权。一个是北庭都护府，设在北疆阿尔泰山脚下的吉木萨尔，管辖范围是额尔齐斯河流域和伊犁河流域，其触角一直延伸到遥远的贝加尔湖以外。一个是安西都护府，治所在东疆的高昌，后来又曾挪到和阗，管辖范围是东疆和南疆的广大地区。

法显一行，来到古称楼兰、今称鄯善的这个蒲昌海岸边的邦国时，他看到了辉煌的宫殿，这宫殿正是傅介子完成那次壮举的宫殿，看见了城池一角的客栈，那大约正是班超曾经一把大火烧毁，又重新盖起的建筑。城不大，内城面积大约相当于未央宫的面积。有一条小河，通向城外的一座沙丘。那沙丘之上，竖着一千多根胡杨树白色的树干。那小河就是著名的小河，那竖立着标杆的沙丘，当是被后世称为“千棺之山”的楼兰王国历朝历代的王室以及平民百姓安葬之所、王国公墓。如果法显有幸的话，他大约还看见了那“千棺之山”之上的一场隆重的葬埋情景。

法显到来的那一时期，楼兰国的官方文书中，以佉卢语与汉语两种官方语言同时使用。后世的史学家们推测，佉卢文曾经是位于阿富汗苍凉高原上的贵霜王朝的官方文字，后来贵霜王朝为向西迁徙的匈奴人之一部——白匈奴所灭，国家灭亡，人民流失而不知其所终，也许，他们正是流失到了这楼兰国。是那古老的至今已经死亡了的佉卢文，为我们透露了这一遥远的年代的信息。

而在此之前，根据小河公墓千棺之山上的考古发现，距现在三千五百年前，楼兰国的居民是碧眼金发的白种人，而且是北欧人种。在那遥远的年代里，他们是如何越过欧亚大平原，在这蒲昌海岸边建立邦国的，这真是一个历史的大谜团。是那千棺之山上的埋葬在沙丘中的金发碧眼的美女干尸，向人们透露出这一古老信息的。有美女干尸为证，那个故事不是传说，而是发生的曾经。

法显一行在楼兰国，停驻了一个月，休养生息，补充食物和饮水，然后在一个早晨，朝佛塔拜了三拜，而后继续踏上他们那漫漫求经长路。

第六十七颗念珠

复西北行十五日，到焉夷国，亦就是今天的焉耆回族自治县。法显说，这焉夷国的人“不修礼义，遇客甚薄”。他们在这里停留了两月有余。之所以延挨的原因是，法显让几个同伴重新返回，翻越库鲁克塔格山，穿越罗南洼地，去那里的高昌城，去化些缘，求些行资。等到行资到来之后，便离开焉夷国，向西南而行，进入塔克拉玛干大沙漠腹地。大沙漠中又行走了一月又五日之后，来到于阗。

于阗国当时应当是塔里木盆地最富足的、文明程度最高的一个绿洲。大教东流，翻越葱岭之后，这里当时成为西域地域最大的、最重要的一个佛教中心。另一个同等重要的佛教中心，即是由鸠摩罗什担任国师的龟兹国。当法显高僧来到这里时，鸠摩罗什已离开这里有二十年之久，此一刻，历经颠沛流离之后，他已在长安城附近终南山脚下的草堂寺安顿下来，译经、弘法和授徒。世界真是充满了奇妙。

大乘佛法，虽然起源于五印大地，但是正是在塔里木盆地，在于阗、龟兹这两个佛教中心，发扬光大，羽翼丰满，而后东流，进入中原大地的。佛家所说的“乘”，是“运载”的意思。小乘佛法是度己，度自己跳出这三界轮回，孽障苦海，运载到最后解脱。大乘佛法则是度人——救度一切众生。人人皆可成佛，天下万物皆有慧根。什么是佛呢？佛是开悟了的众生；什么是众生呢？众生是还没有开悟的佛。这样一做解释，佛便成为大众化的东西了，既可望，亦可即了。放下屠刀，立地成佛，一个强盗，前一刻还在杀人，但只要他当下觉悟，放下屠刀，他就有可能会成佛的。大乘佛法确立、大行于世以后，佛门中人称大乘之前的所有那些佛法为小乘，这话里边，在一些人看来，大约有你是“明日黄花”之意思，有我“大”你“小”之意，而释迦牟尼祖师的佛教，能在东方大地发出大光华，而在印度本土却日渐式微，除了其他种种原因，不知是否与这大乘之法更易于为普罗大众所接受和实施有一定关系？

法显拖着老迈之躯，以一颗拳拳的敬畏之心，走入这西域地面著名的佛国。城里居住的僧众，有数万人，多习大乘佛法，皆有僧饭三餐供养。于阗城外，有三条河，老百姓都叫它们玉河，城东二十里那条叫白玉河，城西三十里那条叫绿玉河，又向西那条叫乌玉河。这地方出玉，闻名遐迩。于阗国人民，星罗棋布、错落有致地散居着。房屋是平顶，街道和道旁树把一户一户人家隔开。佛教在这个绿洲国家，已经十分兴隆了，每一户人家门前都有一座佛塔，最小的佛塔也有两丈多高。住户家里都设有四方僧房，供给游走僧人歇息使用。法显一行被安排在僧伽蓝安歇。僧伽蓝是梵文的音译，翻译过来，就是“众国”或“僧房”的意思。当年大教东流，白马驮经进入洛阳城，那洛阳城中所建的白马寺，好像最初就叫伽蓝寺。

原来于阗是西域大国，与中国通好，视中国为宗主国，接受中央政府的保护且受中原文化影响颇深。法显之前三百多年，班超所设的西域都护府，就在这里，所以大国们不惧匈奴，不似那些小国，屈服于匈奴之淫威，朝秦而暮楚。

法显一行下榻的僧伽蓝，在城南十五里，名叫瞿摩帝，是古代于阗国之著名佛寺，是大乘寺院。法显亲自领略了大寺中三千僧侣共食斋饭的壮观场面。他说，先是三千僧众，齐敲木槌，表示到了饭时了，而后，入食堂时，众僧齐肃，次第而坐，一切寂然，器钵无声。那些服侍僧人的俗家弟子们，前来添饭，不得相唤。黑压压的三千多僧众，在一个大厅里，席地而坐，低头吃饭，没有一丝声响，静悄悄的如同进入无人之境。这场面让人顿生敬畏之心。

前程正路途遥远，法显一行本该赶快行路，谁知于阗国从中国农历的四月一日起，要举行一年一度的隆重的行像仪式。所谓行像，即是做许多的四轮像车，高三丈多，状如行殿，佛祖画像立于车上，然后从城外三四里，庄严入城，于阗国王及王室成员，出城迎接。这些四轮像车会迎到僧伽蓝供奉。供养十四天后，行像仪式才告结束。于阗国中，有十四个大僧伽蓝，小者则不计其数。法显打发慧景、道整、慧达向竭叉国先发，为观行像，便自己在于阗国羁留了三个月。三个月后，行像仪式结束，才匆匆启程，去追赶同伴。

法显之二百年后，大唐玄奘年代稍后，自高宗李治开始，大唐帝国也曾六次举行这种类似行像仪式的法事活动，即把法门寺供养的佛指舍利，迎送至长安皇城中。想来这种仪式，即是从西域传入的，而西域地面，则又是从葱岭那边传入的。大教东流，浩荡如此。

第六十八颗念珠

中亚细亚无遮无拦的太阳，炽热地照耀着这无垠沙漠和茫茫荒原。法显和他的同伴们，是如何完成这一次横穿死亡之海塔克拉玛干的行旅的。是步行吗？一步一挨地用脚丈量。或者是骑马或骆驼？法显的吝啬的笔墨没有告诉我们这些。他只记录了那些重要的事情，即他穿越这一个又一个绿洲国家时的所见，而他最关注的还是佛学在当地的情形。人们说，他是一个学者型的僧人，为一种梦魇般的信仰所诱惑着和蛊惑着，或者说是操控着，眼睛望着前面那一团光亮处，只是埋头赶路。

僧人和他的同伴，大约是徒步而行的，披着磨损得已经褴褛不堪的袈裟，拄着一根路旁随手捡来的棍子，手里捧着一只乞食化缘用的钵子，脚上穿着磨掉鞋底、露出后跟的麻绳做的草鞋。他的背上，大约还背着一个褡裢，那褡裢里装着行旅中必备的一些简陋物件。当他们偶然地从河流绿洲或村庄穿过，遇到人们时，人们向这大路上行走的他们致敬，称他们为“苦行僧”“行脚僧”“游方僧”。

在前往竭叉国的路途上，他们又路经两个绿洲国家，并在那里歇息。一个叫子合国，后世的人们考证，法显他们所经过的，后世叫它叶城。另一个则叫於麾国，这於麾国，已经进入那浩瀚无边、威严高耸的葱岭中了，法显一行，在一家寺院中闭户不出，打坐三个月，这是法显西行后第三年，即公元 401 年的夏坐。在他夏坐的这一刻，另一位高僧——伟大的鸠摩罗什已经走入长安，开始在法显启程西行的那个寺院安歇。此一刻他大约也在夏坐。

夏坐又叫“雨安居”，在此地雨安居结束后，法显一行又向前行走，穿山越岭，行走二十五天之后，到达竭叉国。法显他们到来时，这里正在举行五年一度的佛事法会，名称叫“般遮越师”。四方沙门，皆来云集，国王亲自主持法会。法显所说的竭叉国是哪里呢？后世的人们，进行了许多考证，拿出种种古籍版本对照，后来得出结论说，竭叉国王城故址，当以在今塔什库尔干塔吉克自治县之说为最具说服力。

在竭叉国参加完五年一度的大法会，法显一行继续向西攀登，下一个目的地是葱岭那边的北天竺。九死一生之后，终于从岭上翻过，进入北天竺。群山拱卫中，有一个小国，名叫陀历，亦有众僧，皆小乘学。然后法显顺着大岭，西南而行，又走了十五天，见到一条河流，叫新头河，这即是著名的印度河的源头，终年积雪的山峰高高耸立着，道路从崖缝中间穿过，壁立千仞，仰头一望便令人头晕目眩。凿出的道路上有绳索做的梯子，而从河上经过，则有铁索或绳索吊桥。当年凿空西域第一人的西汉张骞，足迹曾抵达遥远的波斯湾的东汉甘英，他们的足迹也未曾到过这里呀！

这里当是佛教进入东土的一个古老通道。法显问：佛教是什么年月传入到这里的？当地人说，所谓佛教，是古老相传呀，就像从大地上自然而然地生长出的庄稼一样，是古来有之的东西啊！他们还指着立在河边的佛祖像说，自佛祖涅槃后，此像即立起，便有来自天竺的和尚，东去传经，从此河经过。法显听了，叹息道：我终于明白，一切都是天意，雪落在此处而不落在彼处，一定有它的深意所在，固知冥运之开，本非人事，当年汉明帝洛阳城中做金人之梦，原来是有缘由的呀！

渡过新头河，河那边又有一个国家叫乌苌国，是正北天竺。天竺是当时中国人对五印大地的笼统概念，当年凿空西域的张骞，叫它是身毒，此一刻在行走中的法显，将它叫天竺，二百多年后来这里求法的释玄奘，将它叫印度。天竺，又分为北天竺、西天竺、中天竺、南天竺、东天竺，所谓的五印大地，当是指这环境独立成块的五处。以我们今天的地理概念来看，它的地理范围指的是今天的尼泊尔、巴基斯坦、印度、孟加拉国、阿富汗这一块区域。人们将喜马拉雅山西南面的这一块印度洋季风吹拂的区域，叫南亚次大陆。

从现在开始，我们的高僧，就沿着印度河，一直向下游走去。他将穿越宿呵多国、犍陀卫国、竺刹尸罗国、弗楼沙国、那竭国，从那竭国度小雪山，抵达罗夷国、跋那国和毗荼国。

上述诸国，这些拗口难读的国名，是当年法显在行旅中的珍贵笔墨所记，沧海桑田，山谷为陵，时间延挨到现在，那些国家和地名都已消失，为另外的地名所取代了。

上述这些法显最先抵达的地方，是北天竺和西天竺地面，一番行走之后，然后自印度河而入恒河流域。即经今巴基斯坦入阿富汗，又返巴基斯坦境内，然后东入印度，并曾穿行尼泊尔南部而达恒河下游的佛教中心地，在摩揭陀国首都华氏城留住三年，学梵书梵语，抄写经律，乃渡海至师子国，即今斯里兰卡，又住二年，续得经本，然后航海东归，中途在今苏门答腊或爪哇做短暂停留，继续北航，一路饱受风涛之苦，终于到达今山东半岛的崂山，登陆回到中国。

在翻越那竭国（位于今天的克什米尔地区）的一座小雪山时，正值隆冬天气，寒风暴起，人皆噤战，与法显一起自长安就开始同行的慧景法师，口吐白沫，不能走动了，他牵着法显的手说：“我是不能活了，你们赶快走吧，不要让我们都死在这里了！”说罢，慧景气绝而亡。法显见了，掩面大哭三声，老泪纵横，他撒了慧景的手，奋力向岭上登去。上得岭来，扭头看去，风卷起席片大的雪花，慧景的尸首早已不见了踪影。

自长安城出发时，同行者有慧景、道整、慧应、慧嵬四人，至张掖夏坐时又接受同行者智严、慧简、僧绍、宝云、僧景五人，连同法显法师，一共十人。在于阗时又加入一个慧达，计十一人。但一路走来，先后死去或别去者多人。其别去者，或者换言之说，改主意了，反身往回走的在焉夷有智严、慧简、慧嵬，在于阗有僧绍，在弗楼沙有慧达、宝云、僧景，其死去者，在弗楼沙有慧应，在小雪山有慧景。至此，十一名行脚僧中，再往前走的，就剩下法显法师与道整法师。但以后抵达摩揭陀国后，道整亦长留那里，遁入一座寺院中，不再行走了。因此，后来东归者，仅剩下法显法师孑然一人。

后世在那些归去的人们身上，还发现了一个历史细节。敦煌窟遗书中，曾出现过那位从于阗加入求经队伍，在弗楼沙又折身返回的慧达和尚的踪影。慧达和尚的俗名叫刘萨诃，匈奴人，约公元 345 年出生，约公元 436 年卒世，在佛界享有一定声名。慧达自弗楼沙返回后，路经敦煌，即投身敦煌莫高窟的兴建、营造，并曾因预言“凉州瑞像”而著名于陕甘一带。今莫高窟中尚保存有和他有关的“凉州瑞像龛”和壁画等遗迹。

所谓的慧达和尚预言“凉州瑞像”一事，大约与当年（366 年）沙门乐僔西行来到敦煌地面，“忽见金光，状有千佛”的情形一样，信者认为是不可思议之灵异之事，不信者则认为当是佛门中人为在此处修建佛窟，而以舆论先导之的小伎。慧达和尚是陕北北部，或山西西部一带的人。曹操曾在这块地面设河东五郡，安置匈奴，内附的五个匈奴部落首领都弃了“栾提”这个匈奴人姓氏，而以刘姓为姓。所以后世有“天下匈奴遍地刘”一说。这个慧达和尚刘萨诃，当是这个人类族群中的一分子。

第六十九颗念珠

距现在大约一亿五千万年至二亿年的侏罗纪时代，我们的沙门法显所行走的这些险峻高山，荒原大漠，还为一片浩瀚无垠的大洋所覆盖。今天，我们称之为准噶尔大洋。它覆盖着狭义的西域，广义的西域，甚至覆盖到欧亚大平原的亚洲部分，同样地，覆盖到南亚次大陆。可以这样想象，正如中国大陆板块的东部有一个浩瀚的太平洋一样，它的西部亦有一个同样浩瀚的准噶尔大洋。

造山运动开始了，在伟大的造山运动中，地壳涌起，被称为世界第三极的喜马拉雅山脉，横空出世。山一点一点地升高，它即便是现在还在抬升，只是缓慢了些而已，需要用地球时间来计算而已。那过去被称作葱岭，而今被称作帕米尔高原的，这个横亘在西域地面，有一千八百余里长的庞大山体，亦簇拥着喜马拉雅山一起抬升。

海水退去，准噶尔大洋的洋底露了出来。最初这洋底是一块的，后来在八千万年前，随着天山山脉的隆起，这块地面被一分为二，分割成两块。南面的部分，被称为塔里木盆地，盆地的中央，包着一块大沙漠，这大沙漠就是塔克拉玛干大沙漠。北面的部分，被称为准噶尔盆地，盆地的中央，亦包着一块大沙漠，这大沙漠就是古尔班通古特沙漠。这些年轻一些的山脉、这些大沙漠所形成的最初的时间，大约距现在八千万年。准噶尔大洋的泱泱大水，都到哪里去了呢？是蒸发掉了吗？还是随着山的升高，被挤向了别处？我们不知道。我们只知道，大洋后来浓缩成了一个湖，这就是我们前面说到的蒲昌海。在后来的日子里，又叫罗布泊，或罗布诺尔。而这个内陆湖在 1972 年的时候，随着塔里木河的断流，大西海子一库、二库的修建，由于无法继续提供水源供养而彻底干涸。河流两岸那古老的胡杨林也成片成片死亡，其死亡之状惨不忍睹。

西北黄土高原的基本地貌特征，也是因为帕米尔高原生出，准噶尔大洋洋底抬升而形成的。那一阵子，有强劲的风吹着，风把洋底的黄土沉淀，把地表风化的沙碛，遮天蔽日地吹向东南，年复一年，黄土搬家，西北黄土高原就这样形成了。黄土高原黄土层最厚的地方在甘肃兰州城附近，有近六百米厚。

帕米尔高原，它靠近盆地边缘的部分，青葱的塔松高高耸立，一条条河流从山谷间流出，间或露出岩石那坚硬的一角，层层而上，直到高处，便是拥拥挤挤的积雪的奇异山头，大地一片银装素裹，阳光下寒光闪闪烁烁，分外瑰丽与壮观。人们最初叫它“葱岭”，专家说可能因为山坡上生长着青葱的缘故，不过这话似乎有点牵强。

《山海经》中说，华山以西七千七百六十七里，“曰不周之山，……东望泑泽，河水所潜也”。《山海经》在这里说的不周山，即是指葱岭，或曰即是指帕米尔高原，而所说的华山即是指终南山的最东端，它的终结处。终南山东向而行，行到黄河边上，以一个惊叹号、一个刺向空中的巨掌，宣告它的终止，由于这伸出的手掌像捧着莲花，所以叫“华山”。上古神话传说中的《劈山救母》，说的就是一个叫“沉香”的孩童，劈开此山，救出被舅舅二郎神压在山底下的母亲的故事。

在《山海经》的这段简约文字中，“东望泑泽，河水所潜也”几个字，又会令人想起先前提到过的“塔里木河注入蒲昌海，成为潜流，又自山的另一侧流出”的这个黄河重源说。

既叫“葱岭”，为什么又叫“不周山”呢？古人说：“山形有缺，不周匝处，因名。”那意思是说，此山横亘在那里，周边呈半圆形，不规则，所以称不周山。古人记述说：“自齐齐克里克至喀克善，环千八百余里，包西域西以周其北，总曰葱岭。外以半规，中为虚地，是曰昆仑之虚。”

不周山这个带几分古老、几分神秘的地名，还令人想起共工“头触不周山，天柱折，天倾西北，地陷东南”这个中国上古时期的神话传说。有地质学家认为，这段文字其实不是虚构和神话，而是描述了当年喜马拉雅山伟大造山运动中，地层表面真实发生的事情。

火山爆发，岩浆奔流，中国的地形西高东低，于是这汹涌的岩浆便自然而然地向东南方向流去，一边流淌，一边冷却，于是便形成了一系列山脉，它的结束处是华山，全长是七千七百六十七里，我们的聪明的古人那时候就有了这个地理概念了。这个距离，他们是怎么丈量出来的呢？我们不得而知。

前面说了，佛教的传入，大教东流，亦是靠着这条伟大山脉的庇护东行。一座一座的佛窟，像接力棒一样，扎实地向前推进着。一代一代的僧人，怀着信仰，怀着梦想，袈裟一领，麻鞋搭脚，往来于这山阴道上。葱岭那一侧的大教，先祖释迦牟尼所创立的大教，就这样越过葱岭之巅，顺山脉而行，抵达终南山，在终南山的庇荫下建立祖庭，广设寺院，一片白云遮不住，满山红叶尽为僧。而后，以这个为立足点，菩提之光，普照于中华大地。

沙门释法显，我们的伟大僧人，他肯定不是第一个舍身求法前往释迦牟尼的故乡的，在他之前，肯定还有许多僧人都尝试过，但是他们却都失败了，或者因干渴与饥饿而倒毙在大漠荒原上了，或者因寒冷与疾病而倒毙在翻越葱岭的某一个山脊上了，或者历经九九八十一难，终于抵达五印大地，但是没有归来，长居那里了，所以我们不知道他们的姓名和事迹。

只有法显做到了，所以他是旷古第一人。这就是我们要在这本书中，向他深深致敬的原因。当我们沐浴着佛的光辉、佛的智慧的时候，我们有理由记住他。大唐一位高僧义净说，“显法师则创辟荒途，奘法师乃中开正路”，这话是对法显和玄奘这两位佛门尊者的中肯评价。

第七十颗念珠

翻过小雪山，法显眼前为之开阔。这里便进入中天竺和东天竺了。不再有高山峻岭挡道，开阔的平原上布满热带雨林，雨林中藤蔓盘绕。大象这巨型动物，大模大样地出没在丛林中、大路上和城市的街道上。印度河从平原的西侧，恒河从平原的东侧，一路向南，坦坦荡荡，汹汹涌涌，一直抵达南海。南海是当时法显的叫法，即印度洋。

印度河和恒河，都发源于葱岭东南侧。在印度国的佛教传说中，香山之南，大雪山之北，有一个方圆八百里的天池，池名叫阿那婆答多池，八地菩萨化作龙王在池中潜住，排放功德之水。池的东面银牛口流出恒河，池的南面金象口流出印度河，池的西面琉璃马口流出阿姆河，池的北面水晶狮子口则流出徙多河（即我们前面说到的新疆境内的塔里木河）。

天竺诸国，在法显的双脚踏入的年代里，一共有八十多个国家。此一刻，法显的足迹踏入中天竺和东天竺地面。怀着一颗拳拳之心，他像后世的那些叩长头拜长路的僧人们那样，一步一步地向那佛祖的出生地走去，向佛祖的涅槃之所走去，向宣示佛教诞生的菩提树下走去。他听从心灵的召唤，听从命运的指引，他大约还有一种诚惶诚恐、无限敬畏的感觉。

中天竺是当时天竺诸国中富庶和繁华的地方。法显来到一个叫摩头罗的国家，当停驻间，问当地人这地方叫什么国时，当地人说，僧人难道不知道吗？这地方叫中国。听到这话，读者们不要诧异，当地人说的“中国”，是“中天竺国”的简称。

从这里再往东南方向走不远，就是佛祖释迦牟尼到忉利天宫为母说法结束后返回人间的地方，法显叫它“僧伽施国”，而在二百年后玄奘来到这里时，还看到当年各国国王模拟佛返人间圣迹所建的台阶和寺院。他是这样记载的：“伽蓝大垣内有三宝阶，南北列，东面下，是如来三十三天降还所也。”

在法显到过的拘彝那竭城（即拘尸那迦城），城北双树间希连河边，佛祖要涅槃了，天地同悲。信众们从四面八方赶来，齐聚这里，期望在佛祖离世时，目睹一眼他的尊容，聆听一句他的智慧。

释迦牟尼侧卧在双树间的绳床上，他的头顶，娑罗枝叶婆娑，佛对弟子们做最后的教诫：“不要以为如来涅槃就消失了，他的法身还是常在，只是不再有形了。你们要勤奋修行，以求早日解脱。”而后平静地入灭。比丘们见自己的导师离去，悲恸不已。这时，“天眼第一”的阿尼律陀说：“不要悲伤了，这样天神会怪罪的！”这时，信徒们已经供养完了，准备把金棺抬到火化的地方去。阿尼律陀说道：“停下，天神要留下金棺供养七天。”于是，天神们手执妙天花，在空中唱着赞歌，尽心尽力地供养。

在停棺处的旁边是佛母摩耶夫人哭佛的地方。释迦牟尼涅槃后，已经入棺上盖了。这时，释迦牟尼的母亲听说了，和天神从天宫来到双树间。她看到释迦牟尼的僧衣、钵和锡杖，放声大哭。听到哭声，佛祖显示神力，金棺自开，放射光芒。佛祖双手合十坐起，对母亲说：“生生灭灭，花开花落，一切事物的规律都是如此，母亲不要悲伤！”这时，阿难忍着悲伤问佛祖：“后世的人们问起这事，我怎么说呢？”佛祖说：“你就说，佛已涅槃，慈母摩耶夫人自天宫下来，到双树间。如来为诸不孝众生，从金棺起坐，合掌说法。”

释迦牟尼的金棺,停在用两棵高大的娑罗树搭起的吊床上。据说,佛祖的金棺被从吊床上卸下，放到香木堆成的火堆上的时候，火堆却无法点燃。阿尼律陀说:“这是在等候大迦叶了。”这时，大迦叶和五百弟子匆匆赶来，他问阿难:“世尊的身体还能看得见吗?”阿难说:“世尊已经用五百张劫贝缠绕重棺入殓，香木也已经堆好了，就要焚烧了!”这时,佛祖释迦牟尼听到声音,便从棺木伸出两只脚来,在轮相上现出奇异的颜色。大迦叶行礼后，绕着金棺赞颂。于是在赞颂声中，香木自动地燃烧起来了。烈火熊熊。信徒们在旁边将自己身上华丽的衣服脱下来，扔进火堆，把手中的菩提树籽做的念珠也扔进火堆，把从自己家中佛龛上取下带来的酥油、蜡烛、香表，也扔进火堆。这一块地面顿时香气四溢，火光照亮了半边天空。

现足处的旁边有一座塔，是八王分舍利子的地方。释迦牟尼涅槃而焚化后，八国的国王带兵来到这里想分舍利子。力士族人说:“佛祖是降临到我们这里来涅槃的，舍利子理应由我们来供养!”国王们见自己的恳求遭到拒绝，于是威胁要用武力强抢。这时，婆罗门劝说道:“世尊经历了种种劫难，以大慈大悲之心善待天下，你们现在却以武力互相侵犯对方，这样做合适吗?现在舍利子就在这里，应当分成八份，各国都供养，为什么要使用武力呢?”力士族人同意了这说法。这时，天神和龙众也都要求分舍利子。于是，众人就把舍利子分为三份，一份给天神，一份给龙众，一份给人间。而给人间的这一份，再由八王重新分配，让他们回到各自国家去，起塔供养。

第七十一颗念珠

“涅槃”又叫“寂灭”，还叫“圆寂”，翻译不同，一样的意思。佛祖释迦牟尼涅槃之年，有一种说法是公元前486年，而具体涅槃的时间，也有多种说法，其中一说是农历二月十五日（汉传佛教将这个日子定为佛涅槃日），一说是农历八月八日。佛祖在世享年八十岁，以这个年龄推算，他当出生在公元前566年，汉传佛教以每年农历四月初八作为佛诞日。

佛祖涅槃后二百一十八年，摩揭陀国阿育王加冕。这即是那个统一印度诸邦国的著名的孔雀王朝，这即是那个弘扬佛法，立志将他的国家教化成佛国的著名的阿育王。强盛的孔雀王朝统一印度各邦国的时代，和中国的强盛的秦朝灭亡六国，建立封建大一统的时间，几乎重合，这真是一件有意思的事情。而更加神奇的是，古印度文明板块所产生的先知释迦牟尼，和中华文明板块所产生的圣贤孔子、老子，和西方文明板块所产生的哲人苏格拉底、柏拉图、亚里士多德，亦几乎都是同一个时代的人物（苏格拉底师徒要稍微晚一点，孔夫子去世后十年，苏格拉底出世）。对此，我们所能做的合理解释是，人类各文明板块发展到那一阶段，已经进入它的成熟期和收获期了，于是在各自土地生长出的树木上，开始结出丰硕的思想的果实、智慧的果实。而至于冥冥之中，有宿命的东西在其中吗？我们则不得而知。

一心要将他的孔雀王朝建设成佛国的阿育王，来到这释迦牟尼佛祖圆寂之处。他用最好的材料在这里建造出气势恢宏的佛塔，在佛塔之侧建起精致华美的精舍，立一根“三十肘”高的石柱，那石柱的顶端，雕刻着狮子像。四面都是狮子头，那狮子正以警觉的目光，注视着东西南北、前后左右、上方下方这佛家所认为的十方世界。而石柱的四面，亦雕刻满佛像。据说，曾有不信佛的人来到这里，与住寺的僧人辩论，对这里是佛祖涅槃之处提出异议。僧人口拙，辩不过他，于是以手指天，发愿道：“佛祖啊，请您显灵，以证这里确实是您的涅槃之处！”僧人的话音未落，只见柱顶端的四颗狮子头，一起张开嘴巴，打雷一般地嘶吼。法显在他的书中记载说“于是外道惧怖，心伏而退”云云。

法显拄着拐杖，在一个黄昏，步履蹒跚地来到这里。庄严和深邃的天空笼盖着这一处地面，残阳如血，那高高的阿育王石柱历经风雨和岁月的洗礼，已经有些斑驳，精舍里传出僧人诵经的声音，他们此一刻咏诵的大约是《般若波罗蜜多心经》。“般若”为梵文“智慧”之意，“波罗蜜多”为梵文“到彼岸”之意，般若波罗蜜多即开智慧以达到涅槃解脱的彼岸之意。法显觉得此刻，经文仿佛是对他说的一样，他听着经文，随之默咏，默咏的途中老泪涟涟。

田野十分空旷，僧人们都在经堂里诵经。风飒飒地吹着，那两棵曾经系过吊床，承载过释迦牟尼金棺的娑罗树，巨大的华盖在风中摇曳。传说当阿育王当年整肃和修缮这一处圣地的时候，那两棵娑罗树因为缺少照料和看护而有些枯萎，甚至接近于死亡，这时，五百个女信徒来到这里，掀起衣服，亮出乳头，挤出她们乳白色的乳汁来灌溉它们。此一刻，法显所见，那传说自然只是传说，五百女信徒了无踪影，只有两头大象在这空旷地面上走来走去，不时地用鼻子从龙池中汲水，洒向树木，洒向广场。

广场上有一处佛足迹，闪闪发光。这佛足迹，就是释迦牟尼已经入棺，尸布裹身之后，闻听到大迦叶率五百弟子走来的声音，于是从棺木中伸出两只脚来的地方。这地方叫“现足处”，远道而来的东土高僧沙门释法显，趋前两步，然后以杖拄地，跪了下来，全身仆倒，用他的脸颊紧紧地贴着那佛足迹。他已经十分苍老了，干瘦的身躯中，每一处关节都随着这跪地而嘎嘎作响。这是他西行求法自长安出发以后的第六个年头了。而他的热泪，打湿了这庄严的佛足迹。

“我永远是您的虔诚的弟子，世尊。您的光荣一直在照耀着我前行的道路。此一刻，我感觉到了什么叫作崇高，什么叫作死亡，什么叫作净地，什么叫作解脱！护佑我吧，世尊，无所不知、法力无边的世尊，护佑我将这一场大梦做完，护佑我的双脚有一天踏回我那遥远的祖邦，修菩提行，起广大心，让佛的光芒去滋润和护佑那东方的干渴土地。”

精舍里的钟声响了，僧人们用膳的时间到了，泪流满面的法显高僧，最后一次亲吻一下佛足迹，然后颤颤巍巍地站起来，拄着拐杖走进精舍。他将在这里挂单，然后在一个叫龙精舍的寺院里闭门打坐三个月，这是法显西行后第六年即公元404年之夏坐，按时间推算，他那时候已经六十七岁了。

整整三个月后，夏坐期满。法显目光坚定，重新又踏上漫漫长途。他又途经中天竺和东天竺地面许多国家，他来到一个名叫蓝莫国的地方,这里距佛诞处只有几十里路程。城中有一座塔就叫蓝莫塔，塔边有池子，池中有龙，这龙就是守护这塔的。佛教传说，释迦牟尼寂灭后焚身毕，有八国的国王分取其舍利，还归起塔。后来阿育王出世，欲发掘八塔做八万四千座塔，别的国家的七个塔都发掘了，他来到这里，欲发掘此塔时，守护塔的龙便从池中出来，用嘴巴提起阿育王，入到地宫，让阿育王观看它的供品以及盛这些供品的器皿。龙对阿育王说：“你供养的庄严之状若能超过这里，便可将塔发掘了，将这些舍利拿去，我不与你争！”阿育王听了，面露羞愧之色，明白这个蓝莫塔是本塔，样塔，动不得的，于是只好离开。

又前往穿越数国之后，来到一个毗舍离国。天竺地面，佛塔林立，这里的这个佛塔，是佛的最后住处。佛将涅槃，与众弟子出毗舍离城西门，回身东转，顾望毗舍离城，告诸弟子：“是吾最后所行处。”后人于是在此处建塔以资纪念。

城的西北三里，还有一座佛塔，名叫“放弓仗塔”。为什么取这个有些奇怪的名字呢？关于这个塔，亦有一个神奇传说。恒河上游有一个国王，国王的小夫人生了一团肉胎，大夫人妒忌说：“你生下一个不祥之物。”遂将这肉胎盛在木函里，掷到恒河水中。恒河的下游亦有一个王国。该国国王见河上游漂下来的木函，打开一看，那一团肉胎已经化成一千个婴儿。国王见有一千个婴儿端坐函中，于是就抱回去收养。这千子长大后，勇猛强健，所往征伐，无不摧伏。眼见得，他们就要征伐上游这个父王之国了，于是该国王十分忧愁。小夫人见了，问：“何故愁忧？”王说：“下游那个国家，有一千个王子，勇健无比，欲来伐吾国了，所以本王愁忧！”小夫人说：“王勿愁忧，但于城东建一高楼，待贼来时，把我放到楼上去，则我能退敌！”是日，千子来犯时，小夫人于楼上喊道：“你们都是我的儿子，为何叛逆，来攻打自己的母国？”这一千小儿问道：“你是什么人，为什么自称是我们的母亲？”小夫人笑道：“你们若不信，请仰面朝天，张大嘴巴！”见那一千小儿的嘴巴齐刷刷张开了，小夫人于是撩起衣襟，露出双乳，随后两只手握住双乳，一使力，只见每个乳头射出五百道乳汁，两个乳头就是一千道乳汁，只见这一千道乳汁向城下射去，不偏不倚，刚好堕入这一千小儿的口中。一千小儿见了，知道这确实是自己的生母。于是叫一声“母亲别来无恙”，说罢，扔下手中的兵器，依次退去。于是后人在此处起塔，名叫“放弓仗塔”。

毗舍离国是古印度著名大国，为恒河中游之交通中心。向西有大道通迦维罗卫城，向东有大道可通前面我们提到的摩揭陀国。

第七十二颗念珠

从“放弓仗塔”顺恒河东行，不远处，就是著名的五河合口，五条河流干达克河、腊菩提河、戈格拉河、恒河、宋河诸大水合流于此，汇成恒河下游而东行，从而浇灌出丰饶的恒河平原。泱泱恒水，直达大洋。

紧贴着五河合口，恒河的下游，就是当年阿育王的孔雀王朝建国的都城。那个国家叫“摩揭陀国”，该都城则叫“华氏城”。法显说，城中王室宫殿非人所造，皆是鬼神的作品，石头垒起墙阙，建筑物上雕文刻镂，雕梁画栋，时至法显那时，这些建筑虽经风雨侵蚀，岁月磨砺，有些陈旧了，但是原物还在，还可以借此想见那昔日孔雀王朝的国都的辉煌和兴隆。

法显说，凡诸中天竺，唯此国城邑为最大。该国民人富盛，兢行仁义。每年春天，要举行为期八天的行像仪式。做四轮像车，车上架起佛龛，佛陀的画像端坐其中，菩萨的画像则肃立在侧，然后由大象拉着这四轮像车进行入城仪式。类似这样的四轮车竟有二十辆之多，依次入城，恢宏庄严。法显还说，城中有年长的人，有信佛的居士，在街面上开着药店，凡国中那些贫穷的人，孤独的人，残跛的人，一言以蔽之，凡一切病人，皆可以到这里取药，问诊，如果病人有钱，那么付钱，如果没有钱，那么药店则分文不取，而且医师还给你饭吃，还给你把汤药熬好，让你服用。

阿育王坏七塔，做八万四千塔。最初所做的那个大塔，就在城南三里余。此塔前有佛脚趾，起精舍，户北向塔。塔南有一石柱，围丈四五余，高三丈余，上有铭题，云："阿育王以阎浮提，布施四方僧，还以钱赎，如是三反。"

再往西行，不远处就是王舍新城。那里有一座山，名叫"耆阇崛山"，五座山头相连，这里有释迦牟尼当年坐禅处，佛窟林立，还有释迦牟尼涅槃后，五百罗汉结集处。佛祖说法的那个法堂，如今已毁坏，只有墙壁的砖基还在。沙门法显，从新城中买了些香、花、油、灯，请当地两位住寺比丘带路，登上这山。将鲜花捧上，将香火点燃，以此来供养佛祖，而后又为佛祖前面的油灯将油添上，点灯续明。这一切做完后，他长跪不起，泪流满面。须臾，他收泪而言道："佛祖当年，在这里居住，说《首楞严经》，法显恨自己晚生了八百年，不能与佛祖相见，如今所见者，唯有遗迹处所而已。"说罢，即于佛窟前诵《首楞严经》，诵毕，遂在佛的脚底下，拥着佛足，浑浑睡去。这样睡了一晚，第二天才又返还新城。

法显顺着恒河，再往下游走，不远处，就是那著名的菩提伽耶城了。这里是传说中的释迦牟尼成道之处所，为佛教之尊贵圣地。这里有一个菩提道场，乃释迦牟尼苦行六年之后来到此地，结跏趺坐，进入禅定，终成大道之所。这里有许多佛门的古老传说，例如苦行六年处，攀树枝处，看牧牛女奉乳糜处，石窟地动，佛在贝多树下退魔成道，诸天神化作七宝台供养，文鳞盲龙七日绕佛，梵天来请佛，四大天王奉钵，贾客献面蜜，度迦叶兄弟师徒千人等佛教神话传说，都产生于这座城市，或者说，这座城市因这些传说而声名显赫，而灵光闪烁名垂于世。

菩提指菩提树，伽耶是城的意思。在天竺，大约并没有菩提树这个树名。“菩提”是梵文音译，意思是“觉悟”和“成道”。“萨埵”的意思是猛进求大菩提者。这四个字合起来，就是“菩提萨埵”，中国人将它简化成两字，就是“菩萨”。我们口头上常说的菩萨，例如观世音菩萨、普贤菩萨等等，即是此意。释迦牟尼成大道前，亦称菩萨，成道后，则称佛祖、佛陀、佛、如来、世尊等等。这些都是尊称，有无限敬仰之意。

菩提树在古印度国，原名叫贝多树。菩提伽耶城外的贝多树木，应当是一片高大、茂密、伟岸的乔木树林。佛在这林中修行六年。一棵大树下有一块长六尺、高二尺的石头，佛曾坐此树下食糜。僧人法显到来时，那树、那石犹在，法显告诉我们说，中天竺，寒暑均调，这树木或已数千岁，乃至万岁了。树木不远处，有一石窟，乃佛打坐处，当年佛打坐时心里念道：“若我成道，当有神验。”这话刚念叨完，只见座位后面的石壁上，即有佛影出现。法显告诉我们说，他拜谒这里时，亲眼所见，那佛影长三尺许，至今还十分明亮。

佛影闪现之时，突然发生地震。刹那间地动山摇。只见诸天神在空中唤道：“此非过去、当来诸佛成道处。去此西南行，行不多远，贝多树下，才是成道处！”说罢，诸天神在空中唱歌，诵颂，梵音阵阵，导引前行。释迦牟尼起行，走到离贝多树三十步的地方，天神授吉祥草，释迦牟尼接受，又前行到离树十五步时，天空中五百只青雀飞来，歌唱着，绕佛祖三匝，然后飞去。

释迦牟尼再往前走，来到贝多树下，将吉祥草铺在身下，然后东向而坐。这时魔王遣三个妖艳的女子，从北面走来，来纠缠和诱惑佛祖，试探他的定力，魔王自己，则率兵自南而来。佛祖见了，粲然一笑说：“六根清净，八风不动，我的身子已铸成金刚不坏了！”说罢，将盘着的腿伸展，按地。魔王见了，知他已凛然不可侵犯，于是领兵退散。三个妖女见状，满面羞愧，顷刻间变成了老女人。僧人法显苦行到此处，将眼中所见，告诉我们。他在《佛国记》中说，他眼中看到，前面谈到的那些地方，后人都在此立塔，以资纪念，以彰显圣迹。

法显说，佛成道以后，诸天神化作七宝台供养佛七日处，有一条名叫“文鳞盲龙”的龙王七日绕佛处，梵天来请佛处，四大天王奉钵、供养佛处，五百个商人见佛初证佛果、献蜜处，度迦叶兄弟师徒千人处，这些地面，也都立塔纪念。释迦牟尼得道处，还建有三座僧伽蓝，法显来时，见有僧人居住。

释迦牟尼成佛，身后发出万道金光，五彩缤纷，天空中诸神歌唱，梵音悦耳。这原来名叫贝多树的平凡的树木，也因释祖成佛而身披万道霞光。自此，人们将贝多树又叫菩提树，它成为圣树，成为与佛教共生的一个标志物。偈语说，丘山适履皆须弥，草木清凉即菩提。那话是说，如果眼前的这一座高山，适宜于我脚下的鞋子的话，那么，我就视它为我的须弥山；这山上的草木，不管如何平凡，只要它能带给我一片清凉的话，那么，我就视它为我的菩提树。

法显的下一个去处，亦是一个著名的所在，那地方叫鹿野苑。在恒河下游。世尊将成道，诸天神在此空中高唱：“白净王子出家学道，却后七日当成佛！”释迦牟尼成道后，首先就来到此地，化度憍陈如等五人，这五人就成为最初得度的比丘，是世间有比丘的开始。至此，世间三宝都已具足，佛宝即是释迦牟尼佛，法宝是四圣谛法，僧宝就是最初被度的五比丘。佛教就此诞生！

第七十三颗念珠

法显是西行求法广游五印第一人。他的足迹踏遍了五印大地。他先是在翻越葱岭后，顺印度河而下，直达那遥远的入海口，接着又折回来,沿恒河而下,又抵达那恒河的入海口。然后又折回头来，回到曾经去过的华氏城，走入城中的各个寺院，在那里写律和求经。

感谢他的双脚，感谢他的眼睛，感谢他那弥足珍贵的记录。因为有了他的足迹所至，因为有了他的眼目亲见，因为有了他的亲笔实录，今天的我们，才能借助他的目光，如亲历所见，感知那遥远年代的故事，感知那以冰冷的石头和砖块所砌成的佛寺、佛塔、石柱后面的火热故事，感知那佛国曾经的庄严和高贵。

那被岁月所遮掩、所遗忘的往事，那被混沌和黑暗所隔绝的往事，因有了法眼一观，我们才有了如同亲历的感觉。就是如今印度本国的人们,也正是因为法显的《佛国记》、唐玄奘的《大唐西域记》、唐义净的《大唐西域求法高僧传》这些佛家典籍、地理图书，才从中寻找到他们本国那个年代的历史。因为一方面印度古代缺少记载成文历史的传统，因此基本没有这方面的文献。另一方面，他们本国曾经有百余年沦为西方殖民地，殖民地文化隔断了本该具有的脉络传承。

法显此行的目的是取经，也就是有感于中国大地虽已有佛家香火万盏，但缺少典籍和戒律，而既有的又都有以讹传讹之嫌。他想来到佛的祖国，佛教的源头，在这里寻找原著，寻找权威的读本。

但是当他在五印大地上周游一遭以后，他的目的并没有达到，虽然他的足迹抵达了一个又一个的圣地，但是却很少能得到那些手写的经典。用法显自己的话说，就是他所到之处，天竺各国都是“师师口传，无本可写”，于是他明白了，他还得再回到恒河五河合口那个名叫“华氏城”的地方去。那里曾是孔雀王朝的都城，是伟大的阿育王大兴佛法之所。那里有很多的寺院，那里曾经举办过很多的法会道场，那里高塔林立、众僧云集，那里是天竺诸国中最大的一个国家，而华氏城则是五印大地上最大的最富庶的城市。

于是法显重新回到华氏城，走入寺院，开始在这里抄经写律，青灯黄卷，一抄就是三年。那时抄经，用的不是纸张，而是一种树叶，这种树叶上抄的经叫“贝叶经”。有的书记载说，这是贝罗树的树叶，有的书则记载着，不是贝罗树，而是贝多罗树。到底哪种说法正确呢？我们没有亲历，所以不敢妄加判断。

法显在华氏城，抄了三年的贝叶经，那些佛学的伟大经典，凡能求到的，他都跪求而来，然后勤奋抄写。待至他觉得已经功德圆满了，所能获得的真经都已经取到了，便将原经送还寺院，将自己抄写的这些贝叶经装入背篓，准备驮着这些经书，启程回府，返回他已经阔别多年的、梦萦魂绕的祖邦和家乡。

当年法显西行一共十一人，后来路途上死了几位，折道返回者又损失几位，到法显游走五印大地时，一起随行的，就只有从长安城大石室寺时同来的道整了。

见法显要走了，道整把他送到寺院门口，道整说：“原谅我，不能与你同行了。法显师，你一个人走吧，我已经老了，心虽然还想继续行走，但是双脚已经不听使唤，迈不动了。朋友，就让我在这华氏城终老吧。老在一家寺院里，抱着佛的一只脚，在袅袅梵音中，在暮鼓晨钟中，无香无臭、无名无姓地老去！”

鳩摩羅什東行圖

葱岭的一个垭口。相传为佛教徒入塔里木盆地的一条古老道路。

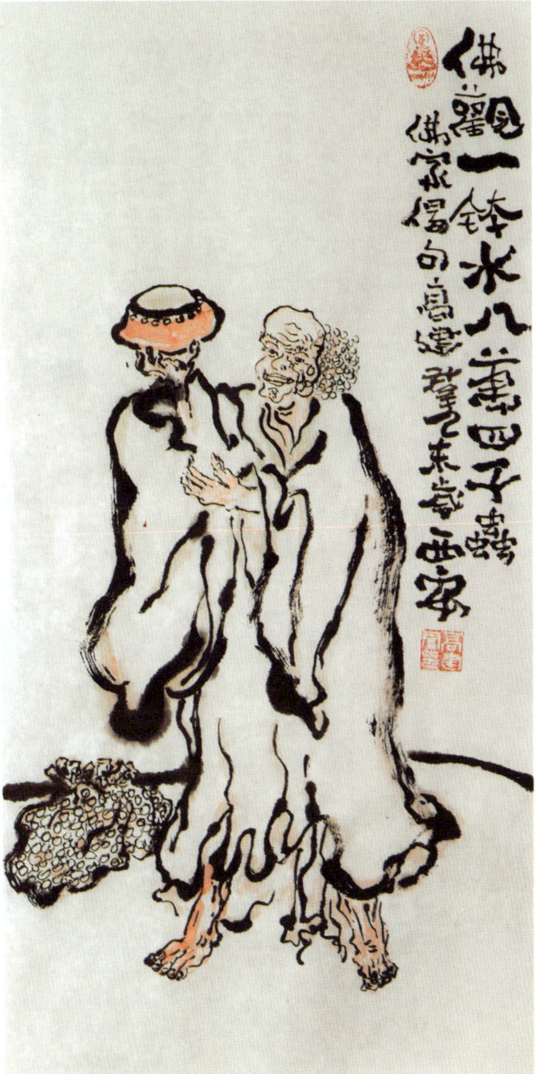
佛觀一鉢水八萬四千蟲
佛家偈句 高建群乙未歲西安

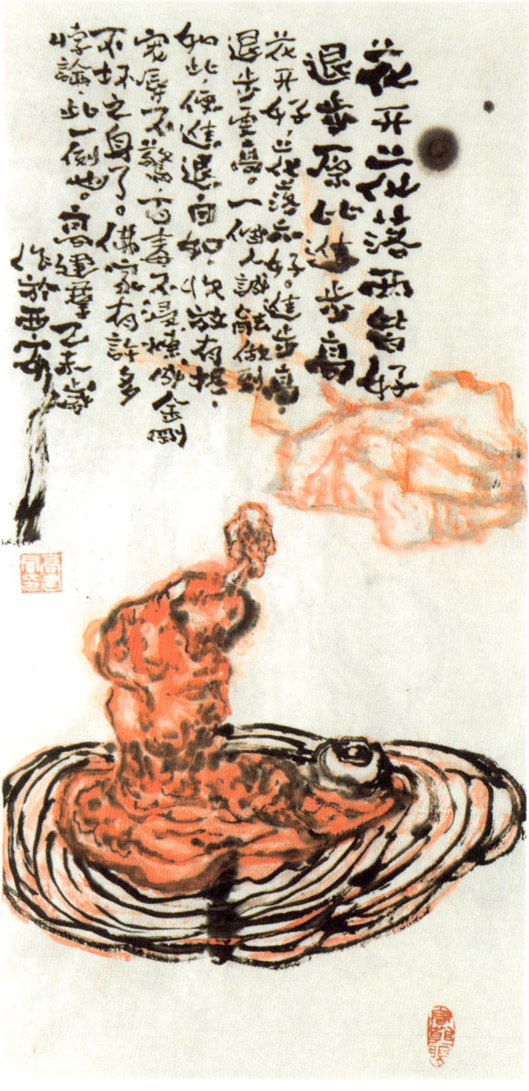
花开花落两皆好
退步原比进步高
花开好，花落亦好。进步高，退步更高。一个人诚能做到如此，便进退自如，收放有据，宠辱不惊，百毒不侵，犹似金刚不坏之身了。佛家和有许多哲论，此一例也。高建群 乙未岁作于西安

法显见道整留意已决，知道劝也无益，于是双手合十，挥泪而别了。与道整作别后，法显决定，此次回国，从海上走。在五印大地行走，他曾经遇到过不少的商人，这些商人是从事海上贸易的，他们的商船周而复始，游走在从辽远的东方大陆直到印度洋各海口的这条海上商路上。于是法显背起背篓，背篓里装着佛家经典，从华氏城出发，顺恒河南岸东下，先到一个国家，叫瞻波大国，在这里已经能明显地嗅到印度洋的潮湿气味了。再往前走不远，便进入恒河入海口。这里亦是一个古国，叫多摩梨帝国。唐玄奘曾在《大唐西域记》里说："国渡滨海少隅，水陆交会，奇珍异宝，多聚此国。故其国人大抵殷富。"我们的法显在这里又住了两年，写经与画像，两年之后从这里登上载着商人的大船，开始在海上行走。从而开始他十四年西行求法"陆去海还"中的三年海还。

第七十四颗念珠

法显乘船。船在汪洋大海中行驶了十四个昼夜以后，到达一个岛国，叫师子国，也就是今天所说的斯里兰卡。法显在这师子国，又住了两年，从寺院里搜得一些经书，将它们抄写出来。这个国家的佛教，正是越海从天竺传来的。国中有一棵贝多树，高二十丈，传说树种就是该国国王派使者，从天竺取来的。又传说是昔日阿育王之女，受请至斯里兰卡传布佛教，于是携菩提树枝同来，移植于此。国中还有一座大塔，亦是借佛之力，以镇恶龙之意而建。

僧人法显在他的记述中，写过一个感人至深的细节。那大塔旁边有一座寺院，叫无畏山，院中有一尊青玉像，高二丈许，通身七宝火光，威相严显，非寻常语言所能表达。法显前来礼佛，见一位商人，以他的遥远家乡——中国地面来的一个白绢扇来供养青玉像。那个商人大约是一个胡商，但那绢扇确实是中原地面之物。法显见了，不觉凄然，泪下双目，想起自己已离家乡十多年，所交所睹，皆异域之人，异域之物。山川草木，举目无旧。又想起一行十一人，如今或去或亡，顾影自盼，就只剩下个孑然自己了。法显悲伤之余，愈发想念家乡，一场长达十余年的如梦之旅，这一刻突然惊醒。于是乎，归心似箭。

在师子国又延挨了两年后，搭乘着一艘载有二百多名乘客的大船，法显离开师子国。二百多人除法显外，都是胡商。行了两日之后，突遇大风，船漏水入，商人们十分恐惧，遂将自己的货物，掷入海水中。法显见了，将自己携带的水瓶、澡罐等物也掷入海中，独独护住经书和佛像，口念观世音菩萨保佑。后来，风浪终于平息了。大船勉强行到一个岛上，将船漏处补塞，然后继续张帆前行。

法显在记述中说，大海漫漫无边，不识东西，唯望日月星宿行进。若遇阴雨天，没有星象可为参照物，于是只好随波而去，任船漂流。这样航行了整整九十天以后，遇见陆地，停船一问，这个国家叫耶婆提。根据今天的地图考证，法显所抵达之地，大约是今天的印度尼西亚的爪哇岛和苏门答腊岛。

在这个岛国羁留五个月后，法显又随着一艘载有二百余商人的大船，重新启程。这次出发的日子是农历四月十六日，即汉传佛教的安居，或曰夏坐的开始日，法显于是在船头上正襟危坐，完成这一年一度的佛家法戒。

这样行了一个多月后，夜打二更鼓时，海上突然起黑风黑雨。商人、贾客惊恐万状，法显此时，口中唯念观世音菩萨及汉地众僧，安之若素，不摇不动。也许正因了高僧的经咒，神明护佑，挨到了天明。天明时，众商人议论说，这船上坐着一个和尚，正是不吉利的原因。我们将他请来的佛像，他背篓中的经卷，扔到海里去吧！法显见了，伸开手臂护住佛像和经卷，说道："你们要扔它们，就请先扔下我吧！或者，干脆杀了我，要不，前面不远处就是汉地了，到了汉地，我当向国王言说这事。汉地王亦敬信佛法，他不会放过你们的！"商人们听了，踌躇再三，不敢再下手了。

由于天气连阴，舟师连犯错误，蹉跎了七十多天。又行十二天后，载着法显的船只，在汉地靠岸。靠岸的地点是青州长广郡，也就是今天的山东青岛崂山附近。这是公元412年的时候了。大船停在海边，坐小船上得岸来。碰巧遇到两个当地猎人，法显一问，知道终于回到汉地了，一时大恸，说不出话来。当时青州太守敬仰佛法，闻有沙门持经像乘船渡海而至，于是来到海边，迎接经像。而法显则手持经像随太守进入青州城。

法显于公元399年离开长安大石室寺，开始西行时，年龄是六十二岁，西行求经十四年。也就是说取经回来，从青州登岸时，已经是七十六岁的老人了。在接下来的年月中，他又活了十年，在南中国地面译经、弘法、住寺、授徒，从而最后使他的功德圆满。

那时候中国偌大地面，尚处在战乱与割据中，因此他没有能重回长安，重回大石室寺。这真是一个绝大的遗憾，汉传佛教史上的一大遗憾。法显在他的《佛国记》中最后说，在青州待到冬天，待到第二年初夏，待在青州完成夏坐后，曾计划前往长安，但被手头事情拖累，未能成行，而史书上也说，法显欲去长安，行到彭城地面时，因战争发生，道路不通，只好返回。

后来在这十年左右的时间中，法显便在南中国的地面游走。诗人云：南朝四百八十寺，多少楼台烟雨中。我们想象，大约这四百八十烟雨楼台中，寺寺都曾留下这位高僧译经讲学的行踪，而他带回来的那些经书和佛像，不知道哪些寺院有缘有福，能够请到它们和收藏它们。

中国南方的一些根基深厚的名刹古寺中，常常有那种深目阔鼻、大耳长鬓的十八罗汉图像。这种图像或刻在画栋上，或做成砖雕镶嵌在墙壁上，或干脆就是珍藏和悬挂在庙宇中的图画。这种胡貌番相的十八罗汉图，相貌奇伟，令人惊诧，其造像之栩栩如生，甚至超过龟兹克孜尔千佛洞、敦煌莫高窟的罗汉造型。明显地，它们没有经过漫长西域地带的这个逐步汉化过程。也许吧，我们推测，它们是直接从古印度本土，越海而来落地南中国地面的，而伟大的僧人法显，大约就是那乘船泛海为我们运载回来这些经像的人。

法显是一位伟大的行者，一个道行高深、行为坚定的学者，他是西行求经广游五印之第一人。这个地位已载入史册，不可撼动。他的高人之处，德行清洁之处，还在于他取得了那么大的功德以后，却依然将自己民间化，以游方僧而满足，以出世高人定位自己，不去企求得到国家供养、体制供养，这一点，高僧鸠摩罗什、高僧玄奘都未曾达到。尽管他们，也是佛门中经天纬地的伟大人物，但是在这一点上都不及法显。

法显圆寂于荆州新寺。

法显是公元412年回到汉地的，而西域第一高僧鸠摩罗什，是公元413年卒世的，如果法显回到中国后，不做过多停歇，而是径去长安，说不定，两位高人还能见上一面。法显在《佛国记》中说“法显远离诸师久，欲趣长安”，他在这里说的“诸师”，是不是指的就是鸠摩罗什法师呢？这个我们不得而知。

第七十五颗念珠

另一位译经家、汉传佛教的伟大奠基者之一鸠摩罗什，与前面谈到的法显是同一时代的人。鸠摩罗什比法显晚出生七年，又早去世近十年，法显的寿龄，我们知道，大约是八十六岁，鸠摩罗什辞世时，享龄六十九。

法显又称释法显，还称沙门法显，全称沙门释法显。鸠摩罗什又称释鸠摩罗什，还称沙门鸠摩罗什，全称沙门释鸠摩罗什。天下佛门中人，皆以释迦牟尼佛祖为姓氏，所以都姓“释”，而“沙门”这个称谓，则是对有一定道行的僧人的一种尊称。当我们看到法显写完他的伟大作品《佛国记》，然后颤颤巍巍地用笔墨，签上“释法显”三个字时，当我们看到鸠摩罗什译完《大智度论》，同样地，用笔墨颤颤巍巍地写上“释鸠摩罗什译”六个字时，我们能穿过遥远的时空，想象出当年那种舍身求法者的无限虔诚，和对佛陀的敬畏之心。

鸠摩罗什是当时的西域第一高僧，他的声名远播西域三十六国，甚至传到佛教的故乡天竺诸国。龟兹王拜他为国师，用龟兹国一年的赋税，打造了一把黄金狮子法座，然后请鸠摩罗什坐在法座上讲经。全世界各个地域的寺院中的高僧，都闻讯赶往这里，与鸠摩罗什论辩。而西域其余各国的国王，也因为仰慕鸠摩罗什的天神一般的风采，请求来到这佛光山下听经。于是龟兹国每年举行一次佛法大会，三十六国的国王，成队成列跪倒在地，鸠摩罗什则踩着他们的尊贵的脊背，登上安放在佛光山顶的黄金狮子法座，开始讲经。

鸠摩罗什是一位混血儿。他的父亲来自我们上面说到的天竺，是那儿的一个准宰相，后来则是龟兹国的宰相，他的名字叫鸠摩炎，或者叫鸠摩罗炎。他的母亲是龟兹王的妹妹，美丽的耆婆。鸠摩炎宰相与耆婆结合，生下一个温馨儿，一个智慧子，所以他的光荣的名字叫鸠摩罗耆婆，又称鸠摩罗什婆，简称鸠摩罗什。

按照史书上的说法，鸠摩炎宰相来自天竺。天竺地面的东天竺、西天竺、中天竺、南天竺、北天竺，当时有八十多个国家，那么，鸠摩炎来自天竺哪个国家呢？各种史书上都没有说，都只是笼而统之地说来自天竺，那么笔者不妨认为，他是来自中天竺，来自恒河下游、五河合口释迦牟尼成道的那个著名的菩提城。“城”在梵语中叫“伽耶”，所以那地方又叫作菩提伽耶。

鸠摩家族的人们，历朝历代，都会有一个最优秀的男人走出来，担任这个国家的宰相。这样，时间在经过几代人的更替之后，到了“炎”的时代了。炎出生了，鸠摩家族中的一个长子，将来要接替宰相位置的一个准宰相，恒河边上的一个遍体通红的婴儿出生了。

那一刻，西边，太阳像一个通红的大车轮子一样，正哀伤地向海平面上驶去，而东方，一轮柔和的、仪态万方的圆月亮，正停驻在那当时被叫作葱岭，现在则被叫作帕米尔高原的陡峭的尖顶之上。日光和月光此一刻共同照耀着菩提城。

孩子号啕大哭起来。那是新生儿的哭声。

“噤声！亲爱的孩子，是那西边正在以无法遏制之势而沉落的太阳，带给你以世事无常的无限悲伤吗？”人们这样问道，并且将孩子的脸朝向西方。但是孩子仍然哭泣不止。“那么孩子，是那搁在东山之巅积雪峰顶上的一轮圆月，带给你以某种大喜悦、大欢欣吗？”人们继续问，并将孩子的脸转向东方。

然而孩子仍然哭泣不止。

“那么，你是喜极而泣，同时又是悲极而泣！是空中那两个发出光亮的东西，同时照耀在了你的头顶，你的前额，从而令你一呱呱落地来到人间，就痛彻地领悟到这日月交替、天道轮回、世事无常、盈虚有数吗？”

无可奈何的人们这样说。

这句话说到点子上去了。听到这话，孩子止住了哭泣，继而又破涕为笑。这样，鸠摩家族的这个孩子，便有了一个响亮的名字。

他的名字叫“炎”，由两个“火”字构成。上面的那个“火”是太阳，下面的那个“火”是月亮。这个名字记录了鸠摩炎出生时，天空中日月双悬、阴阳交替的情景。

炎三岁的时候，被送到恒河边那座乌黑石头砌成的寺庙里去培养，一群高僧大德充当他的导师。他跟一位高僧学习小乘佛教在那个时期所能拥有的最高智慧。高僧的讲学和传授只讲那些最为核心的东西，并且是舍去枝柯，择其大要。这样，天资聪慧的炎便能够很快掌握精髓，而不必把时间花费到那些无用的东西上去。炎接着跟另一位高僧学习天文地理，数学计算。这样的学习是必要的，以便他将来做宰相的时候，更好地服务于国家和百姓。炎又跟着第三位高僧学习起卧举止各种礼仪，学习舌辩学，学习逻辑学，学习哲学，学习“佛观一钵水，八万四千虫”这样的见微知著的洞察力。这些也同样是为将来的工作做准备。

到了十三岁，该举行“成丁礼”了，炎告别了寺庙和师父，回到家中“还俗”。而到了十八岁的时候，他已经完全成熟了。而他的父亲，那位现任宰相也已经年届四十，开始衰老。交接班的时刻终于来到了。国王下了诏书，选择一个良辰吉日举行仪式。随着这个日子的临近，整个菩提城都激动起来了，像在迎接一个盛大的节日似的。城中那些临街的铺子将门面都装饰一新，从而给城市增加了许多的喜气。姑娘们为这个吉日的到来准备着新裙子，而铁匠们则在使劲地拉着风箱，敲着铁砧，把钢铁里的音乐敲打出来，为即将到来的这场盛事助兴。

就在这一切都准备停当，隆重的拜相仪式将要在第二天进行时，这个仪式的当事人，也就是主角鸠摩炎却突然离家出走了，从人间蒸发了。

这是一件严重的事情。如果拜相仪式上鸠摩炎不能够体面地出现，将给这个国家，尤其是给鸠摩家族带来严重的后果。所有的人都急得团团转。后来，他们决定先不要向国王禀报，而是派遣家族的所有男人，再出去寻找一次。他们的足迹踏遍了菩提城的旮旮旯旯，可是，炎这么一个大活人却硬是活不见人，死不见尸。

看来只好向国王禀报了。这时候，宰相府的女主人、炎的母亲说，让她再出去寻找一次吧。也许，炎会在那个有着三棵菩提树的寺庙里面。一颗母亲的心告诉她，炎在那里，并且正在哭泣。

第七十六颗念珠

女人换上一件普通市民的衣服，并且用黑纱罩住了自己的面庞，然后在侍女的陪伴下，走出了宰相府。她向恒河边走去，向炎当年出家的那有着三棵菩提树的寺庙走着。行走间，她听到了恒河那无限疲惫、无限哀伤的叹息声，她嗅到了那从河的下游，从印度洋方向吹来的湿漉漉的海风的味道。接着，她看到寺庙那黑黝黝的屋脊，以及恒河那波光闪闪、忽明忽暗的浩瀚水流。

那三棵菩提树就长在寺庙的靠近恒河的这一边。这树既不高大，也不茂密，青色的斑驳树干上方，枝条像佛掌一样伸向天空。拳头大的叶片点缀在这些枝条上，给人一种舒朗的感觉。三棵树呈“一”字形站成一排，面对着塄坎下面的河流。

菩提树的花朵散发着异香。菩提树幽暗的阴影下，一位年轻的和尚正盘腿坐在那里。一袭黑衣将他的全身笼罩。从头到脚，甚至那因为日晒雨淋而变得赤褐的胳膊，也被这黑衣罩着。他只有两只眼睛露在外面，而这两只眼睛也是眼帘低垂、微闭着的。

他大约已经在这里坐了很久很久了，久到有一种地老天荒的感觉。菩提树叶，一片一片落下来，打在他的头上、肩上，然后落在地上。地面上落叶缤纷，好像要把这位年轻僧人深埋进去一样。年轻的和尚就这样在菩提树下打坐。他心念由粗变细，渐渐专注一境。没有风声，没有雨声，也没有那窸窸窣窣向他走近的衣服的摩擦声和他的母亲的脚步声。他多么的专注呀，用佛家的术语说，这叫“入定”。

“亲爱的孩子，是你吗？在这万籁俱寂的高贵的夜晚，倦鸟归巢，猛兽入林，黄牛在槽头半跪着磨着闲牙，大象在泥沼中打着呼噜安睡，就连大地和天空中奔走不停的万千魂灵，也都各寻安息之所。可是，孩子呀，你为什么还不回家，回到疼爱你的父母身边？莫非，有什么古怪的念头突然闯入你的心灵，盘踞你的心灵，从而令你感到了一种大痛苦吗？”

树底下的年轻和尚被这声音惊动了。他当初打坐时形同一截槁木，无知无觉，不摇不动，现在受到惊动，那槁木似乎被唤醒了，它动了一下，继而发出槁木所应当具有的那种声响。

“亲爱的母亲哪，恰恰相反，此刻的我，感受到一种大喜悦，大快乐，大自在，大自由。我的身心此刻正浸泡在一种从未有过的莫大幸福中，形同沐浴。刚才我正在和我不知道的远方世界交谈，我感到自己魂魄出窍，灵魂升腾，而自己的整个身心，正像一匹脱缰的野马，在无垠的大地和高远的天空，无拘无束地漫游！”

“亲爱的孩子，你忘了明天是个什么日子了，整个国家今晚都将处在一种激情中，彻夜难眠，为迎接明天那个重要日子的到来做着准备。而亲爱的孩子呀，作为家族明日的荣光，作为这个盛大日子的主角，我想，你现在是不是应该回去准备准备了！”

“可以不要那样的命运吗？——做宰相的命运！”

“不行，这是责任！你的责任！鸠摩家族的责任！”黑纱背后，是一个斩钉截铁的声音。

坐在菩提树下的青年和尚抖落掉身上的落叶，将头上蒙着的布也掀了下来。我们看到他确实是炎。

炎对母亲说：“这是责任，我明白，对天竺的责任，对菩提城的责任，对鸠摩家族的责任，因为自我出生那天起，我听到得最多的话就是这两个字了。但是母亲，命运为什么偏偏挑选了我去承担这件人生俗务呢？难道我不可以有另外的命运吗？我有许多的兄弟，这个家族有很多的男丁，他们都比我更优秀，他们都会驾轻就熟地做好它。难道仅仅因为我是长子，这件事就不可推卸地落到了我的头上了吗？求你了，母亲，放我一条生路，让我去干另外的事情吧！”

母亲揭开面纱，露出她满月一样的面庞。她有些惊讶地说：“儿子呀，你知道宰相的同义词是什么吗？除了责任以外，它还是光荣和鲜花，是尊贵和尊严，是一生都享用不尽的荣华富贵。亲爱的孩子呀，为了明天这个吉日，全城的女人们都穿上了自己最艳丽的衣裳，那些待字闺中的姑娘们正心怦怦跳着等待你的出现，又有多少男人在眼红你呀！孩子，难道你就情愿轻易地抛弃这一切吗？”

炎站起来，他轻轻地扶着母亲的肩膀，继而又牵着母亲的手，走到塄坎上，扶着菩提树，然后以忧伤的目光注视着脚下的恒河。

脚下的恒河仪态万方，风情万种地流过，烟波浩渺，往上看不到头，往下看不到尾。菩提城的灯光，有一部分映到了河里，于是那河水无限深邃，显出梦幻般的碎银子般的光亮。虽然已经是夜晚了，堤岸上仍然聚集着许多人。持家的女人，到河边来汲水，她们在河里汲满一罐子水以后，重新顶到头上，然后折身踏上那高高的石阶。菩提城的那些风情女人们正在洗澡，她们把自己脱得精光，整个身子都沉浸在这忘川之水中。她们试图用这河水洗涤掉自己既往的罪孽，既往的耻辱，成为一个良人。而在另一处，一个乞丐像一座活动着的垃圾堆，蜷缩在河岸临水的地方，他将在这里度过今夜。另有一个麻风病人也在洗澡，他发出阵阵悲哀的叫声，想借助这神奇之水恢复健康。

“亲爱的母亲，在河心那块突出的岩石之上，正高卧着一位高僧。那是我三岁走入寺庙时遇见的第一位老师。你看见他了吗？每天黄昏，他都会走出寺庙，顺着那高高的台阶，来到这河边，然后开始这日日必修的功课！”炎对母亲说。

顺着儿子手指所指的方向，母亲看见，恒河的河心，一块突兀的岩石上，一位高僧正在用手掌像刀子一样，向自己的胸膛砍去。胸膛劈开了，然后他从胸膛里掏出自己的肠肠肚肚，将它们漂在河里，轻轻地洗着、涮着、摆着，那情形，就像厨师在洗涤羊肠羊肚、牛肠牛肚一样。

“他在做什么呢？”母亲惊讶地问。

“他在洗涤自己，洗涤他前世的罪孽，洗净他在这一日所沾染的世间烟火，他渴望洗净自己的罪身，他希望有朝一日，抵达那大俊大美、大彻大悟的大觉悟之境！”

“一位得道高人！”

“是的，一位得道高人！”

母亲沉默了，儿子也沉默了。他们全神贯注地看着那位高僧在进行着他的功课。洗涤终于结束了，高僧将肠肠肚肚重新装入胸膛，拍一拍胸脯，摩挲一番，让胸膛重新完好如初。最后，他们目睹那高僧拾阶而上，走回寺庙，旋即被夜色中的寺庙所吞没。

“亲爱的母亲，也许当我出生在那个日月交替、阴阳更换的奇异时刻时，当你们将我的名字叫作‘炎’的那一刻起，我的命运就被注定了。我的这一生注定将要四海为家，四处流浪，我现在虽然是在和你说话，本身身子在这里，可是我的心已经在路上了。那是漂泊的命运，充满了坎坷，充满了不可知。这些我都知道，但是我没有办法，我仿佛已经被魔咒咒住了，我唯一能做的事情就是顺应它，听从远处那命定的召唤！”

“那么世界这么大，有许多条道路，每一条道路都通向不同的地方，我亲爱的孩子呀，你是想去哪里呢？你的一颗大悲悯的心，它是如何指示你、明示你的呢？”

这时，那轮又圆又大的月亮，突然跳跃了几下，出现在东北方葱岭那积雪的山巅上，霎时间满世界一片光明。

炎指着月亮，回答母亲说：

“我要到东方去，我要到葱岭的那一边去，我要到太阳和月亮每天升起的那个地方去。那神秘的东方是如此强烈地吸引着我。我不知道那终年积雪的冰峰的背后是什么所在，我想探个究竟。我将一直向东走，直到有一天倒毙在路旁为止！”

说完这些话，炎抿紧了嘴唇。

现在轮到母亲吃惊了。她后退了两步，以便把眼前这个男人看清。然后——然后这位母亲字斟句酌，说了一段天才的话。也许，只有宰相府的女人们，只有天竺那高贵的婆罗门家族的女人们，才能说出这样有教养、有见地的话。

母亲说：“我为你骄傲，亲爱的孩子！宰相会有很多个，在你之前会有，在你之后也会有，但是鸠摩炎只有一个。你是一个高人，一个负有特殊使命而来到人间的人。上天借我之腹生了你，这是对我的信赖，是我的光荣和骄傲。亲爱的孩子呀，既然你去意已决，那就远行吧！我支持你。如果这个世界上还有一个人支持你，那就是我，母亲的祝福会伴随你一生的。至于明天那个拜相仪式，至于未来宰相的人选，事情总会过去的，而宰相也总会有的！”

见母亲这样说，儿子受到了深深的感动。他跪下来，跪得很深，以至脸颊都贴到了母亲的脚面上。他就这样就势地吻了吻母亲的双脚。

在佛门的传说中，这种显贵人家的公子，削发为僧，离家出走的故事，比比皆是。佛祖释迦牟尼，他离家出走前就是净饭王子，人们说，释迦家族出了一位圣人（牟尼）了，所以他被尊称为释迦牟尼。而在后世，在中国唐朝的年代，一位高丽国的王子离家出走，从朝鲜半岛来到安徽九华山修行，圆寂三年之后肉身不坏，颜面如生，被认为是地藏菩萨的化身。

那是闲话。

此刻，母亲问儿子临行前还需不需要做一些旅途上的准备，比如说带一些盘缠，比如说带几身干净的衣服，比如说带上一打也就是十二双的麻葛鞋，以应付穿越葱岭时的冰大坂和陡峭岩石。

儿子说不必了，他其实从一出生，便开始做翻越葱岭的远行准备了。他说，一根锡杖，一个乞食钵，吃饭的问题就解决了。至于麻葛鞋，他不需要，他打赤脚就足够了。

为了强调它，炎在说话的时候，跺了跺自己赤着的双脚。他说：“父母给了我们两只脚，就是为了有一天用它来独步天下！”

在说完这些话以后，或者说，在这些话的余音还在母亲耳畔回响时，年轻的和尚已经匆匆站起来，稍稍整理了一下自己的衣服，然后转身飞也似的消失在苍茫的黑暗中了。

母亲孤孤地站在那里，强按住内心的疼痛，没有让眼泪掉下来。出于一种宰相家女人的骄傲和矜持，她没有撵上去，也没有使自己失态。不过她是多么希望，作为儿子的炎能够回过头来，向她做最后一眼告别。但是炎始终没有回头。

第七十七颗念珠

这样鸠摩炎开始在路上行走。他顺着恒河一直往它的上游走，当走到源头的时候，开始翻越高山，他从葱岭的一个垭口古道穿越，从而进入塔里木绿洲。在路旁的一棵高大的胡杨树下，这个苦行僧被龟兹王截获。国王请他担任龟兹国的宰相。

鸠摩炎听了，吃了一惊，他说：“你知道我是谁吗？”国王笑了，他说道：“亲爱的炎，你不知道，三年前你的那一次出逃，酿成了一场轩然大波，这件事传遍了世界的四面八方，从而给你带来了巨大的声誉。而在这三年里你风一样的行走中，你的名声也随你的走动，传遍了葱岭，传遍了西域三十六国。可以毫不夸张地说，每一个生长着菩提树的地方，都在传诵着你的名字。”

炎苦笑了。“这是我的命运吗？”他问自己。炎坚辞不受，国王说，我们今晚在王宫举行一次宫廷宴席，届时你将欣赏到著名的龟兹乐舞，也许，当宴会结束时，你会改变想法的！于是，是夜，龟兹王白纯在王宫举行了奢华的宫宴，宴会途中，当一位怀抱琵琶半遮面的美丽女子表演完节目，走到鸠摩炎跟前，腾出一只手，倏地掀下蒙在脸上的黑纱时，炎羞红了脸。他为自己的失态羞愧。这时，国王说，不好意思，这是我的妹妹耆婆，她的美貌和才学以及贤能，令其他各国王子为之心动。求婚的人都踏破了龟兹国宫廷的门槛。可是，她至今还待字闺中，这原因就是要等待你。亲爱的炎哪，你在成为我的宰相的同时，还将成为我的妹夫。

事已至此，鸠摩炎明白，拒绝已经无意义，他这一生，是注定逃脱不了这当宰相的命运了。于是他跪下来，接受和迎接这个命运。

婚后，耆婆为鸠摩炎宰相一共生了三个孩子，都是男孩。

当第一个孩子出世时，鸠摩炎说，这个孩子是为我亲爱的祖邦而生的。孩子长大后，让他回天竺吧，如果那里还需要治理国家的宰相，并且他也合适的话，就让他来承担责任吧！当第二个孩子出生时，鸠摩炎说，这个孩子是为我的第二故乡，我亲爱妻子的祖邦，我的尊贵的龟兹王的国家而生的。如果他长大以后，这个国家需要宰相，而他又是合适人选，那么就让他去承担责任吧！

当第三个孩子出生时，鸠摩炎说，将他的名字叫作鸠摩罗什吧。取你的名字的一半和我的名字的一半。这个孩子不是为世俗的社会所生，不是为衣食住行、柴米油盐所生，而是为我那未竟的理想而生。我的双脚已经被牢牢捆绑在大地上了，动弹不得，挪一步都很艰难，希望他不要这样。那根锡杖，那只乞食钵，我还一直留着，在一个旮旯放着。这是留给他的。让他拿着，有一天，踏上那通往遥远东方的道路吧！

据说，当鸠摩罗什还在母亲腹中时，他的光荣的母亲耆婆的身体，就出现过种种异象。耆婆突然通体异香，那是一种檀香的味道。她的光洁的前额的眉心，还出现了一颗胭脂红的大痣。而尤其令人惊奇的是，从前一句天竺语言也不会说的她，突然无师自通，在一次祈祷中，大庭广众之下开始大段大段地背诵那些经文，而到后来分娩以后，这语言她也就全部忘光了。史书记载中，说她分娩后则“遗忘无余”。

“你怀着的是一位非常之人，他的光辉将照亮东方！”一位从火州方向，大月氏国地面过来的托钵僧，扶着宫门，这样对这位怀孕的母亲说，“孩子出生以后，你要好好地监护他。如果这个孩子在三十五岁之前还不曾破戒的话，他将是一个圣人，将会大兴佛法，度万千众生。人们对他怀着怎样的期待都不算过分！”

这样，鸠摩罗什出生了，被佛门冠以“智慧子”称号的这个人物出生了。上天借助炎和耆婆，为这个世界打发来了一位启迪者。而这个启迪者注定此生将劫难连连。

鸠摩罗什七岁的时候，耆婆深恐这宫殿的富贵奢华会消磨掉他的意志，令他沉浸于安乐，于是她提出要带着孩子出家。她的这个想法遭到鸠摩炎宰相的阻拦。有一天，她领着孩子来到城外的一个荒冢上，看到白骨散落，荒草萋萋。“无常的生命呀，你之于人，是一个怎么样的故事呢？”面对着一颗旷野上的骷髅，这母子俩大放悲声。这时候耆婆出家的念头愈发坚定。回到龟兹国王宫后，耆婆七日滴水未进，人都气息奄奄了。没有办法，龟兹王只得同意妹妹带着孩子出家。

这样，年轻的母亲带着七岁的鸠摩罗什，开始在西域地面行走，从一个绿洲国家到另一个绿洲国家，从一座寺院到另一座寺院，访师高僧大德,拜谒名刹古寺。母子俩的足迹甚至抵达那遥远的巴比伦、波斯，也曾翻越葱岭，抵达那佛教的故乡天竺。

这母子俩游历到沙弥国的时候，一座寺庙的正殿里放着一口大钟。七岁的孩子，还是贪玩的年纪，他看见有一群孩子，正绕着那口大钟玩耍，童心动了，于是趋上前去，双手一抓，举起了这口大钟。他的举动把周围的孩子都吓坏了。“你才七岁呀，怎么能有这么大的神力呢？”孩子们吵道。鸠摩罗什也吓坏了，他说:“是的，我才七岁！七岁的孩子是无论如何不应该举起这口大钟的！”这样一想，当他想第二次举起这口大钟时，大钟便纹丝不动了。

“那是意志的力量。意志和信念有时候会超越你身体的极限而创造出奇迹！”耆婆在一旁鼓着掌说。

母子俩来到沙漠深处一片汪洋的旁边，这地方这时候叫蒲昌海。风尘仆仆的母子，是顺着孔雀河来到这里的。那孔雀河河口的水流还可以饮用，不是太咸。孩子拿出乞食钵来，澄一澄，舀出一钵水来。当要将水双手递给母亲的时候，他停住了。他注视着那一钵水，在此一刻说出了佛家那句著名的偈语。

这偈语就是“佛观一钵水，八万四千虫”。

是的，鸠摩罗什看见了在这中亚细亚的灼热阳光的照耀下，那小小的浅浅的一钵水中，拥拥挤挤，有八万四千条生命，或者更多一些。“八万四千”是一个大约的数目，在佛家的叙述习惯中，把“众多”“许多”“无限多”“恒河沙数一般的多”，通常用“八万四千”来形容。

“天开一眼，万事洞明！我的天眼开了，我看见了生命，我看见了生命之本相。它们拥拥挤挤地存在于这一钵水中，在进行着它们自己的生命故事！”鸠摩罗什说。

他还说：“我现在是明白了，七岁时看到的那个旷野上的骷髅所昭示给我的意义了。你们不必问这骷髅是乞丐的，还是强盗的，是战败的士兵的，还是得胜的将军的，是风华绝代的美女的，还是卑贱堕落的妓女的，是行走江湖的僧人的，还是位显身尊的国王的。问这个没有任何意义。那只是一个走完宿命过程的生命。无所谓喜，无所谓悲，无所谓遗臭万年，无所谓永垂流芳，宛如眼前这个沧海桑田、山谷为陵的蒲昌海一样！”

说完这些话，孩子热泪盈眶。年轻的母亲卷起袖子为孩子揩去了脸上的泪花。

小小鸠摩罗什的这些话，令我们有毛骨悚然的一种惊悚感，令我们想起在他之前大约一千年，那个中国圣哲庄子面对一个骷髅时同样的思考和同样的话语。这也就叫我们明白了，儒释道三家能够彼此相容，能够天衣无缝地糅合在一起，成为中国人的头顶上三尺的敬畏神明，说明它们在对宇宙的探究和解释上，在很多地方是相通的。

记得庄子那次是乘着马车前往楚国的，他发现了路旁草丛中的那颗骷髅，他跳下车，用马鞭敲打着这颗骷髅，要和它对话，言犹未尽，于是他将骷髅抱上马车，晚上在驿站里睡觉的时候，他将骷髅当枕头枕在头下，然后继续对话。

一轮西沉的太阳，正停驻在罗布泊西边龙城雅丹那斑驳而苍凉的顶端。龙城雅丹在暮色中，像高耸的城墙，像巍峨的城楼，像一地倒卧在侧的骆驼。要不了多久，鸠摩罗什将要穿越它而踏上东土，也许，这时的他已经预感到了什么。

母子俩向这沙漠里的一钵水告别，然后，逆孔雀河西去楼兰。在楼兰城里，发生了一件事情，他们的行囊被人偷走了。后来，小偷被抓住了，按照楼兰国的刑法，小偷的双手将要被砍断。（高僧法显、高僧玄奘在他们流连天竺的日子里，也见过这样的刑法，他们在自己的书中亦有所记述。）当刽子手举起刀子的时候，鸠摩罗什拽住了他的衣袖。“不要砍断他的双手吧！砍断了，就不能再生了！”他说。

刽子手说：“他是一个坏人！他辱没了我们楼兰国的光荣！”鸠摩罗什说：“世界上有坏人吗？没有的！那些通常意义上我们所认为的坏人，他们其实只是些偶尔犯错的好人！给他一个机会吧，朋友，他那双手还要用来养家糊口呢！”

刽子手不同意，他问：“如果将他放走以后，他还要继续行窃，那又该怎么办呢？”鸠摩罗什回答：“那就让他继续行窃好了！那是他的需要！大约从他的角度考虑，这是他所能从事的最适合于他的职业。只要他那肮脏的手不再伸向那些穷人的口袋，我们就睁一只眼，闭一只眼，让他过去算了！”

“当小偷也算职业吗？”

“是的，是一种职业。是一种与人类本身一样古老的职业。这情形，就宛如妓女这职业之于妇女一样，它是与人类一起诞生的，它是牢牢地附着在人类自身的一样东西，无所谓好，亦无所谓坏，它仅仅是一种存在！”

既然事主都已经这样说话了，刽子手只好放下他手中的屠刀，将小偷放走。那小偷满面羞惭地走了。他表示自己得另外寻找一种谋生手段了。他觉得鸠摩罗什的话语比刽子手砍他一刀，还要来得更为沉重一些。

随后这一对母子就离开了楼兰城，继续着他们的行程。

第七十八颗念珠

鸠摩罗什七岁时离开龟兹国，到十二岁时被召唤回来。他的行走用了六年。在这六年的行走中，鸠摩罗什一天天地长大了，见风就长，一日三丈。他已经像他的母亲耆婆一样高了。他的智慧则比身高增长得更快。他高高的前额，鼻梁坚挺，眼目深邃，眉目炭黑。他的肤色不像耆婆那么白，也不像鸠摩炎那么黑，而是适中。

行走间，脚下的道路把他们带到了一座赭红色的山岗面前。那是一座险峻的高山，雪松沉默地兀立着，苍鹰在山腰间的洞穴里栖息。哦，这样的山岗是为这样的雄鹰准备的吗？或者换言之，这样的雄鹰正适宜在这样的山岗栖息呀！

在雄鹰栖息的地方，在青松遮掩的地方，一群石匠正挥舞着錾子在红色的山岩上凿着什么。“你们在做什么呢？亲爱的朋友！”耆婆趋上前去，以手捧心，向这些石匠们致意！“女施主，我们在凿石窟。我们要把自己的信仰，自己的敬畏凿在这石崖之上，一为满足我们自己的情感寄托，二则是为了永远地启迪后人！”

“让我加入你们的行列吧，高贵的人们！”耆婆热烈地说。她说：“我会为你们提供许多的图样，在我这些年来风一样的行走中，那些佛家的经典和传说已经变成人物的图形，盘踞在我的心中，幻化在我的脑海里，它们急切地想要跑出来展现自己。让我们用石头刻雕像，用泥巴塑雕像，来表达这一切吧！如果不把它们从我的心中驱赶出来，我也许将会憋闷至死的！”

耆婆继续说：“我们要塑一千尊佛在这里。这个佛窟光荣的名字将叫克孜尔千佛洞。后世的人们将从四面八方，不远万里前来瞻仰它，祭拜它，在它面前求得心的宁静。让我们从佛祖释迦牟尼开始，在石头上勒画出他的投胎、降生、成长、出家、成道、说法、涅槃，以及涅槃后众弟子的结集。菩萨五百身——五百次的转世才修炼成佛，他的每一次转世的化身都应当刻在石头上，勒石以铭！”

耆婆还说：“我们还要将那些佛家的经典也转化为图形。另外，那些还没有成书，但是已经在西域地面广泛流传的佛家本生故事，也画成图样，刻到石头上去！”

耆婆说的每一段话都得到了石匠们的齐声喝彩。石匠们说，是佛的指引，让耆婆来到了这个人迹罕至的地方，其实他们每天劳作的时候，目光都瞅着那山前的小路，他们明白佛祖不会忘记他们的，他一定会打发一位使者来的。

耆婆决定留下来做这些石匠的助手和帮工，与他们一起完成这项伟大的工程。这工程是如此的浩大，大约需要几百年的时间才能完成，但是耆婆和石匠们，决心把自己这一时期的工作完成好。

“亲爱的孩子，你已经十二岁了，你该回去为自己的祖邦服务了。我带着你已经像鸟儿一样，在这天地间飞翔得太久了。现在你得回到地面去，回到世俗的世界中去了！”母亲这样对孩子说。

耆婆继续对鸠摩罗什说：“我们亲爱的祖邦龟兹国，现在信奉的还是小乘，你需要去启迪他们，将一个更空阔的大千世界，更深邃的心灵空间指给他们看。我已经预见到了，你将显赫，你将兴隆，整个世界都将会传诵你光荣的名字。但是，亲爱的儿子呀，你必须有所准备，龟兹国的国运，很快就会衰微了。”

“它会衰微吗？为什么？还有，它会衰微到何种程度呢？”

“它会遭遇到血光之灾！覆巢之下，安有完卵？个中的原因，也许是你。当然，也许并不是单单因为你！”

“不可改变吗？”

“天意不可违，一切皆有定数。不可改变的，那是大势，那是宿命！”

孩子沉默了。

鸠摩罗什向他的母亲告别。他明白，他的人生才刚刚开始，前面还有许多事情在等待着他，他脱离世俗、脱离责任的时间太久了。也许那一刻他已经预感到，这是和母亲的诀别，他希望母亲能送他几句临别赠言。

耆婆想了想说：“你见过池中莲花吗？佛陀的法座就是用这莲花瓣组成的。莲花生在淤泥中，但是它一尘不染，清者自清，洁者自洁。亲爱的孩子呀，无论此生你遇到怎样的劫难，经历怎样的逆境，命运之手无论把你抛向哪里，令你置于何种险境，你都要永远守住自己。”

“谢谢您，亲爱的母亲！”

第七十九颗念珠

鸠摩罗什独自一人回到了龟兹城。

这座绿洲城市伸出双臂欢迎它的阔别六年的游子归来。在这六年中，鸠摩罗什母子的消息，靠那条条道路上络绎不绝的商贾队伍添油加醋地传来，众口滔滔，因此，从国王到宰相，再到满城百姓，大家都对他们的行踪了如指掌，对鸠摩罗什那日渐隆起的声誉深感荣耀。

鸠摩罗什向父亲报告了母亲已经正式削发为尼，成为克孜尔千佛洞一名修建者的消息，这消息引起鸠摩炎宰相深深的叹息。他接着谈到了这些年游历岁月中对佛法的所学和所悟，并且将大乘佛法的精髓之处择其大要向父亲做了介绍。

鸠摩炎宰相也是个有慧根的人，也曾经行走在路上。此一刻，在儿子的讲述中，他平日那被人生俗务所遮掩的眼睛放出光来。“大乘佛法必将大放光芒，福泽天下，度万千生灵脱离人生苦海！”说完，他领着鸠摩罗什去见国王。

弘扬大乘佛法其实也是国王所想的。龟兹国的旁边有个于阗国，那里大乘佛法早已深入人心，于阗国也已经成为佛国，成为西域地面的佛教中心。如今听了鸠摩罗什的讲述，又听了宰相在一旁的鼓动，龟兹王白纯说：“即日颁发诏令，龟兹国自此开始，尊大乘佛法为国家宗教，务必全民信仰。另者，用我龟兹国一年的赋税打造一把黄金狮子法座，请我的外甥鸠摩罗什在法座上，弘法天下，教化百姓。”

第二日，告示贴出，满城轰动。

这样，大乘佛法得以在龟兹国确立。那黄金狮子法座打造出来以后，就在龟兹城最高的建筑物佛塔之下摆放。鸠摩罗什高僧坐在法座上开始弘法。城中百姓闻之如醍醐灌顶，接着便把心得口口相传，广播四方。于是乎，西域三十六国不断地涌来听经的信众。到最后，连国王们都惊动了。他们想目睹这位鸠摩罗什高僧的风采，想亲耳聆听他讲述生命的意义和治国的方略，告诉他们大乘佛法为人间所展现出来的种种瑰丽图景。

君王们的到来可不是一件简单的事情，需要许许多多琐碎的礼节和无休无止的应酬，于是龟兹王决定，每年设一次会期，举行一次行像法会，法会上专门设一个道场，请西域诸王集中前来，听鸠摩罗什讲经说法。

讲经说法的那一天成为龟兹城的节日。三十六国诸王云集在黄金狮子法座下侧，长跪在地，让鸠摩罗什高僧踩着他们的脊背，踏上法座。

在鸠摩罗什坐在黄金狮子法座上讲经的十年中，不断地有西域地面上的各路高僧前来龟兹与鸠摩罗什论辩。他们大多是那些小乘佛法的遗老遗少，其中还包括不少鸠摩罗什当年游历时，前往那些名刹大寺中拜谒过、认过师父的方丈住持们。鸠摩罗什的声誉，甚至已经越过葱岭，传扬到天竺地面，那里也有不少高僧，翻过山，来到龟兹国与鸠摩罗什论辩。这些来自天竺的高僧，甚至还有菩提伽耶城的寺庙中，那位鸠摩炎的师父，那个日日在恒河边洗礼的高僧。

这些来挑战的高僧中，名头最大的一位叫盘头达多。他自遥远的罽宾国（在今天的巴基斯坦境内）而来，来找龟兹国问罪，来找鸠摩罗什问罪。这位高僧是信仰小乘佛教的人，他还是鸠摩罗什的启蒙老师，当年耆婆带着小鸠摩罗什，曾在他住持的寺院里，正式拜过师，接受过他的灌顶仪式。

龟兹王问盘头达多："高僧，你为什么从遥远的地方，光临本国？"

盘头达多说："一来听说我的弟子鸠摩罗什有非凡的体悟，二来听说大王你极力弘扬佛法，所以贫僧跋山涉水，日夜兼程，专程赶到贵国！"

鸠摩罗什见到师父，非常喜悦。他将自己的觉悟告诉师父，希望得到师父的指点。盘头达多问道："徒儿呀，你崇尚大乘的经典，是否曾见过什么妙义？"鸠摩罗什回答："与小乘相比，大乘的道理比较深奥，阐述我空、法空的真正空义。而小乘佛法则偏于局部的真理，其间有许多的缺失！"

盘头达多说道："你认为一切法皆空，这种想法非常之可怕呀！哪有舍离'有法'而爱好'空义'的呢？"

师徒二人就在这狮子法座之前，展开了一场长达一个多月的舌辩，这场舌辩惊动了满城的百姓，后来连龟兹王、鸠摩宰相也都来了。

一个多月中，鸠摩罗什展露舌辩之才，将那个大乘妙义连类比喻，娓娓道来，终于说服了盘头达多。

盘头达多信服了。他赞叹道："师父未能通达的东西徒弟做到了。蛋在教训鸡，这句古话在今天得到了证实！"

在拄起拐杖就要离开龟兹城的时候，盘头达多来向鸠摩罗什顶礼告别。他说："我是你的小乘师父，你是我的大乘师父！"还说："这根拐杖原来准备打你用的，现在不打了，我仍然拄着这根拐杖回去！"告别了，高僧盘头达多，谦恭地低着头，目光瞅着鸠摩罗什的足尖，倒退着一步步走出城去。

就在这一年，龟兹王正式诏告天下，拜鸠摩罗什为龟兹国国师。这一刻，龟兹城的这个绿洲中的弹丸小国成为西域的佛教中心，年仅二十一岁的鸠摩罗什成为公认的西域第一高僧。

而几乎就在同一刻，遥远的东方的长安城中，前秦皇帝苻坚做了一个梦，梦见一位胡貌番相的高僧，身披黄金袈裟，安坐在一座黄金狮子法座上，正在讲经。口吐莲花，语惊四座，天地闻之为之动容，鸟兽虫鱼闻之都欣喜若狂。

第八十颗念珠

正像汉武帝梦见天马，从而发动汗血马战争一样，正像汉明帝梦见金人，从而从西域地面请来两位高僧，白马驮经，在洛阳城修建白马寺一样，此一刻的前秦皇帝苻坚，梦见了鸠摩罗什，于是发动了一场争夺鸠摩罗什的战争。历史有时候很有趣，那么重要、沉重和残酷的一件事情，故意用了一场轻描淡写的“周公托梦”而说出，而付诸实施。

是的，苻坚做了一个梦，梦见身披袈裟、口吐莲花、端坐在黄金狮子法座上诵经说法的鸠摩罗什，顿生敬仰之心，他决心要找到这位高僧，请到长安城来做他前秦国的国师。

苻坚将梦中所见，请宫廷画师画成图像，然后将这图像在长安市井之中，在通往西域的各个关隘上，广为张贴，等人揭榜。丝绸之路上过往的客商络绎不绝，有好事者见了，击掌说，这不正是那西域第一高僧、龟兹国国师、声名四起的鸠摩罗什法师吗？遂揭了诏告，前往长安城去领赏。这样苻坚知道这高僧是谁了。

苻坚遂令驻守在嘉峪关的前秦大将、号称三河王的吕光出使龟兹国，以重金相借鸠摩罗什。龟兹王说：“大秦需要国师，龟兹国也需要国师。夺人之爱，这不是君子做法！我这龟兹城中有的是宝物，他要什么我都舍得，只是这国之大宝鸠摩罗什坚决不予！劳请将军转告大秦王，让他断了这个念头吧！”

吕光乃一介武夫，于是暴怒道：“待我回去禀报我主，铁骑三万来荡平你这弹丸小城，夺那鸠摩罗什高僧东去，到时候恐怕你悔之晚矣！”

龟兹王亦不示弱，回应道：“悉听尊便！”

吕光悻悻地走了以后，鸠摩宰相泪流满面，执着龟兹王的手说：“王呀，龟兹国将有大难，我已经有心惊肉跳的感觉了，不如将鸠摩罗什交给他们，以求自保！”

龟兹王并不理会。西域其他各国听说这事，觉得鸠摩罗什也是他们自己的，于是纷纷派兵来龟兹。一时龟兹城外，三十六国兵力相加，号称有七十万之众。龟兹王见有这么庞大的一支队伍壮胆，更不理会宰相的话了。

贤明的鸠摩炎宰相在地上长跪不起，欲劝阻龟兹王。龟兹王袖子一甩，自顾自走了。鸠摩炎宰相从地上爬起来，泣道："龟兹国月圆而亏，花盛而衰，很快就面临血光之灾了。我是宰相，一要感恩——感龟兹王拜我为相之恩，二要承担——承担这个国家，承担满城百姓。从此以后，我所能做的事情，就是战乱中保护我的百姓了！"

宰相说完，拖着步子，布置守城事宜去了。

绿洲弹丸小国龟兹城，哪是虎狼前秦的对手?！正如史书和典籍中以惋惜的口吻所说到的那样，在一个月黑风高之夜，龟兹城为吕光所破，兴隆一时的这个西域佛教中心就此衰微。吕光以一支轻骑，绕过西域诸国的所谓七十万大军，直捣城池。那七十万大军其实都是些乌合之众，哪里见过这么大的战事，见吕光来势凶猛，纷纷让路，以求自保。后来见龟兹城火光冲天，知道城池已破，于是站在高丘上，观望一阵后，嗟叹一声班师回朝，向自己的王复命去了。

龟兹城被破，龟兹王被杀，随同他一起遭到杀戮的还有城中的许多百姓，其中包括鸠摩炎宰相的二儿子。记得当年生下这个儿子时，炎曾经说过，这个儿子是为龟兹国而生的，他将要为龟兹国服务。宰相的预言实现了，这个儿子在保卫城池中丧命，为他的祖邦服务到了最后一刻。

宰相和耆婆所生的大儿子，被从克孜尔千佛洞下山赶来的耆婆接走。山上的耆婆突然之间心惊肉跳，她掐指一算，明白龟兹城已破，想起她丈夫鸠摩炎宰相当年的话，要让这个大儿子返回天竺，去为他父亲的祖邦服务，于是她星夜下山，赶到龟兹城，刀光剑影之间，救出大儿子，而后领着他翻越葱岭，回到菩提伽耶。

回到菩提伽耶之后，这个叫作耆婆的神奇女人，从此人间蒸发，杳无音信。只留下那风一样行走的倩影，留下她曾经开凿的石窟，留下那种种动人的不可思议的传说，长久地在西域地面流传。

按照推测，她回到菩提伽耶后的落脚之地，应该是一座庙宇。我们记得，高僧法显在他的《佛国记》中，曾经说到来到菩提伽耶城外那片树林，那座石窟，那佛祖成道的菩提树下的情景。他说，那地方有两座庙宇，一座住着比丘，一座住着比丘尼，各有五百之众。他还说，自己曾在那里歇息过一晚，第二天才赶回城里。

法显赶到那里过夜的时间，当是在龟兹城被破二十年之后。我们知道，龟兹城为吕光所破，吕光曾在龟兹城驻扎两到三年，而后启程，又在河西走廊的凉州城勾留十七年，最后，后秦姚兴破了凉州城，劫持鸠摩罗什高僧到长安，于公元401年抵达。

而法显是公元399年启程开始他的伟大行旅的。这样，法显与这位神奇的女人，在菩提伽耶相遇的可能性极大。也许，当法显前往挂单，叩响那寺院的山门时，其毗邻的比丘尼院里，那耆婆正以手扶树，笑吟吟地望着他。可惜法显眼拙，肉眼凡胎，没有能看到这一幕。当然用佛家的话说，也是没有这个缘分吧！

而在吕光破城以后，鸠摩炎宰相的生死，史书上从此再也没有了记载。

第八十一颗念珠

不过史书上却以不小的篇幅，来讲述在龟兹城中，吕光如何强迫鸠摩罗什骑上恶牛、恶马，在城中街道行走的情况。吕光对这位高僧的羞辱还不止于此，据传在一次宫廷的宴会上，他设计灌醉了鸠摩罗什和龟兹王的女儿，然后将他们置于一室，这样诱使这位高僧破了戒。

鸠摩罗什高僧第一次被押解到吕光跟前时，他一袭袈裟掩饰不住的光华，他的无限从容和不卑不亢，立即叫吕光感觉到了自己的猥琐。他在那一刻百妒交集，万恨俱生。他让人将鸠摩罗什坐过的那把黄金狮子法座，在炉里熔化，然后用这黄金，给他的三万名西征的士兵，每人镶了一颗金牙。

后来，又挑选了龟兹城中最恶的一头牛，让鸠摩罗什骑上，跟着他在龟兹城中的街道上行走。恶牛的脊梁像刀一样锋利，鸠摩罗什的裆部被磨出血，血一滴滴地滴在街道上的青石板上。他又找了一匹城中最恶的马，让鸠摩罗什骑上，然后飞起一鞭，恶马于是跑向了戈壁滩，在穿过沙枣林，穿过芨芨草以后，来到一片沼泽地边，来个就地十八滚。鸠摩罗什被重重地摔了下来，吕光则站在一个沙丘上，大笑连连。

吕光就这样对高僧玩着这种“猫捉老鼠”的游戏，以此取乐，以此打击和折磨高僧那颗高贵的心。当这些打击和折磨都不能奏效，鸠摩罗什依旧举止有度、不卑不亢时，终于，三河王吕光，知道该怎么用最狠的一招，来打击他了。

传说那是一场龟兹国王宫举行的晚宴，过去这晚宴的主人会是龟兹王，现在我们知道，是三河王吕光了。晚宴上有两位特殊的人物，一位是高僧鸠摩罗什，另一位我们还未见过，那是鸠摩罗什的美丽、忧郁、高贵的表妹，已故的龟兹王的女儿。

那王女高贵地坐在那里，礼节周至但是沉默不语。自从城被攻破，父王遇难以后，她就一直躲在深宫里，不愿再见任何人。但是今天，在吕光的淫威下，她不得不出来应酬一下。况且，她也想见一见自己的表兄鸠摩罗什。他们自幼一起玩耍，她对这位表兄崇拜有加。

他们在那个晚宴上喝了许多酒，直到喝得不省人事。为什么喝了那么多的酒呢？这事谁也想不明白。宿命吧，天意吧，或者是那吕光的蓄意安排。总之，当第二天早上鸠摩罗什醒来的时候，他发现自己和表妹被关在一间陈设得异常奢侈的密室里。他们赤身裸体地相拥在一起。“我犯了奸淫之罪！我在亵渎佛祖！我破戒了！”鸠摩罗什捂着自己的脸哭起来。这个高傲的人，高贵的人，终于被这致命的一击，彻底击倒了。

鸠摩罗什穿好衣服，在卧榻前跪下来，他双手合十，祈祷道：

“佛祖释迦牟尼，凭着你的光荣，我皈依你圣洁的教义，恪守清规，我每日每时都在远避罪过，你的一切经文中的每一个字眼都在我心中回响着。我将享受着你的恩宠，向地上众生去光大你的教义。但是啊，佛祖，也许是我的罪孽太深重了吧，我无法提着自己的头发上天，我的双脚被污泥沉重地拖住。请指示，难道我应当还俗，再回到这世俗的混浊的罪恶的世界上去吗？”

这时密室的门外，传来了哈哈大笑声。

那是吕光。他这天晚上一直在门外等候，此一刻，他胜利了。

吕光以胜利者的口吻说："是的，高僧，请还俗！请除去你的黄金袈裟还俗！你的道行已经败坏，你已经破戒。不管你承认不承认，你已经从天上掉下来，回到人间，成了一个与我一样的凡人。这一切都是我的安排。事实上你已经和王女成亲，那昨晚龟兹国王宫中的晚宴，其实正是本王为你们的婚礼而举行的庆典！"

原来，自恶牛、恶马的事情以后，吕光见鸠摩罗什那高傲的头颅仍然挺立着，不肯向他就范，他不明白这和尚心中那钢铁般的定力是从哪来的。这时候，他听到一个龟兹城传说，人们说，当年耆婆怀胎的时候，曾经有一个云游僧见到公主额头上那颗红痣后，惊骇道："如果这个孩子在三十五岁之前还不曾破戒的话，他将是一个圣人，将会大兴佛法，度万千众生。人们对他怀着怎样的期待都不算过分！"

吕光听了这个传说后，笑了笑。他开始酝酿他的阴谋。他已经找到从精神上打击这位高僧的最好办法了。

三河王吕光的计谋得逞了。他很得意，他离开了密室的门口。接下来他要做的事情，是在龟兹城的大街小巷里广贴告示，将鸠摩罗什与王女成亲的消息周知四方。他明白，这个打击将是致命的，那昔日笼罩在高僧头上的光环将被卸去，他的行径将为龟兹城百姓所不齿！

"你在渎佛！"鸠摩罗什在密室里叫道。

吕光哈哈大笑，他不屑于回答，自顾自走了。

"我破了戒，我将接受天刑的处罚！"鸠摩罗什长叹一声道。

这时，王女已经穿好衣服。清晨的阳光从密室的顶端那个天窗照进来，照在王女的脸上。她的脸上依旧端庄明媚，依旧闪动着庄严的姿态，依旧保持着一个龟兹国王女的风度。

她伸出衣袖揩了揩高僧脸颊上的泪花，说道：

“我光荣的表兄，大智的僧人，这是宿命，让我们平心静气地接受它！你将依旧崇高，你将永远是一朵出淤泥而不染的莲花。既然东方在召唤你，那么就顺应命运，向东走吧，拿起鸠摩宰相当年留给你的乞食钵和锡杖，带着你的苦难身躯，拖着你的沉重步履，还有一个我，你的忠实的妻子，咱们上路吧，去长安城！”

第八十二颗念珠

这样，在龟兹城被攻破整整两年之后，吕光班师，押解着鸠摩罗什高僧上路。他们将沿着丝绸之路南路，也就是塔里木河河谷，一路向东北而行，行到敦煌、阳关，然后进入河西走廊，然后径直翻越陇东高原，直指长安城。

在一个太阳喷薄而出的西域早晨，鸠摩罗什高僧骑着一匹高大的白马，向着太阳升起的方向走去。起初，他是被捆在马上的，防止他逃脱，后来，吕光见他没有逃脱的意思，况且这四周漫漫荒原也令他难以逃脱，于是解开了他的手脚。

说话间，吕光大军押着鸠摩罗什，完成了塔克拉玛干沙漠的穿越。在那块寂寞凄凉且又危机四伏的荒原上，他们遇到过许多的事情。史籍告诉我们，有一天晚上，大军在一个旧的河道上扎营的时候，高僧说，改个地方扎营吧，最好将营帐扎在那沙丘上，或者这古河道的堤岸上。吕光对鸠摩罗什的建议不屑一顾，到了半夜，果然大雨滂沱，山洪暴发，白茫茫的河水霎时间将古河道填满。那水有几丈深，在河谷扎营的将士死伤了数千人。鸠摩罗什的神异让吕光有

可以毫不夸口
地說，天下流傳
的經書，十中
有八是我翻
譯的。如果我的
譯經符合原經
旨意的話，火化
時舌頭不焦，
非但不焦，且有
蓮花從口中吐出。
一鳩摩羅什
高建群

行者無疆
高建群

一片白雲遮不住
滿山紅葉盡為僧

且坐且大
高建羣乙未西安

些叹服了。

又有一次，队伍在那蒲昌海岸边有名的白龙堆雅丹歇息。这一日黎明，当朝阳从敦煌那个方向，从阿尔金山那个垭口喷薄而出时，突然雅丹地面变成了一片赭红色。那红色一闪一闪，像大水漫滩一样包围了他们的营地。看到这一幕，吕光的脸吓白了。这不动声色地向他们包抄而来的就是那传说中的食人蚁，看来，他的三万名士兵这次是在劫难逃了。

食人蚁通体是赭红色的，拖着一个大肚子行走。它们个头虽然不大，仅仅比普通的蚂蚁大一点，但是长着两排吃钢咬铁的牙齿，况且它们数量众多，排山倒海，凡是扫荡过的地面，片甲不留，那情形，那惨状，就像被一场大洪水荡涤过一样。

所有的士兵都惊骇了，号啕大哭。他们这时候唯一能做的事情是束手待毙，因为根本无法逃脱。受到士兵的感染，那些战马、骆驼、驮着辎重的驮牛，也都知道大难临头，在劫难逃了，纷纷四条腿跪下来，发出哀鸣之声。

这时候，只有一个人安之若素，像没有事儿一样在一个雅丹的高丘上燃起一炷香。这个人是鸠摩罗什高僧。每天早晨醒来之后，他要做的第一件功课是为佛祖燃上一炷香，日日如此，而此刻，他正在这样做。

三河王吕光爬上雅丹，跪倒在高僧的面前。他说："尊敬的高僧，大德之人，请原谅这一介武夫昔日的渎佛行为吧！我现在是知道了，报应是有的，该来的迟早得来，该还的迟早得还，今天早上这个跨不过去的坎儿，就是一个报应，一个惩罚。尊敬的高僧，人说菩萨都有一副慈悲心肠，你就发发慈悲，救救这三万名兄弟吧！"

鸠摩罗什在进行着他的功课，他头也不抬地说："愚钝的人们哪，你们好自为之吧！头顶三尺有神明，现在你们该知道了吧！你们有你们的命运，而我，有我的命运！”

三河王长跪不起。他说：“我愿意接受师父的点化，我愿意皈依！”

鸠摩罗什听了，站起来，拍了拍袈裟上的土，叫了声：“放下屠刀，立地成佛！”而后走过来，扶起跪在地上的吕光。

他说：“那座黄金狮子法座，是圣洁之物。成物不可破坏，你却将它熔化了，给三万名士兵每人口中镶了一颗牙齿。那食人蚁，它们就是奔着这牙齿过来的。当食人蚁过来时，告诉士兵，将金牙卸掉，扔到沙丘里去吧，还给佛祖，重新归于尘土。让士兵们待在各自的帐篷里，不要出来，让他们燃一炷檀香，那些食人蚁闻见檀香味，就会绕开这顶帐篷的。如果行囊里没有檀香，就让他们祈祷吧，口里念着经文，心里想着佛祖。若有些士兵，手里既没有香火可燃，又不信佛，那就只好由着他们去了，而我也爱莫能助了！”

高僧说完，不再说话。他在那高高的雅丹上开始打坐，口中念念有词，面色冷峻庄严。吕光得到启示，稍觉心安，不过对高僧的话，还是半信半疑。他传令下来，让士兵们快伸手去抠掉嘴里的金牙，将它们扔掉，然后燃起香火祈祷。

食人蚁像一场大洪水一样，在白龙堆雅丹上洗涤扫荡了一遍。“大水”过后，那雅丹上是一副惨不忍睹的景象。地上布满了白骨，这些白骨是人的，马的，骆驼的，牛的。白骨被啃得干干净净，一丝肉末儿都不见了。而那些骷髅里，仍有那通红的食人蚁挺着大肚子，从骷髅的鼻子、嘴巴、眼睛、耳朵那些黑窟窿里钻出来。它们是贪恋那些脑浆，而现在，它们一边打着饱嗝，一边回味着，从七窍中爬出。

大地被洗劫一空。唯一留下的是那些冷兵器，它们是钢铁，食人蚁啃不动它们。

吕光走出了帐篷，他还活着。他能够活着，是因为刚才照鸠摩罗什高僧的诏谕做了。此刻他走出帐篷，看见四野一片狼藉，又看到那高高的雅丹上，鸠摩高僧依然端坐在那里，好像正在与上苍通灵，一副灵魂出窍的模样，一种泰山崩于前而面不改色的平静，吕光的心里才稍微踏实一点。

“清净为天下正，守住自己，百毒不侵！”鸠摩罗什看了吕光一眼，这样说。

还有很多照鸠摩罗什的诏谕去做的士兵，九死而一生，活了下来。吕光收拾残部，队伍翻过蒲昌海北岸一个叫龟背山的圆形石山，继续向东走。

十五天以后，他们赶到了敦煌绿洲。

敦煌处在一片大沙漠之中。一片可怜的绿洲，一条小河，一溜儿黑色岩石顺着河沟漫延了几十里长。而那河沟的上方，就是大沙漠。大沙漠的中央，是一眼著名的泉子，名叫月牙泉。

鸠摩罗什高僧骑着那匹白马，在穿越塔克拉玛干沙漠这近一年的行程中，累倒了。瘦骨嶙峋，饥渴难耐的马儿，看见这泉水以后，头塞了进去，拽也拽不起。马喝了一肚子泉水后，就再也没有能站起来。

出于对高僧的敬意，士兵们，还有当地那些零星居住的土著们，葬埋了这匹马，并且在马的坟冢上修起了一座木塔，又在木塔旁边修起了一座寺院。这塔就叫白马塔，这寺院就叫白马寺。

一起参与修筑佛塔，修筑寺院的，还有那些为数不多的正在河沟的黑色岩石上修凿佛龛的几位僧人。敦煌莫高窟曾经出土过一件断头碑，那断头碑的碑文上说，那第一个在这河沟修凿佛龛的沙门，名叫乐僔，他行脚到这里，仰头望去，忽见金光，状有千佛，于是乎便在这里造窟一龛。那首造敦煌莫高窟的时间是前秦建元二年，也就是公元366年。这沙门乐僔大约是从西面来的。紧接着，从东面又来了一位僧人，“佛龛碑”上称他为法良禅师，他来到这里，见这里僔师正在修凿佛龛，于是在这佛龛旁边，再造一窟。碑文说，敦煌莫高窟，伽蓝之起，滥觞于此二僧。

鸠摩罗什是公元401年抵达长安城的。而在此之前，他在凉州城被吕光拘禁，羁留十七年，这样算来，他抵达敦煌莫高窟的时间，应当是公元380年左右。乐僔是公元366年在这里开始营造的，鸠摩罗什是在他营造的第十四年之际抵达的。因此，鸠摩高僧与营造敦煌第一人乐僔法师，第二人法良禅师，大约会在这里碰面的。因为营造一座佛窟需要漫长的时间。

那么鸠摩罗什高僧，大约会是第三个营造佛窟的僧人。当这白马塔、白马寺修成以后，人们兴犹未尽，出于一种对佛教的虔诚和敬畏，人们决心继续工作，顺着这条河谷形成的绵延数十里的山崖，建造佛窟。其情形，诚如当年耆婆在龟兹城那个奇异的山崖上建造克孜尔千佛洞一样。

鸠摩罗什他们建造的，是哪一座佛窟，我们已经无从知道了。是释迦牟尼佛祖在菩提树下讲道，然后展现神迹，令身后的菩提树从中突然出现一座恢宏的七级浮屠的那一座吗？或者是一位高僧在恒河的水边洗礼的那座？或者是有着反弹琵琶的飞天形象的那座？或者是长着花脸亦人亦猴的那座？这些，我们都不知道。上面谈到的那些佛窟如今都在，只是，谁是凿建者，谁是供养人，往事如烟，现在我们都已经无从知道了。

而法显高僧，按时间推算，他应当是在离开长安城的第三个年头，也就是公元401年，抵达敦煌的。他于公元399年从长安城大石室寺出发，在金州城完成了第一次的“夏坐”，接着又绕道西宁，第二年到达凉州，在那里完成第二次的“夏坐”，然后第三个年头抵达敦煌。而此刻，鸠摩罗什已经抵达长安，正在长安城南门的城楼上，接受后秦皇帝姚兴的接见。

另一位，即那个陕北籍的匈奴人刘萨诃，大家记得，他是法显在于阗国时接受的同伴，后来在翻越葱岭，抵达北天竺时，反身回来了，回到了敦煌，后来便参与了敦煌莫高窟的营造。那些敦煌发掘出的文书中，字缝中记录下了他的光荣的可资纪念的名字。

在敦煌延挨些日子后，鸠摩罗什高僧便换乘一种青海高车，车轮辘辘滚动，一直东行，穿越河西走廊。他的“妻子”，那个忧郁的龟兹王女和他同乘一辆高车，照顾着他的起居。

而当到达河西走廊名城凉州的时候，驿使传来惊人的消息：前秦皇帝苻坚，兵败于淝水之战。前秦灭亡，后秦出现。于是前秦大将吕光，不再前行，而是拥兵凉州称帝。鸠摩罗什高僧，也因此羁留凉州十七年。

第八十三颗念珠

公元前36年，北匈奴人于公元2—4世纪那场悲壮的跨越洲际的迁徙，较之《圣经》中《出埃及记》的关于以色列人的那场迁徙，更为悲壮，更为漫长，更为庞大。北匈奴王郅支在贝加尔湖畔，苏武当年牧羊的地方，先灭了一个先期从亚洲高原抵达这里的粟特人建立的国家，叫粟特国。半年以后，喘息未定，尾随而来的大汉王朝北庭都护府的副都尉陈汤，率一支小部队，杀入城去，斩北匈奴王郅支于马下。于是，惊魂未定的匈奴人，又重新拔起帐篷，开始他们的新的悲壮迁徙。

在公元3世纪末4世纪初的时候，这支匈奴人在淡出人们的视野将近两个世纪后，突然从东欧平原的喀尔巴阡山，呼啸而下，三十万欧亚大平原上的各游牧民族兄弟组成的这支庞大大军，进入地中海。经过一番磨合，一位伟大的王诞生了，他就是被称为“上帝之鞭”的阿提拉。阿提拉大帝建立了他的匈人帝国，尔后，开始了他的对欧罗巴大陆的野蛮征伐。

一位牧师曾经到过阿提拉的帐篷为他看病。他在书籍里为我们描述了阿提拉大帝的形象。——他五短身材，罗圈腿，褐色的圆脸，鼻子有点塌，眼睛很小，像怕光一样时常眯着。当他站在大地上的时候，他与我们普通人没有什么两样。然而——然而当他骑在马上，与马结为一个战斗单位以后，他立即变得凶恶、可怕和令人畏惧。他伏在马背上，小眼睛眯着，目光越过多瑙河的蓝色波涛，注视着欧罗巴大陆，随时准备将它鲸吞。

阿提拉大帝的马蹄，几乎将欧罗巴大陆齐齐地耕耘了一遍。阿提拉大帝的马刀，几乎把欧罗巴大陆上的每一块石头剁过一遍。他几乎占领了欧罗巴所有的城市，最后逼近罗马帝国的首都罗马城。阿提拉的队伍将罗马城包围了半年，眼看得就要拿下来了，罗马帝国将要灭亡，西方基督教世界将要毁于一旦，人类进程史将要重新改写。罗马皇帝瓦伦丁尼安三世眼见得城池不保，已经化装成平民，溜出城去跑掉了。罗马城的事务，现在由红衣大主教圣利奥管理。

圣利奥在一个有月光的夜晚，潜出城去，走入阿提拉的帐篷，与阿提拉进行了艰难的谈判。谈判的结果是，阿提拉同意撤兵，这撤兵的条件有两个：一是罗马帝国每年拿出一半的赋税上贡给匈人帝国，二是罗马皇帝的妹妹霍诺利亚公主，将嫁给阿提拉。这个城下之盟达成了，阿提拉的马背上，驮起金发碧眼的霍诺利亚公主，开始撤兵。这是公元 452 年的事。

公元 453 年，也就是从罗马城撤兵的后一年，阿提拉大帝在自己的宫殿里神秘死亡。而随着他的死亡，他的这三十万由欧亚大平原上各游牧民族组成的乌合之众，也顷刻间土崩瓦解。罗马帝国进行了凶残的反扑，阿提拉的十几个儿子也一个一个地被抓住杀掉。

这个曾深刻地影响了东方和西方世界，在人类历史进程中留下深深足迹的游牧民族，至此退出了人类历史舞台。在西方是这样的，而在东方，这些留在原居住地的牧羊人，也在这一时间段掀起滔天巨浪，开始了一个“五胡十六国”时代，而后完成天鹅一唱。在与阿提拉大帝在西方的草原上消失的差不多时间，大夏国赫连勃勃大单于,亦在陕北高原他的都城统万城消失。关于匈奴人在东方的消失，也许我们在后面的文字中还会隆重地谈到。

再回到鸠摩罗什，回到这凉州城吧！

北匈奴人被驱赶出河西走廊，驱赶出祁连山麓的标志，是在河西走廊一座名城——凉州城的城楼上，高悬着的凉州城城徽。那城徽是用上等的青铜做的。——一匹天马四蹄腾空，张扬地踏过，马蹄下是一名匈奴士兵。这幅图案是按一件从地上挖出来的文物复制而成的，那马正是汗血马，即汉武帝派贰师将军李广利去西域大宛国夺取的天马。马有三种行走姿势：一种叫走（走又分为小走和大走）；一种叫颠，类似人的奔跑；一种叫挖蹦子，是四蹄并举的奔驰。这幅图案上的马，是一匹行蹄如风、疾行似箭的大走马。

鸠摩罗什一行终于来到了凉州城。他们看见了那著名的城徽。城头变换大王旗，这地方现在已经是后秦国的地盘了。

吕光率领他的长途跋涉、疲惫不堪的大军入城。在这里，他听到了一个惊人的消息。前秦皇帝苻坚亲率四十万大军东征东晋，意图一统中国，在淝水之上与东晋大将谢安作战，结果大败。兵败的苻坚回到长安城后，被部下大将姚苌杀死。五胡中氐族人建立的前秦灭亡，古羌人姚苌在此建国后秦。

其实这个时期的吕光，一直都有自立为王的野心。当年攻下龟兹城以后，他之所以在那里延缓了两年之久才启程，就是想拥兵自立。这一次，听到前秦灭亡的消息，吕光说："时机到了，这个世界今天该轮到我出头了！"

吕光遂在凉州城建国，史称后凉。这所谓的后凉亦成为五胡十六国之一国。这三河王，自此称凉州王。这后凉一共存在了十七年。为王者先是吕光，吕光死后是他的儿子，儿子死后又是吕光的另一个儿子。

那个曾经披一身光辉，令整个世界为之着迷、为之倾倒、为之疯狂的西域第一高僧鸠摩罗什，也就只好在这个弹丸小城蹉跎岁月十七年，仰人鼻息，苟活于世。

坊间曾有大量的传说，说这位高僧如何上知天文，下晓地理，预测吉凶、掐指能算。说这位高僧如何辅助这个短命王朝皇帝的故事。在传说中，这位高僧更像一个（后世的）袁天罡、李淳风、刘伯温式的朝中术士，更像吕氏小王朝中的一位身披袈裟侍候皇帝左右的命官。我们无法知道，他是如何低下那高贵的头颅，与这些粗俗不堪的人们朝中为伍为僚的。

在这样的情况下，鸠摩罗什仍然收徒和译经。凉州城在接下来的隋文帝、隋炀帝时代，曾经成为佛教传入东土的一个重要的支撑点，成为当时的佛教中心之一，大约这与这位高僧在这里待过十七年所养出的地气有关。

而最为重要的是，这座城市后来还完成了与佛教有关的一件伟大的事情。天朝皇帝的使者、西凉王阔端邀来西藏活佛萨迦·班智达，在这里举行过一次著名的凉州会盟。这次会盟达成了两项重要的成果：第一项是，吐蕃王朝归顺元朝，成为后者的一个附属国，这样，这块飘忽不定的雪域高原，从此接受中央政府管辖，任后来的世界如何变化，它不会变更。第二项成果则是，元朝正式接纳藏传佛教为国教，忽必烈大汗则拜萨迦的继承者八思巴活佛为自己的师父和元朝的国师，接受灌顶仪式。蒙古人从漠北一个飘飘忽忽的游牧者，成长为根须深深地扎在大地上的伟大帝国，藏传佛教的传入和被接受，被尊为国教，是一个重要的原因。

而高僧在这凉州城蹉跎岁月十七年，大约也是一种天意吧！它让鸠摩罗什做好了充分的心理准备。大教东流，需要他系统地学习中国文化、中国语言、中国习俗，以便为未来的长安城草堂寺译经做好准备。专家认为，在鸠摩罗什之前，所译经书，要么是不懂梵文的中国译经家译的，要么是不懂汉语的天竺来的和尚译的，文不达意，谬误百出，而从鸠摩罗什开始，这种局面才得到改变。鸠摩罗什之于汉传佛教，他的划时代的意义即在于此。

在这十七年中，距离凉州城并不算遥远的后秦数度前来索要鸠摩高僧。弘始三年，即公元 401 年，姚兴派遣驻守秦州的大将姚硕德出兵西伐凉州，一举灭掉后凉，掳得鸠摩罗什高僧送往长安。

这是为一个和尚所进行的第二场战争。连同前面的吕光破龟兹城之战，这两场战争都是为了同一个人，而且这两场战争都是灭国战争。人们说鸠摩罗什的一生充满了传奇，这两场为争夺他而进行的战争亦是传奇之一。

在渭水河边，咸阳古渡旁，已经能望见长安城那黑黝黝的角楼了，这时候，与鸠摩罗什并肩而行的王女，停住了马蹄，她的嘴巴附在鸠摩罗什耳边，说了这么两段话。说完后，咬舌自尽。

她说："我的表兄，我的丈夫，我的世界上最亲爱的人、最敬仰的人，我只能陪你走到这里了。你是一位高僧，是一个给这苦难大地带来佛光的人，你的名声将会不朽，那些未来的人们将会以恭敬的口吻来讲述你的名字，盛赞你的光辉。你的事业将在这长安城达到大兴，你人生中最重要的时刻就要到来了！"

这位王女继续说："而我已经不能够再陪伴你了。或者说，不能再继续玷污你那神圣的袈裟了。掐指算来，咱们走到一起，已经整整二十年了，我很满足，我该离开你了！飞翔吧，鹰！完成你最后的也是最辉煌的一次飞翔吧！这整个世界都是你的！"

龟兹王女在这个咸阳古渡的早晨，说着这些奇怪的话。她的话让即便是高僧的鸠摩罗什听了也心惊肉跳。他明白她要干什么了。他刚要劝阻她，这时，只听到一声惨叫，这位高贵的王女咬断了自己的舌根。

第八十四颗念珠

后秦皇帝姚兴，出长安城三十里，来到渭河岸边迎接高僧。

王女被埋在渭河岸边的一座高丘上，然后栽上柳桩。鸠摩高僧双手合十，向渭河岸边的这座新冢致敬。河谷的风吹来，打湿了他的眼睛，那著名的咸阳城东楼上的风铃叮叮当当作响。在这风铃声中，鸠摩罗什说道："亲爱的王女，亲爱的表妹，亲爱的妻子，我在你的墓前保证，你将不朽——你将因为我而不朽！"

说完，他转过身，踏上咸阳古渡古桥。过了古桥，鸠摩罗什高僧与迎候在桥头三十里长亭的君王见面。"山高水长，云路苍茫，一步一险，一步一拦。今日，贫僧终于抵达长安城了！"高僧无限感慨地一声长叹。

后秦王姚兴趋上前去，一把拽住鸠摩高僧的手，说道："朕如久旱之望云霓，盲者之盼光明，在这长安城中，日思夜想，寝食难安，已经等待高僧多时了！"

鸠摩罗什答道："贫僧向往东方，向往长安城，也已经许多年了。万法归一，一归何处，这神秘东方，广袤所在，那佛家所说的'何处'，大教东流，当是此处呀！"

"朕将拜高僧为国师，强盛我的国家，教化我的子民，让这自天竺而来的佛光，照亮我中华大地，赤县神州！"

"贫僧将尽我所学，尽我所悟，为中原大地上的佛国效力。佛法能弘扬天下，光耀东方，那是佛祖的光荣，是佛人的功德，亦是每一个僧人的本分呀！"

两人说完，相视一笑。姚兴执起高僧的手，紧紧握住不再丢开。他牵着高僧走到自己的车旁，请高僧与他同乘一辆帝辇。俄顷，只见车轮滚滚，一辆华丽的马车沿着这条长安城直通咸阳古渡的三十里街亭长廊，绝尘而去。

鸠摩高僧在那旌旗招展、气象森森的长安城的南城门的城楼上受到姚兴的款待。入城仪式结束后，继而被以隆重的仪式拜为后秦国国师，接着，姚兴皇帝把高僧安顿在终南山下逍遥园内的草堂寺。

自此，这位伟大的行者，西域第一高僧，便在这草堂寺里度过了他的十三年岁月。

草堂寺是一座位于逍遥园中央的佛教大寺，谷草苫顶，故曰草堂。这逍遥园是前秦皇帝苻坚、后秦皇帝姚兴的避暑夏宫。它建在终南山七十二峪中最大的一个沣峪的口头。沣河从崇山峻岭中奔涌而出，流向平原，成为“八水绕长安”中的一水，这逍遥园就紧依山脚，濒临沣河水而建，距长安城钟楼的距离，大约有五十里，快马几个时辰就到。

宫门面南而开，也就是说面对终南山而开。迎门有一个大殿，那是后秦皇帝姚兴平日处理公务和夜间歇息的地方。大殿后面仍有偌大地面，皇家督造，在院子正中盖了一座草堂寺供鸠摩罗什使用。后来随着寺院佛事兴隆，僧人增加，香客如织，于是又围着这大寺，分别在它的东边、西边、北边各盖有三座小寺，供僧人们居住。

远在鸠摩罗什入住之前，这逍遥园里草堂寺的位置上，就有佛寺。那佛寺叫大石室寺，顾名思义，这寺是采来终南山的条石或块石，修砌而起的。广游五印西行求法的第一人——高僧法显，出发前就在这寺里居住。他当时极有可能是这大石室寺的住持，亦是前秦国的国师。他是和他的四个同学一起从这座皇家寺院出发的。由此推测，寺院里应当有不少的僧人，而既然以“同学”相称，他们的老师又是谁呢？那传经布道的老师，可能是当时名头已经很大，云游至此的南方高僧道安。我们知道，道安自南方而来，在长安城讲经，并于法显一行西游前的第十四个年头辞世。

草堂寺的西北角有一眼井，每年春夏之交，井中会有白烟、紫烟袅袅冲出，扶摇直上，升上高空。这一景十分奇异。古时候人们喜欢给城市所在，罗列个“八景”“十景”之类的。“草堂烟雾”就是有名的“长安八景”之一。

姚兴将这里办成了中国地面上的第一所国立译经场。鸠摩罗什高僧收两千名天竺学生学习汉语，又收两千名中国学生学习梵文。整座草堂寺，晨钟暮鼓，黄卷青灯，香火缭绕，僧侣云集，成为当时中原地面最大的佛教中心。

鸠摩罗什高僧历经千辛万苦，九死而一生，得以抵达长安，如今既来之，则安之，也就心无旁骛，唯以光大佛法为大要。高僧生性聪慧，一肚子的学问，年轻的时候，曾经有过宏大抱负，觉得过去这些被奉为经典的贝叶经，其中有许多的“大不然”，谬误之处颇多，即便没有谬论，言之句句在理，但亦叫人有“言不尽意”之憾，远没有搔到疼处痒处。他想自己亲自执笔，再创一些新的经典，将他这些年的精研佛法，大觉大悟，落实成文字以便传世。

可是东方环境令他大失所望，这里的人们哪，更注重于实际，以一日三餐衣食温饱为人生第一要务。他们像猪狗一样地生活着，满足于这种吃饱了就睡、睡醒了再吃的庸常生活，缺少高远的志向和深邃的思考。鸠摩罗什明白，要进行这样的创作是不可能的事情了，缺少先知般的启迪，缺少高人论辩所摩擦出的星光石火，缺少幽深的通往精神深处的道路。所以此一刻的高僧，也就只有以译经为主了。

草堂寺的院子中有一棵孤独的梧桐树。有一天早晨，从西天方向飞来一只受伤的白天鹅，它在这树上栖息，发出阵阵鸣啾，恰好这时候有天竺那烂陀寺的高僧来访。树下摆起茶炊，小聚间，鸠摩罗什高僧手指那孤桐上的白天鹅，叹息说：“那就是形单影只的我呀！”其声哽咽，引得树上的鸟儿，不由得亦发出阵阵凄楚的应和声。

后秦皇帝姚兴虽然知书达理，笃信佛教，但毕竟只是个凡夫俗子而已，平日那言谈举止之间，常露出粗俗的一面。这一日，三月三日天气新，长安水边多丽人，姚兴逸兴大发，要高僧陪着他到长安市井转悠，到了晚上，姚兴说："高僧呀，今天我见你一路走来，路经那春楼妓寮前时，一共对十个丽人露齿一笑过。朕现在是决定了，就将这十个丽人赐予你，做你的老婆！"

高僧变脸失色道："不可不可，为王者，你这玩笑是开重了！那是亵渎佛门的事，本僧万万是做不得的！"

姚兴笑道："你是世外高人，聪慧灵秀，一表人才，天生贵相。朕由是想到，假如高僧能有子嗣留下来，代代香火延续，那么这一块粗俗地面，就可以得到改观了！"

说罢，不由分说，是夜，姚兴遂吩咐那十个丽人入草堂寺，陪高僧宽衣解带安歇。高僧见了，叫苦不迭，只得将那十个丽人安顿在禅房的外屋歇息，自己则走入内室，反锁房门，和衣睡了。

这事传出，成为长安城中一个笑柄。文武百官从此看轻了鸠摩罗什。平日，鸠摩高僧讲经，姚兴自己只要有闲暇，一定来听，并且带上文武百官。他在首席坐了，文武百官依据官位，依次盘腿坐下。好在逍遥园就是朝廷日常办公的场所，因此抬脚也就到了。自从出了这档子事以后，官员们对鸠摩高僧也就看轻一眼，平日听经，也就不那么专注了，并且时时打断高僧的话，发出一些不甚友善的诘问。

更兼有寺院中那些年少的僧人，亦时时露出对高僧的轻侮之意，当面不说，背后常常嚼舌道："你有十个老婆，兀自快活，我们正是干柴烈火的年纪，却一个老婆也没有！这世事真是不公平！"

鸠摩罗什是个何等聪慧的人，这一切都看到眼里。终于，他觉得不理会是不行了。这一日，他将寺院全体僧人召集来，待众人屋内坐定之后，他先把那十个丽人从禅室叫起来，事无不可对人言，当着大家，说出这件荒唐事的原委。说完，放这十个丽人从良，出了这个门以后，从此自奔前程，不许再踏进这寺院半步，但有踏入，则乱棒打出。

这事做了，高僧现在坐定，唤徒儿拿出一个大钵来，又将那锋利坚硬的钢针盛满一钵。只见高僧闭目养神一阵后，用手指捻起一枚钢针，用舌尖吹气，那钢针顿时红了、软了、化了。鸠摩罗什又另拿起一根钢针，舌尖抵住，轻轻一吹，钢针拦腰折断。接着，他又把钢针的两个断裂处吹一吹，吹红，然后用两只手一对，这钢针便又焊接在一起了。

这一幕，众人看得目瞪口呆。高僧见状叹息一声，然后端起那满钵的钢针，用手指撮着，像吃炒豆子一样，大口大口地填入嘴中。填入嘴中后，嘎嘣嘎嘣嚼一阵，然后抿一口唾沫，咽下。吃完这一满钵钢针后，高僧浑然无事地揉搓一阵子他的大肚皮，打一声饱嗝。

做完这一切，鸠摩罗什对着鸦雀无声的大厅，细声说道："愚妄的人们哪，如果你们能吞下这一根钢针，那么你们就可以去找一个老婆了；如果你们连一根钢针都不能吞下，那么，你们就安心去过自己平庸的人生吧，以后也不要在我耳边再聒噪了！"

说完，高僧闭目，开始自己这一天的修持。

僧人们目睹了这一幕，接着又听了鸠摩罗什这一席话，于是一个个满面羞愧，大汗淋漓。大家互相对望一眼，然后以手拄地站起来，踮着足尖倒退着离开了经堂。

草堂寺自此又恢复了安静。

是的，尽管处处受人尊崇，尽管是光环笼罩，但是我们的高僧也许并不快乐。那些伟大人物大抵都是这样的。他们走得太远了，很难有人能与他们同行为伴；他们站得太高了，孤独的灵魂在天的高处，清冷而寂寞。也许，只有在佛的国度里，在每日的修持中，在袅袅梵音中，他的精神才能得到永恒的安宁，永恒的踏实。

后世的人们将像仰望一颗遥不可及的星斗一样仰望他。同时代的人则将会诋毁他，因为他们觉得他不过尔尔，和凡人一样地吃喝拉撒睡,间或还有七情六欲。那是谁说过:“天才和我们相距仅仅一步。同时代者往往不理解进一步就是千里，后代又盲目相信这千里就是一步。同时代者为此扼杀了天才，后代又为此而在天才面前焚香。”

鸠摩罗什在草堂寺的这十三年中，情形大抵就是如此。

直到有一天，他说出一些奇怪的话时，人们于是知道，他想走了，他要走了，他要回他的佛国去了。这段话是：

“我一生所译经论三百多卷，句句无误。愿这些经论传流后世，大家共同弘扬流通。我现在在大众面前发誓:如果我的译经没有谬误，那么火化以后我的舌头不会焦烂。”

第三部

玄奘法师如是说

汉传佛教的奠基者之一玄奘法师圆寂前，作如是说——这毒身我已经厌恶了。我在世间应该做的事情也已经做完了。既然不能久住尘世，那么就让我匆匆归去吧！希望用所修的福慧回施众生。

第八十五颗念珠

后秦弘始十五年（413年）四月十三日，鸠摩罗什卒于草堂寺。是日，天气晴朗，风和日丽，大师早早地醒来，睁开眼睛，吟四句偈语：

“不生亦不灭，不常亦不断。不一亦不异，不来亦不出。”

上面这四句是他翻译出的大乘经典《中论·观因缘品》的开首偈。吟罢，着衣下榻，洗漱完毕，披上姚兴皇帝赠他的金衣袈裟，起身来到院中。找一个关中平原上那种麦秸秆做成的蒲团，而后来到在他的诗中曾出现过多次的院中那棵孤独的梧桐树下坐下。

“徒儿们，今日阳光灿烂，万顷一碧，正是佛家所说的那种‘清明世界，疏朗乾坤’，今天咱们就不做功课了，偷得浮生半日闲。大家停下手中所有的事情，只做一件事情！”

听鸠摩罗什大师这么一说，草堂寺内外，两千个正在研习梵文的中国学徒，两千个正在研习汉文的天竺学徒，一齐停下手中的事情，从大寺、东寺、西寺、后寺中走出，齐聚到这梧桐树下。

大师见众僧都到了，开言道："掐指算来，我来这长安城草堂寺已经整整十三载了，从五十八岁到这里主持国立译经场，今日已整整七十岁了。那所译经书，我计算了一下，共七十四部三百八十四卷。今天，劳请各位费力，将那所译的所有经书从藏经楼取出，趁这大好太阳，咱们晒经！"

众人听了，齐声唱"诺"，然后去藏经楼搬书。

那时已经有了纸张，因此，那些译出的经典，大部分是鸠摩罗什一笔一画写在草纸上的。还有一部分经典，是他写在竹简上的。

无论是纸张还是竹简，为了防止虫蛀和霉烂，每年春上，都要把它们从藏经楼中取出，在大太阳底下晾晒上一回。

这些书原本是装在檀木箱子里，存放在藏经楼上的。僧人们两人一抬，把这些箱子抬到梧桐树下，将书典小心取出，然后一册一册平摊在地面上。一会儿工夫，偌大个草堂寺的地面，全都被这些经书铺满了。

鸠摩罗什在侍者的搀扶下，从蒲团上颤巍巍地站起。他让侍者燃上一炷香，自己亲自拿着浏览着，并且用那熏香，象征性地把这七十四部三百八十四卷经书齐齐地熏一遍。

"这部《禅经》三卷，是我来长安城以后译出的第一部书，那年我五十九岁。记得在译书的过程中，我一声咳嗽，一颗牙掉了下来。虽然牙齿经常掉，直到后来满口牙齿几乎掉光了。但是，那掉第一颗牙齿的情景记得最真！

"这部《阿弥陀经》也是那一年译的。我一直在琢磨，不知经中佛的名号，叫'阿弥陀佛'好呢，还是叫'无量寿无量光佛'好，前者是音译，后者是意译，前者好像更有内涵意蕴，后者则要明了一些，哪个更好呢？我不知道！

“这《大品般若经》有整整二十四卷，是我六十岁那年译的，从年初到年末，整整译了一年。记得到了年底，二十四卷才出齐。唯恐言不达意，第二年，我又把它校正检括了小半年。

“《十诵律》是我与我高贵的朋友，一代高僧弗若多罗共译的。高僧没有译完就圆寂了，愿他安息。

“哦，这是《百论》，经典中的经典。它与后来译出的《中论》《十二门论》一起，成为天竺大乘佛教中观派守护门户、安身立派之经典。它由梵文经我之手变成汉文，是我的荣耀，我为佛门所做的功绩！这是《佛藏经》，这是《菩萨藏经》，这是《杂譬喻经》。这是《十诫经》的余下部分，多罗圆寂以后，这部经就放下来了，后来西域高僧昙摩流支到长安来草堂寺看我，我请高僧与我共译，才完成全部。

“这就是那个浩大工程《大智度论》一百卷，译讫之后，我曾呈以吾皇姚兴，请他观览，并请南方来的慧远和尚为其作序。

“《维摩诘经》三卷，《法华经》三卷，《华若经》三卷，这是六十三岁那年译的。那一年有两件事值得记忆，年初收了三千多个徒儿跟我研习，年末的时候，我的老师卑摩罗叉从罽宾来到长安，我以师礼敬侍。

“《自在王菩萨经》，这是六十四岁那年译的。

“《小品般若经》，这是六十五岁那年译的。

“六十五岁那年，我终于下了决心，将大乘佛法经典《十二门论》和《中论》译出，它们连同前面译出的《百论》，是大乘佛法的三部经典。有这三部经典行世，大乘佛法就算在中原地面落地生根了，汉传佛教从此将千载流传，永驻东土。后世如果要分宗分派的话，草堂寺这一派一宗，就以这三宗经典为名谓，叫它‘三论宗’，或者以这‘三论’的核心主旨‘空’为名谓，叫它‘空宗’。这草堂大寺就是这一宗派的祖庭。

“《十住经》是六十七岁时译的。这一年，记得狮子国一个婆罗门至长安，我在草堂寺设坛与其大辩，谈大乘与小乘的优劣。那婆罗门辩败，心愧服，顶礼触足，惭愧而去。

“这是《成实论》，用了六十八岁、六十九岁两年时间完成。

“这是今年新译出的《梵罔经·菩萨戒》，墨汁还没有干呢！”

一代高僧，汉传佛教的伟大奠基者之一——鸠摩罗什，在侍者的搀扶下手举高香，从这些他亲手译出的经典面前颤巍巍走过。那情形，就像一个关中农民，秋庄稼收到场里了，他来查看这一年的收成似的。

他转了一圈，既没有喜悦，也没有痛苦，不喜不悲，如此之平静。

在转圈的途中，他对搀扶他的侍者说，每一卷中每一页、每一个字，在这一阵都从我的脑海中电光火石般掠过。我已经知道，有些段落中的有些字是要修改的，以求更接近原经教义，可是呀，现在好像已经来不及了，这将是永远的遗憾了。

巡视完，他不愿回禅房，又让人搀着坐在那孤桐下的蒲团上。阳光像蛋黄一样洒下来，照着那满院子的经书，照着鸠摩罗什高僧那饱经沧桑、充满故事的面孔，照着这弘始十五年的长安城草堂大寺。

从这一刻起，大师开始拒绝饮食，只在蒲团上微闭双目打坐。斋饭端来，他摇摇头，表示已经没有必要再浪费五谷了。“我已经闻不见这五谷香了！”他苦笑道。

老天也遂人愿，这天，大太阳从早晨便开始照耀人间。只见太阳一照，满院经书散发出阵阵纸香墨香。草堂寺内那荷花粗壮的茎杆儿挑起莲花骨朵儿。蜻蜓飞来嗡嗡有声。院中那口名曰“草堂烟雾”的井中，有紫气腾出，扶摇直上，直达天宇。

日过正午，太阳西斜，晒经结束了。

徒儿们开始整理这些经卷。将这些经卷分门别类，按顺序重新拾起、打包、装箱，抬往藏经楼重新藏好。

鸠摩罗什依然坐在那棵孤桐树下，看着徒儿们整理经卷，他的眼角有些潮湿，他用袖子揩了一把眼角说：“这些经书已经译出来了，它们将舍我而去，从而有它们自己独立的生命。那么让它们走出经堂，去叩击千家万户的门扉吧！世人也许会将它们置于殿堂之上，一日三香，顶礼膜拜，众口滔滔，庄严诵颂，也许会将它们置入茅厕，充当手纸弃之如敝屣。那时我已作古，这一切都与我无关，那是世人的事情。”

经书藏好后，天色向晚，草堂寺的院子里已经有一些寒意了。徒儿们劝鸠摩罗什回禅房休息，大师执意不肯。他刚刚看完了那辉煌的落日景象，脸上还残留着那落日的余晖，现在则转过头要看月亮升起。

月亮，这关中平原上的月亮像一个大圆盘子，从东方地平线上缓缓地升起了，跃两下，跃上天空，刹那间把满世界照得一片光明。

这时候，姚兴皇帝来看望他。鸠摩罗什是后秦国的国师，国师将要圆寂，这样大的事情姚兴一定要来的。大师对姚兴说：

“我是一个凡夫俗子，一个永远只能匍匐在大地上而不能像鸾鸟那样飞翔天空的人。我知道我的命运。当年我十二岁的时候，母亲耆婆带着我游历月氏北山，遇到一个罗汉，罗汉摸着我的头说：‘倘若三十五岁时还未破戒，当大兴佛法，度无数人。若戒不全，此生充其量只是一法师而已！’所以我仅是一名法师，或者用你们的话说，叫译经家！”

鸠摩罗什说到这里，老泪滂沱。

姚兴皇帝也已经老了。他伸出衣袖，为这位西域第一高僧——他的国师揩一把泪。

姚兴问道：“国师呀，我也已经老了，你给我的晚年道一句偈吧！”

鸠摩罗什嘴皮动了动，说道：“花开好，花落亦好！”

姚兴又问：“我已厌倦这做皇帝的事儿了，我想让给儿子姚泓来做，这样做对吗？”

鸠摩罗什答道：“进步高，退步更高！”

最后，后秦皇帝姚兴请鸠摩罗什为他说一说国运如何，连问了几声不见回答，定睛看去，只见鸠摩罗什双目紧闭，三魂六魄已经脱离身体，神游西方极乐世界去了。

又过了三炷香的时间，鸠摩罗什高僧圆寂。

圆寂前，他突然又清醒过来，双目炯炯，口齿清晰，朗声说道：

“如果我的译经没有谬误，那么火化以后我的舌头不会焦烂。”

说完，于孤桐树下，蒲团之上，含笑辞世。

后秦皇帝姚兴一声恸哭，接着两千个学汉文的天竺学徒、两千个学梵文的中国弟子均失声大哭，整个草堂寺一片呜咽之声。消息传出，整个长安城为之悲恸，人们纷纷前来吊唁，道场做了七日。长安城中的佛门弟子、俗家弟子众多，大家齐聚草堂寺，为大师送上一程。长安城左近，终南山深处各家名刹古寺，住持亲领众僧人依次排列，前来吊唁。

七日之后，鸠摩罗什大师火化，正如他生前所预言的那样，火化时舌头没有焦烂。

消息传到西域，西域三十六国亦大放悲声，人们用上等的和田玉做成一个三丈高的鸠摩罗什舍利塔，分成几截运往长安。

鸠摩罗什的骨灰即在塔底安葬；鸠摩罗什化作舍利子的舌头被供奉在塔中。这塔放在高僧圆寂的那棵树下。这塔如今逾一千六百年岁月，还静静地矗立在终南山下佛教三论宗（空宗）的祖庭草堂寺院落中，肩一天风霜，与天地共老。

第八十六颗念珠

沙门法显、沙门鸠摩罗什是同时代的人。他们是应时而生的佛门的大德高僧。正是由于他们的出现，佛教这个舶来品，才得以在中华大地落地生根，并且与中国的本土宗教道教、儒教相遇和结合，从而成为支撑起中华文明大厦的三根支柱。西方人类学者曾这样高度评价鸠摩罗什，他们说：鸠摩罗什是东方文明的底盘。

第八十七颗念珠

他们生活的那个年代，或者换言之，佛教大行于世、滥觞于赤县神州的那个年代，正是中华五千年历史中，一个最为黑暗、最为血腥、最为动荡、最为暴虐的年代，这个年代长达三百六十九年之久。两位高僧所处的年代，是这段时间的中期。人们习惯上把这个年代称为“魏晋南北朝”时代。

史学家又把那个时代称为“暴君时代”、“大分裂时代”或“民族大融合时代”。分久必合，合久必分，大约是一条历史规律。三国归晋，晋王朝在确立政权不久，统治集团内部，就爆发了八王之乱，柏杨先生在他的《中国人史纲》一书中说，这是一种为敌报仇式的自相屠杀，愚蠢而残酷，姓司马的家族跟狼群没有什么两样。它促使大一统晋王朝由瘫痪而崩溃，饱受灾难的五胡民族，乘机挣脱枷锁，揭竿而起。头十年，两股大的反抗力量，分别在益州（四川）、并州（山西太原）宣布独立，建立政权。接着其他反抗力量像雨后春笋一样，遍地蜂起。结果晋王朝的残余的统治阶层，逃到长江以南苟延残喘。中国心脏的中原地带，一片血腥，列国林立，群雄割据，人民生灵涂炭。

当北迁的匈奴人在多瑙河边的布达佩斯，建立起匈奴帝国，阿提拉大帝的马蹄，开始践踏欧罗巴大陆时，留在原居住地的匈奴人，也在此之前就已经起事，开始实现他们对农耕文明、定居文明的世世代代的占领梦想。而这种占领梦想得以实现，与东汉末年的宰相曹操实施的一项"内附"政策有关。

传说中，当年昭君的三位后人，三位公主自包头顺秦直道而抵长安城省亲。曹操当时率文武百官，出城百里，在秦直道的南端终点，甘泉宫，以迎候当朝公主的礼仪相迎。礼仪毕，曹操说，塞外风寒，茹毛饮血，如果三位公主愿意回长安城居住，颐养天年，我当遣工匠造屋设府，为各位安排下处。三位公主泣道："我等已习惯了塞外的生活饮食，尚不觉苦；另外，儿孙们也需要我们的照顾呵护，离开他们我们也不放心，因此，我们此行只是回母国来省亲，瞧两眼长安城，就要打道回府，重回九原郡去了。只是，宰相确实有心，我们倒有个建议——

"边墙以外的匈奴地，时有旱灾、蝗灾、瘟疫，如果风调雨顺，牧草茂盛，还可居住，如果遇上这些事情，为生存计，那只好越过边墙，侵掠内地村庄了。我们的建议是，朝廷能不能设一个‘内附’政策，将这些游牧人迁入边境之内，半农耕，半游牧，这样他们有了衣食保证，边境上也就自然安宁了。”

公主们说的这些话，后世一位名叫格鲁塞的法国人也说过，他在《草原帝国》一书中说，从世界的东方首都长安，到世界的西方首都罗马，中间横亘着一块偌大的辽阔无当的欧亚大平原，这块大平原上生活着两百多个古游牧民族，他们以八十年为一个周期，好像开了锅的水一样沸腾，或向东涌向古都长安，或向西涌向罗马城，向定居文明索要生存空间。他说，如果我们换个角度，从草原民族的角度来考虑问题，会觉得这种侵略是有它的合理性的，是为了种族不灭、为了活下去的生存之必需。

公主们的这些话言之在理，说服了曹操。后来，匈奴呼厨泉单于赴邺城，晋见曹操，商议这“内附”的事情。商议的结果是，在山西、陕西、内蒙古这块三角地带，设河东五郡，安置匈奴。呼厨泉单于的匈奴汗国，则划分为五部，每部设一个都督。匈奴汗国自此消失。匈奴人从此不设大汗。

百余年来，匈奴人跟华夏人、鲜卑人杂居通婚，绝大多数已经“华夏化”。以单于为首的贵族阶级，本姓栾提，现在则自称是汉王室公主的后裔，所以改为舅姓“刘”。分封在五郡中心的匈奴都督，又都一律改称刘姓。“天下匈奴遍地刘”一说，就是由此得来的。

在我们叙事的年代里，分封五地的五部匈奴，他们的大本营应当在山西太原，这座城市当时称并州，同时好像也称晋阳。所谓并州，也就是“客舍并州已十霜，归心日夜忆咸阳。无端更渡桑干水，却望并州是故乡”的唐诗中的那个“并州”。而当时的中央政权，任命一位匈奴左贤王的孙子刘渊为匈奴五部大都督，也就是实质上的单于。刘渊当时的分封地在山西离石，那地方又叫“左国城”，因为刘渊曾是匈奴人的左部将。

中国历史上的“五胡十六国之乱”，就是从刘渊开始，从山西离石开始的。起事后继而东迁并州，再西迁平阳。平阳这个地方也就是今天的临汾，或者说，也就是西行求法广游五印第一人——一代高僧释法显的桑梓之地。那刘渊起事路过法显的村庄时，这位后来将使中华觉醒的僧人，大约还没有出生。

刘渊将他的帝国叫成“大汉国”，他是“五胡十六国之乱”的始作乱者。世人又将这个从偏远黄河东岸群山拱抱中起事的国家叫“汉赵帝国”。而在后来，当刘渊的一位大将石勒自立赵国以后，史学家则把刘渊建立的大汉国叫“前赵”，他的部将石勒建立的赵国叫“后赵”。

建都于洛阳或长安的西晋，是如何灭亡，又从而在长江边上的石头城上建立东晋的，这一段历史的起承转合是这样的。刘渊属下，骁勇善战的大将石勒原来是靠给人打短工为生的流浪汉，在包头（也就是九原郡、五原郡）一带谋生，后来投靠到刘渊麾下。石勒胆识过人，英勇善战，率领前赵武装，采用游击战略，逐鹿中原，一点点将西晋的内腔掏空，最后大军如狼似虎，包围洛阳城。洛阳城里饥馑严重，残余下来的居民互相残杀，吞吃对方的尸体。晋皇帝司马炽想逃出城去，但当他和官员、家眷走到街上时，因围困多日，街上已长满荒草，饥饿的老百姓向他攻击，他大声说，我是你们尊贵的皇帝，饥饿得疯狂了的老百姓说，皇帝的肉更肥！攻击于是更为激烈。司马炽只好重新退回皇宫，束手待毙。不久，汉赵帝国将洛阳城攻破，司马炽沦为阶下囚。刘渊的儿子刘聪问他：“你们司马家骨肉之间，为什么自相残杀得这么厉害？”司马炽回答：“天要亡我们，所以我们自己替你们汉赵帝国动手了！”联想到此前和此后这些司马懿、司马昭、司马师的后人们自相残杀、血溅宫闱的事情，这话听起来叫人分外沉痛。那刘聪先将晋皇帝司马炽在宫中养了一阵子，最后就把他一刀杀掉了。

司马炽被杀后，他的侄儿司马邺，一个十四岁的孩子，被一群野心家带到长安，宣布登极。此时的这座千古帝王之都，也已在烽烟四起中，成为一个孤岛。关中连年大饥馑，使长安比洛阳还要残败。史书上说，整个长安城，只剩下九十多户穷苦人家和四辆牛车。窘困到这种程度，根本无法生存。小朝廷勉强维持四年，到了公元316年，汉赵帝国兵临城下，司马邺只好投降。刘聪打猎时，教司马邺手执兵器，在前开路；去厕所时，又教司马邺给他扇扇子，然而最后还是杀了他。

西晋王朝就这样灭亡了，第二年，镇守建康府的亲王司马睿，也就是司马邺的堂叔，宣布即位于建康，是为晋元帝。西晋和东晋，实际上并没有太多的承继关系，后者仅是一个由皇族建立起的流亡政府而已。一个的都城在西，所以称西晋；一个的都城在东，所以称东晋。

这个东晋，在历史上苟延残喘了许多年，它龟缩在石头城中，像乌龟缩在它的硬壳里一样，一边继续内斗，一边纵情沉湎于秦淮河畔的楼台歌榭、灯影桨声之中。它大约曾经有过几次北伐的行动，但都以失败而告终。例如我们的法显高僧广游五印，陆去海还之后，曾想重回长安故地，但是走到彭城，也就是今天的徐州地面，适逢战事，于是只好抱憾返回，那释法显所遇的战事，大约就是东晋所发动的一场北伐战争。当然，东晋小王朝还是干过一件大大体面的事情的，这就是中国历史上一场著名的以少胜多的战例——淝水之战。从长安城出发的前秦皇帝苻坚，决心毕其功于一役，一举消灭东晋，而后一统中国，结果在淝水之战中兵败，从而令前秦灭亡，也从而改变了我们书中的法显高僧、鸠摩罗什高僧这些人物的命运。

东晋后来是灭亡在它的一个大将，名叫刘裕的人手中的。刘裕在石头城黄袍加身，建立宋，随后有三个小王朝依次替代，交错生出，这就是齐、梁、陈。人们习惯把它们叫作南朝。所谓的“南朝四百八十寺，多少楼台烟雨中”，说的就是这南朝，而将北魏、东魏、西魏、北齐和北周称为北朝，人们口头禅中的“东西晋，南北朝”，这里就算大概说清了。

第八十八颗念珠

东西晋、南北朝简单说罢了，下来再说“五胡十六国”。刘渊死后，他的继任者是儿子刘聪。刘聪荒淫无度，杀人如麻，书上说，仅他的正式皇后，就有四位，妃妾则多达一万余人。公元318年，刘聪逝去，他的继承者刘粲，较之父亲更荒唐更残暴，黄袍刚加身，即位仪式刚一结束，他就提着裤子往后宫跑，去奸淫四位年龄还不满二十岁的皇太后（也就是他父亲刘聪的四位皇后）。刘粲整天待在后宫，日夜奸淫，不问国家大事。两个月后，他的岳父（也是他父亲的岳父）宰相靳准，杀掉刘粲，并且将刘姓皇族灭门。刘姓皇族坟墓，包括刘渊、刘聪的在内，全部剖棺焚尸。这事发生在平阳。虽然前赵大军，那时已占领洛阳、长安等等大一些的城郭，但是前赵都城还是在平阳。

驻守在河北邢台的大将石勒，早就有拥兵自立的念头，这时见机会来了，于是兵发平阳，驻守在长安的亲王刘曜，也即刻发兵。平阳城被踩平，沦为荒城，靳准家族被满门抄斩。刘曜即位皇帝，并将都城迁到长安。第二年，石勒派使团前往长安城，向刘曜献礼致敬。刘曜开始很高兴，后来听信部下谗言，杀了使团成员。使团只剩下副使逃命回到邢台。石勒听了，当即宣布独立，脱离前赵，建立后赵帝国。这是十六国之第二个国家。

后赵建立的第二年（320 年），凉州刺史张寔去世，他的弟弟张茂即位，悄悄称王，史称前凉，这是十六国之第三个国家。后来，前秦大将吕光，在前秦苻坚淝水之战落败，前秦灭亡后，又在这凉州城建立后凉，是为五胡十六国之又一国家。而后凉吕光为后秦姚兴所灭，驻守西宁城的大将秃发乌孤，在西宁城独立，建立了十六国又一个政权，史称南凉。五胡十六国，虽然如走马观花一样令人眼花缭乱，但是细细捋来，都是蔓上所结之瓜，自有它的起承转合、来龙去脉的。

汉赵与后赵仇深似海，于是于公元 328 年，在洛阳城爆发决战。对垒中，两国皇帝亲自出战。当石勒小心翼翼地布置战场时，刘曜却整日赌博饮酒，凡有劝言者，一律处斩。决战开始时，刘曜本来已经烂醉如泥，为给自己壮胆，又喝了几杯。两军刚一接触，他就坠马被擒。第二年，他的儿子也被擒，父子同样遭到处决。汉赵帝国是最先掀起这场历史大浪头的国家，亦是最先灭亡的国家。它从起事到谢幕，仅短短二十六年。

传奇人物，后赵开国皇帝石勒，于公元 333 年去世。他死后，儿子石弘继位，石勒的侄儿石虎杀石弘，取而代之，并将都城从河北邢台，迁到河北临漳。后赵石虎，比前赵刘聪更凶暴百倍。他的脑子里整天只想着两件事，一是性欲，一是杀戮。这个杀戮包括把自己的儿子们孙子们，一个一个地尽数杀死。当听到了太子石宣准备刺杀自己，提前登基时，石虎抢先出手，把石宣绑到台下，先拔掉他的头发，再拔掉他的牙齿，牵着他爬到事先准备好的柴堆上，砍断手足，剜去双眼，然后点燃柴堆，将石宣烧死。石宣的幼子是年才五岁，当行刑官来拖孩子时，孩子拉着祖父石虎的衣服大哭，不肯松手，连衣带都被扯断，但终被硬拖去杀死。

石虎的疯狂兽行，为他所属的整个羯民族带来灭顶噩运。他五岁孙儿临死的一幕，令他深受刺激，从此一病不起，第二年即离世。儿子石世登极三十三天，即被另一个儿子石遵杀掉。石遵登极一百八十三天，又被另一个儿子石鉴杀掉。石鉴登极一百零三天，又被他的大将冉闵杀掉。石鉴的弟弟石祗，在后赵过去的都城邢台继位，支撑一年后就为部下所杀。后赵建国三十三年，在血腥中灭亡。

冉闵是汉人，他杀掉石鉴后，在邺城建立冉魏帝国，亦为十六国之一。建国仅三年，即被从东北边陲汹汹而来的前燕灭亡。冉闵的部下，秦陇豪强，氐民族部落酋长苻健，其时正在关东一带驻防，于是掉头向西，占领长安，并在长安立国，史称前秦。前秦亦是十六国之一个重要的国家，而由于一代英雄，仁厚包容的苻坚的出现，更给这个国家，给这个混乱的、血腥的、暴君频出的时代，增加了少许的暖色调。

“关东”是当时的一个地理概念。前面说过，“关中”当指八百里秦川，或曰渭河平原，或曰关中道，其间也包括千古帝王之都长安城——民间有“秦中自古帝王都”一说。“关东”则指今天的河南灵宝、三门峡、洛阳，山西的临汾、运城一带。同样地，“关西”则指今天的甘肃天水、平凉，宁夏的固原一带。古籍中有“关西大汉，击节而起，慷慨悲凉”几句话，说的就是天水、平凉、固原那地方的人吼唱秦腔戏时的豪迈情景。

前秦在长安建都，逍遥园大约就是那时候建的，或者是在那时候扩大规模，成为朝廷的议事大厅的。苻健传位给儿子苻生。这个苻生是个自幼瞎了一只眼的二十一岁的青年，暴戾、凶恶，如同禽兽。古籍中说，苻生大宴群臣时，凡是不酩酊大醉的人，苻生就让弓箭手将其一一射死。苻生问他的大臣："你看我是个怎么样的君主？"被问的人惶恐说："陛下是圣主！"苻生大怒："你是谄媚我呀！"处斩。再问别人，那人谨慎地回答："陛下是仁君，只刑罚稍微重一点。"苻生同样大怒："你诽谤我呀！"也处斩。他令宫女与男人性交，亲自率领群臣在旁观看，又命宫女与羊性交，看能不能生下小羊。又把牛、马、驴、羊等活活剥皮，使它们在宫殿上奔跑哀鸣。或者把人的面皮剥下，再叫他们表演歌舞。苻生杀得高兴时，把朝廷中所有高官，包括宰相、元帅，统统在谋反的罪名下处决。又杀掉他的妻子梁皇后，他的舅父劝他少杀，他用铁锤击碎舅父的头盖骨，舅父脑浆迸裂，溅了他一身。

古籍中言之凿凿，这一切令人毛骨悚然的事情，都曾经真实地发生。当一个人登上权力的峰顶，可以主宰生杀时，他可以丑陋到如此地步，邪恶到如此地步，暴虐到如此地步。也许，只能用“变态”来解释这些行为发生的原因。哦，那真是一个暴君的时代，血腥的时代，中国的老百姓就是在这样的血泊中挣扎和呻吟，举目望天，渴望得到拯救。

是的，那些劫后余生的人们，在迎接下一个劫难和杀戮的间隙，或仰头望天。中国的老百姓，历来是像羊一样地被放牧着的，民可使由之，不可使知之，这是孔老夫子的教诲，而帝王们则将他们分派到各州郡的官员，叫“牧”，也就是牧羊人牧马人的“牧”字。如今，列国林立，皇权倾圮，那些主宰生杀的列国帝王们，竟都是这样的一些禽兽畜生，如此这样，对于广袤大地上的中国老百姓来说，他们的精神崩溃了，他们无所依傍，他们呼天天不应，叫地地无声。

既然皇权不再，无所依傍的人们哪，于是转而向文化传统寻求支持，或者换言之，向古老的道教和儒教呼叫救命。然而，他们深深地失望了。道教在某些方面，虽然仍然具有民间宗教的意味，但是它在更大程度上，是一种帝王之术，是依附于皇权而存在的东西，那些朝中术士，炼丹道人，预测大师，才是这种宗教所产生出的顶尖人物。是的，道教可以给你一些帮助，一些精神慰藉，但是老百姓干渴如望云霓，这一片飘忽不定的云彩所提供的几滴雨点，显然无助于大地的干渴。

而儒教也不能给人们带来更多的精神慰藉。儒教大约从来就不是一种严格意义上的宗教。而孔老夫子的所有解释世界和应对世界的出发点，都是以当朝者是一位好皇帝这一出发点为前提而开始的。人们称孔老夫子是封建时代的“卫道士”，这三个字是有一定道理的。“学好文武艺，货与帝王家”是孔老夫子对有才能的人的企望，而“君君臣臣，父父子子”的理念，则是孔老夫子希望人人各安其位，从而让社会有序存在。

这样，当释迦牟尼佛祖以“修菩提行，起广大心”为修行口号，将他的大悲悯、大关怀、大慈爱、大包容的目光，注视向葱岭以南以东的这一块辽阔东方大陆时，当善良美丽的观世音菩萨手执甘露瓶、杨柳枝，广洒甘露于这块东方大陆时，佛教就得到万千心灵的接纳和响应。大教东流，在这之前，已经奔流不息了数百年，于是在这魏晋南北朝、五胡十六国时代，大水漫滩一般，传播开来，进入北朝，进入南朝，进入万千信众的心灵。

它从此将在中国人的心灵中盘踞、生根，成为身体和灵魂的一部分。而尤其是佛教与中国本土宗教道教、儒教的伟大相遇，彼此接受和融合，从而为这个古老的东方文明古国，穿上了坚实的足以应对任何事变、任何不测、任何凶险的精神的铠甲。

前面谈到前秦皇帝苻生的种种丑陋邪恶行为，发生的地点就在逍遥园（逍遥园这个称谓，说不定就是他取的）。而我们知道，当年法显住寺时叫作大石室寺、大寺，鸠摩罗什住寺时叫作草堂寺的这座佛门寺院，就在逍遥园中，是它的一个园中之园。苻生寻欢作乐时那淫荡声音，宫女惨遭蹂躏时那悲惨叫声，一定会传至经堂之上。血污的大地呀！

这样我们也就明白了，为什么苻生的继任者，一代英雄苻坚，要请西域第一高僧鸠摩罗什前来担任他的国师，教化他的百姓。明白了后秦皇帝姚兴（这人并无多大作为，但是确实是一个好人，他的经历善始善终），为何如此虔诚地出郭三十里，迎接鸠摩罗什入城，并且拜他为国师，在草堂寺弘法译经，开肇中华大地上第一个国立译经场的事情了。

佛教和道教、儒教，它们智慧地找到了一个共同点、契合点，尔后三教并立，各展风姿，照耀着这块苦难大地。

而在两百年后，佛教东流史上一位最为声名显赫的人物出现了。他就是释玄奘，或者如古典小说《西游记》所称：唐僧、唐三藏、大唐和尚。他说服当时的皇帝，正式立佛教为国教，令佛教与道教、儒教一起，登堂入室，成为正统，成为万民信仰，成为中华文明这个庞大机体中的渗入每一个细胞的元素，血肉之躯的一部分。

第八十九颗念珠

苻生的做派天怒人怨，终于有一个大个子站起来，把他终结。公元357年，苻生的堂弟苻坚，率兵闯入逍遥园，把苻生杀掉。雄才大略，颇具仁爱之心的苻坚即位。在苻坚的年代里，这个以长安城为首都的国家，十分强大，而长安城人口聚集，呈现出乱世间难得的安宁状况，各民族杂居，鱼水两安。苻坚先是与前燕决战，灭掉了这个五胡十六国之一，接着又西征，灭掉另一个五胡十六国之一的前凉。偌大中国地面，现在能与前秦抗衡的，就是东晋了，于是雄心勃勃的苻坚，在一统北中国后，决心倾全国之力，直指南方，征伐百足之虫、死而不僵的东晋王朝。苻坚集结了多少兵力呢？史书上说，总共兵力一百一十二万，这真是一个天文数字，难怪苻坚站在淝水之滨，骄傲地说，我的庞大的军队，仅仅士兵们把手中的马鞭扔进河里，便可以让脚下的这条河流断流了。假如淝水之战前秦苻坚获胜，将南北统一,五胡十六国之乱的这个黑暗时代，将提早结束，但是，历史充满了蹊跷，充满了变数，区区三万人马的东晋大将谢安，却稀里糊涂地打赢了，为自己赢得了一个历史上以少胜多的著名战例的美名。苻坚兵败，逃回西安。

按说，淝水之战虽然失利，前秦这个国家并未伤筋动骨，苻坚还可以卷土重来，但是，前秦国都长安城这时候已经不安稳。原来，长安城在前秦建立政权后，移民而来的人口主要是从甘肃陇西过来的氐民族，即苻坚的家乡客。后来随着幅员扩大，苻坚遂将这些乡党调往各地去做官，待淝水之战苻坚开拔出征时，长安城中的居民，十停中三停是原居汉民，三停是鲜卑人，三停是羌人。如今苻坚兵败，他先前收留在长安城的前燕降将慕容垂，率鲜卑人起事，出走长安，建立五胡十六国之另一个国家后燕，并迅速成为前秦的敌人。而居住在长安城的羌人酋长姚苌，则脱离前秦，自立为帝，建国后秦。姚苌就是前面谈到的迎接鸠摩罗什高僧抵达长安的姚兴皇帝的父王。

英雄的末路十分的悲惨。苻坚眼见得鹊巢鸠占，长安城是不能待了，于是率领残部，回他的甘肃老家。走到岐山的时候，被后秦部队截获，送到彬县石佛寺关押。姚苌赶去，向苻坚索取皇帝传国玉玺，苻坚大骂他忘恩负义，姚苌就用绳子将苻坚勒死。二十年前，姚苌在被苻坚的前任——暴君苻生绑赴刑场，就要杀头时，是被当时还是亲王的苻坚，冒死救下的。这段过往，士兵们都知道，所以，眼见得一代英雄这样的谢幕，就连旁边的羌人部队，都流下了眼泪。

彬县中间有一条河，这条河就是著名的泾河。泾河南边的山顶平原，叫南原；泾河北边的山顶平原，叫北原。苻坚就埋在北原的一片乱石岗中。乱石岗的前头，立了一块小小的墓碑，上面写着“前秦皇帝苻坚之墓”。墓碑上方，就势盖了几片瓦，筑成一个牌坊模样。墓碑下方，置了一个小小的石台，供人凭吊、祭祀香火而用。这地方的民居，往往是在这山顶平原上向地下挖出一个四方四正的庭院来，掏成窑洞，供人居住，然后再斜着挖一溜台阶，通向地面。苻坚的墓茔后边，也有这么一个陷入地下的庭院，不知道这是后来挖的民居，还是当初用这种形式来葬埋苻坚的。每年春天的时候，苻坚墓的四周，庄稼地里会开出漫山遍野的油菜花。那油菜花在春日的阳光下，闪闪烁烁，有蜜蜂嗡嗡作声，穿行其间。而苻坚坟头的乱石岗上，蒿草、菅草丛生，这草一年一枯黄，掐指算起来，它们已经有一千六百多次的枯黄了。

山下泾河边，关押过苻坚的彬县石佛寺，如今还在，只是不知道是哪一座寺了。这里是西去阳关的古道，几千年来过往客商络绎不绝，摩肩接踵，代代都在凿着石窟。佛教东流，这些石窟都是跳板。石窟大大小小，一共有一百多个，顺泾河岸边、顺通衢大道排开。而那最大的一个窟中，释迦牟尼的造像，据说是在我们叙述的故事的两百年后，唐王李世民依据自己的相貌而让工匠营造的。李世民在这里打了最后一仗，从而奠定大唐帝国宏图伟业，为纪念的缘故，让人在这里开龛造佛，并且出于对佛的虔诚和敬仰，以自己的弟子之身而造。他造出来的这座大佛，是长安地面，甚至整个关中地面，最大的一尊，所以有“关中第一大佛”之誉。

一代英雄苻坚蒙难的这个彬县，亦是个大有讲究的地方。这“彬”字，三千多年来三易其字，不改其音，开始叫“豳国”，后来叫“邠州”，现在叫“彬县”。

这“豳”字，一座山，山那面有个“豕”，山这边有个“豕”，于是成了一个国。这个字准确而翔实地向你透露了当年先周建国的历史。尧舜的水利官叫大禹，农业官叫后稷。帝王让大禹治天下九州之水患，让后稷跟在后面改大水漫退之后的陆野为农田。两位贤能都出色地完成了自己的使命，功成后，大禹接替舜，做了帝王，建立中国历史上第一个奴隶制国家——夏。大禹因此也被称为夏禹。后稷则被分封到渭水边上的武功县。这个家族在商的年代，翻过山去，向北，在泾河两岸建立起自己的诸侯国，这个国家就是豳国，而在六代之后，又翻过山去，重回故地，凤鸣岐山，周文王周武王开始他们的周王朝千古基业。

苻坚就埋葬在这么一块地方。苻坚是甘肃陇西地面的人，那地方当时叫“南安”，现在叫什么，不甚了了。前秦政权是氐族，那时候说的“五胡”，是指匈奴、羌、鲜卑、突厥、氐这五个民族。氐民族后来就不大再听说，他们很可能全部地融入中华民族大家庭中了。马克思主义民族理论认为，民族融合是历史进步的一种动力。中华五千年文明所以能屡遭劫难而经久不息，与胡羯之血的融入有很大关系。从这个角度来说，五胡十六国之乱还是有它的一些积极的意义存在的。

是的，中华文明在肇始时，就一直是迈着两条腿走路的。这两条腿一条是农耕文明，一条是游牧文明。在漫长的历史岁月中，每当那以农耕文明为主体的中华文明动力衰竭，难以为继时，羌笛渔鼓起于北方，游牧民族便会越过长城线，呼啸而来，从而给这个古老文明注入新的“胡羯之血”。

前秦灭亡，后秦建国。后秦王朝在姚兴皇帝与大夏国赫连勃勃的十年九战中，在草堂寺鸠摩罗什高僧的暮鼓晨钟中，后来为东晋大将刘裕所灭。那是在鸠摩罗什高僧去世后不久的事情，是在姚兴皇帝听了高僧的“花开花落两皆好，退步原比进步高”两句偈语后，逊位给儿子姚泓不久后的事情。

刘裕亦是那个时代的一位强势人物，他先率军，灭了四川成都长期割据与东晋对峙的成汉，而后再翻过秦岭，灭掉后秦。后秦姚泓初立，懵懂小儿而已。刘裕占了长安，回去忙着称帝，去建立他的南国宋朝，于是留下儿子刘义真守城。

螳螂捕蝉，黄雀在后，雄踞于统万城的匈奴大夏国赫连勃勃，见假他人之手已灭掉后秦，于是从陕北高原发兵，兵分两路，一路顺那古老的秦直道直捣长安，一路沿黄河白马滩而下，扼住东晋刘义真东逃的黄河风陵渡口。

专家们考证说，秦直道自靖边统万城而至淳化甘泉宫这一段，老百姓之所以叫它“圣人条”，乃是匈奴人赫连勃勃的叫法，为图谋长安，他预先将这一段秦直道整理和拓宽，并给予这么一个称谓。

围城半年后，将长安城的东门空开，捎话让刘义真逃逸。刘义真也是个没见过世面的孩子，见长安孤城，迟早得破，于是率领下属，仓皇逃出。到了风陵渡时，赫连勃勃仅放刘义真一人过河，算是给先前结盟的刘裕一点面子，刘义真的部下、辎重，所掠夺的长安城中的珠宝细软，则悉数扣下。

攻下长安城后，赫连勃勃于灞上称帝。“灞上”是一个杀气腾腾的地名，它是“灞水之上”的简称。灞水亦是“八水绕长安”中的一水，自终南山（蓝田原）流下，水流在从长安城东侧流过时，河上曾建有一座古老桥梁——灞桥。这灞上，当是灞水快要逼近长安城时，河流南岸那一处宽敞的原面、高崖。那地方过去叫狄寨原，现在叫白鹿原。

赫连勃勃在灞上，设坛祭天，黄袍加身。半年之后，他在这长安城住得烦了，浑身不舒服，于是叫一声“归老朔方，琴书卒岁”，然后骑着一匹黑马，又回他的陕北高原统万城去了。

第九十颗念珠

赫连勃勃（原姓刘）是那个年代的一个传奇。正如鸠摩罗什是另一个传奇一样。世人将前者称作大恶之花，将后者则称作大智之花。很有趣，这两个人物，曾经相遇。地点是长安城南城门。角楼高耸，列脊摆厦，旌旗猎猎，气象森森，姚兴在这里为鸠摩罗什大师接风，这时人报，匈奴刘卫辰设在陕北高原的代来城，为北魏道武帝拓跋珪所破，朔方王刘卫辰一家三百口，悉遭杀戮，家仇国难中只逃出个孩子，这孩子逃出时十一岁，在大河套地面几年辗转以后，孩子如今已经长大，现在投靠后秦皇家，他说，希望姚皇将他收入帐下，从而为君王分忧，为天下担当。

姚兴宣他上了城墙。于是，姚兴看到了一个身长八尺三寸、美仪非凡的匈奴青年。据说姚兴见了，喜爱有加，赞叹一声道："好个一表人才，兴不如也！"又据东晋大将刘裕，在灭掉后秦后，曾取道统万城去探大夏国的虚实，见到赫连勃勃，也发出过"好个一表人才，裕不如也"这样的惊叹，可见赫连勃勃当年，确实是美仪非凡，令男人女人都为之眼前一亮的人物。

后秦姚兴封刘勃勃为安远将军，后来又封为朔方王，令他重回陕北高原，统领大河套地区。刘勃勃的霸业自此开始。游牧民族生息、繁衍和扩张，有一个既简捷又省力的办法，就是迁徙到一个地方后，迅速地与当地豪强联姻，主动上门入赘为婿，这样不久以后，即喧宾夺主，鹊巢鸠占，占领了老丈人的地盘。刘勃勃即采取的这种办法，先是前往宁夏固原，娶后秦守将高平公莫奕于的女儿为妻，入赘固原城，继而杀了莫奕于，夺了其城池，接着又向白水城、黑水城、锁阳城、受降城、五原郡、九原郡纷纷发出求婚约书，而后将这些大河套地面的重要城池关隘，尽收囊中。

勃勃向秃发傉檀发出的求婚约书，遭到了拒绝。那个国家叫南凉国，亦是五胡十六国之一。傉檀这个名字，我们有些耳熟，记得当年法显前去五印大地求经，出长安城的第一站是金州，也就是今天的兰州，第二站就是南凉国，也就是今天的西宁。法显曾谈到过国王秃发傉檀接待自己的事。秃发傉檀接到求婚文书，撕得粉碎，骂道：匈奴小儿，你算计到我的头上来了。别人怕你，我却不怕。

勃勃听到这话，于是发兵西征南凉国。率兵两万溯黄河北上，过巴丹吉林沙漠，过腾格里大沙漠，过居延海，双方在西宁城外的广袤沙漠草原上，展开了一场长达一年的大战。最后勃勃获得大胜，追赶敌方八十多里，杀死南凉十多员大将。

那场斩杀之后，被士兵们献来的首级，也就是头颅，有一万颗。勃勃令人将这些头颅在西宁城外找个高处，堆成一座骷髅山。勃勃望着这血腥难闻、阴雾惨惨的骷髅山，叹息一声说，此骷髅山乃后世的一大景观也！说罢，拈香向这骷髅山拜过，而后安顿好西宁城防守，回到五原郡。

灭了南凉国，整个大河套地面尽属勃勃。回到五原郡以后，勃勃一纸文书上表长安。表上说，这是最后一次称姚兴为“吾皇”了，勃勃将自立匈奴大夏国，立国以后，后秦、大夏将是两个国家并世而立，互不相扰。勃勃还将后秦皇帝赐给的“朔方王”废去，他自称“天王大单于”，自此以后天下匈奴人皆归他统管。

天下匈奴遍地刘。勃勃这个刘姓，也是当初大汉末年五分匈奴时朝廷所赐。原来的姓氏是“栾提”。刘勃勃的祖上叫刘豹子，父亲叫刘卫辰，当年被汉王室封于山西五台山地面。这支匈奴人据说是王昭君的直系后裔，与鲜卑族长期通婚，人称匈奴铁弗部。

此一时，勃勃遂将“刘”这个母姓取掉，而以“赫连”为姓。“赫连”是天的意思。“赫连大夏将与天齐”，勃勃放言道。至此，刘勃勃始称赫连勃勃。

勃勃捎来的文书，大大地惹怒了后秦姚兴。姚兴立刻出兵讨伐。于是就有了后来后秦与大夏的十年九战。十年九战的结果，是勃勃几乎每战必胜，而姚兴则是每战必败，于是后秦尽失河西地，逐渐成为一个窘守于关中平原、长安城中的小朝廷。而勃勃则如日中天，黄河上游到中游这偌大地面，尽归勃勃。

赫连勃勃的狂狷，是匈奴民族的回光返照，是天鹅的一声绝唱。西谚说：天鹅一生只歌唱一次，那是在它行将辞世的时候。英国大诗人拜伦说："让我像天鹅一样歌尽而亡！"赫连勃勃让这个撼动了东方文明根基和西方文明根基的伟大游牧民族画上句号，是以修筑一座都城作为结束的。这个都城就是位于陕北高原与鄂尔多斯高原接壤地带的统万城。

匈奴民族逐水草而居，行走如风，往来无定。在这个民族的潜意识中，大约一直有一个梦，那就是筑一座城，居住下来，变千年行国为永久居国。当大夏国国主来到这个上游叫萨拉乌苏河，此处叫奢延水（民间又叫红柳河），下游则叫作无定河的地面上时，看到湖泊四布，古木参天，前面是黄河天险，足可以据险以抵御北魏，身后是陕北高原茫茫群山，又足以设防以拒后秦，左右两边，则是千里戈壁，五花草原，适宜于他的躲闪腾挪用兵，更兼有一条古老的道路秦直道，南抵长安，北抵九原，因此也不闭塞。史书上说：赫连勃勃把马鞭一甩，扔到地上说道："朕纵横秦陇，鼓行燕赵，走过天下许多的好地方，临广泽而带清流，美哉斯阜，这地方正是筑城的地方呀！"遂号令三军，就此筑城。

"建一座匈奴城，一座童话般的城。城的名字朕都想好了，叫作'统万城'，取其'统一天下，君临万邦'之意。这统万城，要比那渭水河边的咸阳城更坚固，比那中州地面上的洛阳城更宏伟。"

赫连勃勃又说："朕今封叱干阿利宰相兼作督造这统万城的将作大匠。朕这下就拜将了。"

叱干阿利是赫连勃勃在昔日逃亡路上结识的朋友，曾救过勃勃一命。他是鲜卑人。“叱干”这个姓氏，在鲜卑族大量融入汉民族时代（即北魏拓跋宏时代），遂改为“薛”姓。相信在长安城的四周，至今仍有大量的这种鲜卑人群居村庄存在。比如长安城东南侧的狄寨原，比如长安城西北侧的叱干镇，比如长安城东北侧濒临黄河的澄白蒲合一带。唐朝的大将薛仁贵、薛丁山，他们的祖上在这个年代时，大约就是以“叱干”为姓的。

叱干阿利修统万城，用了整整六年时间。六年时间，征夫十万，死亡民夫一成（即上万人），耗资不可细数，这座塞外海市蜃楼般的华丽都城，才告竣工。城设四门，东门曰“招魏门”，意即招降北魏，西门曰“服凉门”，意即降服五凉诸国，北门曰“平朔门”，意即平定河套以北地区，南门叫“朝宋门”，意即与南宋刘裕结好。

城的东西南北四角，各修一座高大宏伟，气象森森的角楼。城的中心位置，修一座高可摩天的永安台。这个高台可以用来祭天，也可以在军事上用作瞭望之用。据说天气晴朗时，从高台顶端可以望见长安城。

史书上说，修统万城的监作叱干阿利性巧而残忍。城是用黄土掺上糯米水，再加上动物血，层层夯打而成，此为蒸土筑城。每起一层，就让监工拿一个锥子来刺，刺进去一寸，杀筑城的民夫，没有刺进去，则杀这验工的监工。人被杀以后，就地打入城墙中，筑城继续叮当进行。所以这竣工后的城墙硬如铁，坚如钢，牧人可以在上面磨镰刀。而这座冤魂无数的城市鬼气森森，白骨累累，让后世的人们经过这里时，不免战战兢兢，心生惊悸。

这些也许只是后来人口口相传的形容赫连勃勃的残暴传说而已。统万城后来在赫连勃勃死去后不久，即被北魏拓跋大帝攻破。城被毁，后来成为废墟，成为天宇穹隆下一个白色夯土堆成的荒凉所在。当地人称它为“白城子”。而当代研究者在裸露出的城墙中，并未发现有人骨的出现，而仅有零星马骨牛骨羊骨而已，从而令人判断：统万城筑城史上那些令人毛骨悚然的传说，仅仅只是一种传说而已。

赫连勃勃在长安城灞上称帝时，统万城尚在修筑中，他告别了修城的叱干阿利，自长安城称帝，后来回到统万城时，城已告竣，于是在永安台上举行了隆重的竣工典礼。奠基礼上的那个《统万城铭》，为后秦降臣胡义周所写。胡义周大约是当时一个大文化人，后世的许多人说，这个《统万城铭》，是千古第一谄媚文字。

赫连勃勃灞上称帝的情况，有一本叫《统万城》的小说，以小说笔法这样记载：

却说这勃勃不住长安城里，只在灞上选一个高处扎营。所率虎狼之师沿着这灞河两岸扎起行军营帐，黑压压一片。长安城中只留太子赫连昌守备。

这一日，灞河之上，高台筑起，群臣们争先恐后力劝勃勃称帝。

勃勃假意推辞说：

“朕无拨乱之才，不能弘济兆庶，自枕戈寝甲，十有二年，而四海未同，遗寇尚炽，不知何以谢责当年，垂之来叶！将明扬仄陋，以王位让之，然后归老朔方，琴书卒岁。皇帝封号，岂薄德所膺！”

百官见勃勃推辞，齐齐跪下，然后公推一位口齿伶俐的大臣站起说话。

那大臣说：“我皇祖大禹以至圣之姿，凿龙门而辟伊阙，疏三江而决九河，夷一元之穷灾，拯六合之沉溺。勃勃大单于身为禹祖后裔，正该承继先祖遗志，挽狂澜于既倒，救生民于水火，匡复大夏，以济天下！”

这番话说得恳切。

说这话的人姓韦，名祖恩。这个人是长安城老户，原先是后秦姚兴的京都兆，也就是管理长安城的最高行政长官，后来后秦灭亡，又成了刘义真的京都兆，如今义真逃遁，他献城而降，转投勃勃，言语过往之中，大有继续做勃勃的京都兆的意思。

勃勃见大家力劝，双手抬起，请大家平身，而后大笑一声说道："这个皇帝我肯定是要做的。你们劝我，我做;你们不劝我，我照样要做。不过，我要在登台称帝之前，先杀一个人！"

勃勃说着，用一双豹眼从台下大臣们的脸上一一掠过。众大臣见了，心惊肉跳，虚汗直冒，恨不得找个地缝钻进去，只盼勃勃那眼光早点儿从自己脸上挪开。

勃勃的目光最后落定在韦祖恩脸上。韦祖恩见了，脸色煞白，只见勃勃用手一指，说道："这个人不是别人，就是你韦先生韦祖恩了！"

勃勃说：

"先生伶牙俐齿，何等口才，当年在姚兴面前，后来在义真面前，你大约都是这样说话的。如今这胜利者是我，得天下者是我，没有死的人是我，所以你这样阿谀奉承，明天我死了，你这文化人的一张利嘴，一支秃笔，还不知道把我赫连勃勃置于何地呢！"

说完，不等那韦祖恩分辩，高叫一声："来人，将这韦祖恩四肢绑了，投入灞水，给他一个全尸还家吧！"

众大臣面面相觑，心惊肉跳，不敢吱声。

赫连勃勃见这场戏已经做足，于是乎身着大龙袍，头戴金冠，在左右的搀扶下，缓步登台，拈香祭祖，僭位称帝。

"尊敬的光荣的至高无上的天赐神授的天之骄子，万王之王，我们的赫连大单于，请登九五之尊，接受八方朝拜，四海荣贺！”

灞水之上，众大臣双膝跪倒，山呼万岁，祝贺勃勃加冕。

这是公元418年春的事。

勃勃当年初次起事在五原城，建年号“龙升”，后来在统万城又改年号为“凤翔”，此次灞河之上设台称帝，再改年号为“昌武”。

改元之后，大赦天下。

之后这位草原客，便骑一匹黑马，告别长安城，留太子赫连昌守备，自己则又回到了陕北，回到了统万城。“琴书卒岁，归老北方”大约是当时代笔者为他捉刀代写的辞令，而他自己则完全没有做到这一点。史书上说，他回到统万城以后，整天沉湎于酒色之中，荒淫无度，喜怒无常，最后在他的统万城温宫凉殿中死去。

赫连勃勃死后，赫连昌即位。这时北魏拓跋焘领兵来攻。兵分三路，分别由黄河中游的军渡、津子渡、风陵渡渡河，黄河天险顷刻被破。那统万城虽然没有了赫连勃勃，但是仍然坚固如斯，牢不可破。拓跋焘见久攻不下，于是佯装败退，赫连昌不知是计，率精锐部队弃城追赶。出城二十里后，听见身后人马喧哗，回头看时，只见统万城已破，拓跋焘正站在城头上大笑。赫连昌见了，只得领兵逃往长安，后来在长安，又被追兵驱赶，则又向西逃逸。

第九十一颗念珠

统万城是匈奴民族遗存在大地上的唯一都城。由于匈奴人没有文字，缺少记载，所以这个都城遗址就显得尤为珍贵。凭借它，我们可以确凿地认为那个民族确实存在过、辉煌过。史书上所记载的，就不是杜撰，而是曾经真实发生过的。

建造这座都城的人是匈奴末代王赫连勃勃，一个被称为大恶之花的人。也许,剥离附着在这个历史人物身上的历史记载和邪恶传说，将他本人还原后，我们会发现他是一个悲剧英雄，一位骑一匹黑马，面色忧郁的远方草原来客，一位从一出生就肩负着一个不可能完成的使命，即挽匈奴民族狂澜于既倒的末代王角色。他建造了一座匈奴民族的辉煌都城，他完成了天鹅的绝唱。他是历史中的一个大谜。

统万城被破。城中十万居民，三万被杀，三万流离四散茫茫然而不知其归处，三万则成为北魏拓跋大帝的俘虏。拓跋焘押着他们，牛车上载着从统万城抢来的不计其数的奇珍异宝，回到鲜卑北魏当时的首都大同。

那牛车上还载着赫连勃勃的三个妖冶无比的女儿。赫连勃勃活着的时候，曾经有一个梦想，就是让他的这三个女儿，将来能成为草原上的女萨满，在大河套地面上兴风作浪。萨满教是一种十分古老的宗教，盛行于各个游牧民族中间。女萨满是一种半人半神半巫的角色。披着长发，裸着胳膊，腰间缠一件褴褛的衣服，手腕和脚踝上戴着串铃。她作起法来，边跳边歌，铃铛则随着节奏丁零作响，作法作到紧要处，只见她面色铁青，目光迷乱，魂灵附体。当年赫连勃勃诞生在一辆行驶在大河套地面的高车上，出世时，女萨满即为他祈祷，那祈祷词说："上苍呀，赐一位英雄给匈奴草原吧，为了五花盛开，为了牛羊肥壮！我们将拥戴他和服从他，像狗一样忠诚，像羊一样驯良！"

拓跋焘大帝将大夏王赫连勃勃的三个妖冶的女儿装上牛车，带到大同，一股脑儿纳入皇宫，做他的妃子。而其中的一位，可能是大小姐吧，后来则成为皇后。拓跋北魏皇室家族成员中，有个赫连皇后，就是我们说的这位。

而在长安城东南的灞水之上，有五个毗邻的村庄，村中居民都以“赫连”为姓，他们时至今日，越一千六百余年岁月，还繁衍和生息在那里，令人为之感慨。五个村庄，三个在蓝田县，两个在长安县。村上人说，他们是皇族，是赫连的直系后裔。不过，他们不是统万城被破以后，流落到这里的，而是更早，在赫连勃勃灞上称帝时，他们来到了这里，后来虽然世事叵测，风云流变，但是他们一直守在这里，扎根在这里，没有再挪窝。

拓跋焘是一位雄才大略的强人。他是拓跋珪的孙子。拓跋珪灭掉刘卫辰的代来城，拓跋焘灭掉赫连勃勃的统万城。一个名叫鲜卑的游牧民族，灭亡了另一个名叫匈奴的游牧民族。

五胡之乱的结局是，匈奴民族、羯民族、氐民族，几乎全部灭绝，而古羌族后来则四散而居，融入中国广大地面。古羌族之一支，名曰西羌，溯长江而上，走到青海三江源的时候，一部分西羌人继续往山里走，进入雪域高原，形成后来的吐蕃民族（即今天的藏族），那些不愿意进山，留在三江源的，开始是部落，叫党项部落，后来升格为民族，叫党项族。唐王朝封党项首领为“朔方王”，令其永镇中国北方。后来在文成公主入藏，松赞干布王朝强盛后，他们从雪域高原走出，势力曾深入塔里木盆地腹心地带。党项人于是且战且退，后来退到陕北高原。李继迁的年代里，在米脂桃镇建李继迁寨；李德明的年代里，搬迁到统万城（宋时叫夏州城）；李元昊的手里，跨黄河建中兴府，也就是今天的银川市。这个王朝也叫大夏，那已经是宋朝时的事了。西夏后来为成吉思汗所灭。成吉思汗在攻城时，城头上万箭齐发，有一支箭射中大汗，大汗受伤落马，遂在甘肃清水县磨盘沟养伤，半月后不治。以上所说这些，都是后话了，而现在所说的，是五胡十六国年代的事情。

天下大乱，列国横出，其中最大的收获者或获益者是鲜卑族。鲜卑北魏是一个静悄悄地在雁北草原上崛起的草原帝国，是在五胡十六国之乱中期才出现的国家，拓跋珪西征代来城，大约是他们最初的出手。

北魏拓跋立国的这雁北草原，这代州，历史上曾发生过许多的事情。而其中有两件事大家大约还记得，一件是在春秋战国时期，赵武灵王的胡服骑射，一个是在大汉初立时，汉高祖刘邦的白登山之围。

北魏的强盛崛起，与雄才大略的拓跋焘大帝的南征北伐有关。灭掉了赫连勃勃的统万城以后，他又挥师，荡灭了北中国地面上最后的几个割据小国，北燕、北凉，完成了中国北方的统一。中国地面从此形成南朝和北朝对峙的局面。

北魏王朝，后来还出现了一位改写历史的重要人物，这就是它的第六任皇帝孝文帝拓跋宏。拓跋宏对汉文化如痴如狂，他将北魏国都从大同搬到洛阳，他要求宫中上下开始着汉服，行周制周仪周礼周乐（服饰改造这件事，令人想起赵武灵王当年的胡服骑射，摒弃汉服而改穿游牧民族短衣长裤的故事）。时尚有时候实际上是情势的需要。这个北魏皇帝，做得最绝的一件事情，是让鲜卑贵族们都改姓，并且先从自身做起，改“拓跋”姓氏为“元”姓。

拓跋宏所以要迁都洛阳，理论根据是这样的。北魏既然已成域内最大的国家，将来又还要承担一统华夏的历史使命，那么它的都城理应在中国的中心，在中国的传统国都所在地。

而他所以要改姓，理论根据则是这样的。我们是外来者、入侵者，从北方而来的草原客，如今我们国力强盛，原住民百姓不敢惹我们，一旦将来子孙们国力弱了，就会被重新赶回草原，赶到长城以外，甚至会遭到灭种灭族之祸。孝文帝有这个想法,可见他是个目光长远、韬略颇深、富有历史感觉的人。

前面说了，拓跋宏先将自己的姓氏，改“拓跋”为“元”，自此他不叫拓跋宏了，叫元宏。所以中国人的史书纪年，到这个时期，北魏皇家,拓跋突然不见了,后来的皇家都开始姓“元”。前面还说了，那筑赫连勃勃统万城的将作大臣叱干阿利是鲜卑人,那“叱干”姓氏，也在那时候改为“薛”姓。

此外，凡鲜卑一百一十八姓，都由多音节改为单音节或双音节，例如“勿忸于”改姓为“于”，“独孤”改姓为“刘”，“丘穆陵”改姓为“穆”，“步六孤”改姓为“陆”，如此等等，此处不一一细表。

第九十二颗念珠

大教东流，落地生根，北魏政权为此做出了可贵的贡献和支持。当我们今天每发现和打开一个佛窟,这佛窟或大到是千佛洞、万佛洞，或小到只是一尊佛的小小佛龛时，专家们往往会拿出个放大镜，装模作样地查勘一番，然后说：北魏风格。“北魏风格”这句话每一次有人说出，就是对那个草原帝国的一声礼赞。不是吗?

北魏风格，端庄、斑驳、古拙、线条明畅、丰腴适宜。之前的汉朝，以骨感美人赵飞燕为审美标准，落魄江湖载酒行，楚腰纤细掌中轻。之后的唐朝，以丰腴美人杨玉环为审美标准，杨家有女初长成，这就是环肥燕瘦。只有在北魏，取其适中，所以专家每对一尊立佛或卧佛，常发出“增之一分则显肥，减之一分则显瘦”的至高赞美。

北魏的造佛，在那个年代达到狂热的地步，都城设在哪里，立即在都城附近物色山岗、崖壁、河谷崖岸，开始修凿佛窟。著名的云冈石窟，是它设都在大同时代完成主体工程的，著名的龙门石窟，是它在洛阳设都时完成主体工程的，即便是远在嘉峪关之外的敦煌莫高窟，虽然开掘时间绵延长达六七百年之久，亦是在它的那个年代，开始大事铺张的。

兼之，秦直道这条古老的道路，由长安城通往漠北草原的道路，在那段时间亦成为大教东流的一条康庄大道。秦直道两侧，陕甘分水岭——子午岭的崇山峻岭中，布满了大大小小的石窟。近些年文物部门做文物普查，仅仅富县张家湾镇地面的秦直道东侧，一个名叫和尚原的地方，拨开原始森林和次生林以及灌木林寻找，就发现大小佛窟五百多个。

史书上说，佛教在北魏的年代里，达到以前从未有过的巅峰，帝国全境有僧尼两百余万人，寺院三万余所。而仅洛阳城一地，就有寺院一千三百六十七所。

大教东流，大势已起，这个由北魏王朝所掀起的大浪头，至此无人能够遏制，它给那个生灵涂炭、劫后余生的人类世界以极大的心灵慰藉。即便是北魏之后，南北朝结束时，由北魏王朝几番转身，派生出来的那个统一中国的大隋王朝，亦视佛教为神圣之物、心灵寄托之所，隋文帝杨坚和皇后独孤氏，都是最忠实虔诚的佛教徒。

草原帝国北魏的终结，源于宫廷内部，鲜卑族皇室、贵族们的相互倾轧，争权夺利，血腥杀戮，冤冤相报。有个胡太后，十分有意思，一方面，她大肆营建佛寺和佛像，笃信佛教，以“活菩萨在世”自居，另一方面，又在宫廷的争权夺利中，让她的两个情夫，把当朝皇帝，也是自己的独生子毒死。仅仅两个月后，她自己，则在那位镇守晋阳的大将尔朱荣赶回洛阳城后，被装进竹笼里，投到黄河溺死。类似这样的事情，在北魏宫廷中接连发生，这个草原帝国已快走到尽头。

北魏最后一任皇帝叫元脩（孝武帝）。当时，两位拥兵一方的大将，一位叫高欢，驻军河北临漳，一位叫宇文泰，驻军古都长安。元脩先是投靠高欢，大约在高欢的庇护下，过了三年，高欢有些烦他了，想设个酒宴，毒死他。孝武帝元脩知道了消息，于是带着他的皇族内室，星夜奔驰，跨过黄河投靠长安城的宇文泰。

有的史书说，投靠到长安城逍遥园的孝武帝元脩，当晚就被宇文泰设宴，毒死在逍遥园中了。有的史书还说，是在逍遥园里住了两年以后才被毒死的。不管怎么说，被毒死这一点看来是确凿的。

这也是逍遥园中的又一个故事。这地方，那个逍遥园大厅中，昔日暴虐无道的前秦苻生，曾经在此演出过令诸多宫女与羊、与狗、与牛、与马交媾的淫荡悲催一幕，供他观看取乐。又曾经演出过后秦姚兴，令西域来的艺人去演胡旋舞、胡腾舞，令昆仑奴表演滑稽戏的情景。这一次，是设宴，美酒掺上些砒霜，三秦王宇文泰，毒害了孝武帝元脩。

是夜逍遥园灯影幢幢，树木高大的剪影影影绰绰，院内的草堂大寺，和尚诵经的声音时断时续飘忽传来，一只猫头鹰，卧在鸠摩罗什圆寂前背靠的那棵孤桐上，发出凄厉恐怖的声声尖叫。

元脩被毒死，随元脩一起逃来长安城，居住在逍遥园的皇族内亲们，于是有马的骑马，没有马的步行，逃出逍遥园，而后沿终南山山根，一路向东跑去，一直跑到那灞上地面。

后边宇文泰派兵追赶，高喊着“见头就割”的话。这一竿子北魏皇族，于是就近钻入终南山中，半个身子在山里，半个身子在山外，建立起了“兀家崖”“兀家堡子”这些村庄。他们说，不劳追兵们动手，我们自己先把自己头割了吧！于是将“元”姓，去掉上面一横，改成“兀”姓。这样，这些兀姓人家，便战乱时隐入终南山中，和平年代将头伸向平原，在这异国他乡，落地生根，子嗣绵延，香火一直延续到今天。

有意思的是，赫连勃勃后裔那五个相连的、以“赫连”为姓的村落，距离他们很近，赫连堡子在位置上稍稍地靠近灞河一点，而兀家崖则靠近秦岭一点，如是而已。

这两个死对头，两个有血海深仇一般的草原帝国，它们都曾经将这世界闹了个天翻地覆，到最后，当汹涌的潮水退去时，都将句号画在了这里，而且成为和平相处的邻村，这真是一件奇异的事。

第九十三颗念珠

高欢在河北建立的魏国，和宇文泰在长安建立的魏国，都称自己是正统，是北魏帝国的承继者。而随着北魏最后一个皇帝孝武帝元脩的死亡，北魏事实上已经灭亡，所以人们把东西两端这两个魏国，称东魏和西魏。

东魏和西魏对峙期间，长江南岸的南朝，也经历了几次改朝换代，其间密密麻麻许多事情，不必细表。其中有一个南梁帝国开国皇帝萧衍，曾经四次舍身同泰寺，也就是说脱下龙袍，换上和尚的袈裟，偷偷溜去庙里当和尚，成为一则皇家逸事，当然也是一桩佛门逸事。

同泰寺是当时南梁首都建康府的最大的寺院，僧侣有数千人。

公元527年，萧衍到同泰寺进香，忽然脱下龙袍，穿上僧侣的袈裟，当起和尚来。当了三天，才行回宫。这是他第一次舍身奉佛。两年后的公元529年，萧衍第二次到同泰寺舍身，皇宫里没有皇帝，大家都十分惊慌，不知道他到哪里去了，后来四处寻找，结果在同泰寺找到了他。萧衍身披袈裟，口念佛号，拒绝回宫。双方僵持了七十三天之久，大臣们从国库里拿出一亿万钱，才把这“菩萨皇帝”从同泰寺赎了出来。萧衍见这事做得，于是公元546、547年又两次舍身同泰寺,每次赎身都各用了一亿万钱。这些赎身的钱便用来建寺，从而令同泰寺成为江南四百八十寺中最大的一个寺。

中国历史上的这一个大弯，是这样转过来的。

西魏宰相宇文泰去世，儿子称帝，改西魏国号为北周。北周皇位几经易手后，一位英明君主宇文邕出现，开始东征北齐。

所谓北齐，其实也就是原先的东魏。一代英雄高欢去世后，高洋手里废东魏，改国号为北齐。这个短命的北齐王国，变态的主子，无耻的朝官，淫荡的女人，变节的将军，政权乱哄哄地仅存了二十八年，便被北周宇文邕灭掉。

北周灭亡北齐，北齐最后一位皇帝高纬以下的所有高姓皇子皇孙，皆被处决。高纬先是被带到长安，封为侯爵，九个月后，宇文邕也找个借口，将他杀了。妃子冯小怜则作为战利品，先被赐给宇文达，后被赐给李询，李询命她穿着粗布衣裙舂米。后来李母令她自杀而死。其他贵不可言的皇后、公主，流落到四川成都，贫穷无依，靠在街头卖“取灯”（古时一种火柴）为生。

美人难再得。冯小怜是那个时代的美人，她的事情一再被后世的墨客骚人作为吟咏的题材。唐朝大诗人李商隐以无限哀婉的口吻说：“一笑相倾国便亡，何劳荆棘始堪伤。小怜玉体横陈夜，已报周师入晋阳。”

史载，北周大军包围了晋州，北齐年方二十的小皇帝高纬，领上自己最宠爱的妃子小怜，领兵去救，两百公里路，走了一个星期，原因是小怜要求顺便组织几场猎场围猎。到了晋州，城已被破，于是北齐军队开始攻城。城攻开一个缺口以后，高纬却下令暂停，请冯小怜前来看他如何取胜。美人冯小怜对镜化妆，描眉画眼，一番打扮后花枝招展地来到这晋州城缺口时，北周军队已将缺口堵住。冯小怜哪见过这两军对垒、杀声震天的场面，失声叫一句“败了败了”，士兵们一听，斗志全失，高纬拍马逃跑，北齐军霎时崩溃。

冯小怜大约是一位倾国倾城的绝世美女，“玉体横陈”这个成语，就是专门为冯小怜而用的。她原来是高纬皇后的侍女，皇后失宠后，将她进献给高纬，高纬封她为淑妃，坐时同席出则同乘，宠爱有加。高纬认为像冯小怜这样美艳的女人，独乐不如众乐，如果让天下的男人们都能欣赏到她的玉体岂不美哉。于是在朝堂之上，置一个案儿，让冯小怜裸体躺在案几上，并时不时地做出各种肢体动作。高纬自己，坐在大厅门口售票，令大臣们排着队来看，看一次收金一千，号称是“千金一视”。

宇文邕去世后，儿孙相继即位，后来，身为皇帝岳父的杨坚，从孤儿寡母手中，轻易地把政权接到手中，建国号为隋。公元589年，灭南陈。合久必分、分久必合的中华帝国，由大隋王朝完成又一次一统天下。

尘归尘、土归土，世界终于又松了一口气，古老的中华文明板块，宛如欧罗巴大陆的罗马帝国，经历了来自亚洲的牧羊人阿提拉大帝马蹄耕耘后，又重回它原先的河床开始继续奔流。

大隋王朝虽只经历两世，但是在汉传佛教落地生根这件大功德上，却有着几件可圈可点的事情。

隋文帝杨坚和皇后独孤氏,都是十分虔诚的佛教徒。大隋立国处,辟出都城南城墙外边三十多平方公里的偌大地面，修建了一座佛教大寺，取名双塔寺，占地面积之大，从如今西安市科技五路直到长安县的郭杜镇。寺内广修庙宇，鳞次栉比，更建有两座既彼此独立，又携手相连的高大木塔。这木塔高一百米，当是当时中国境内最高的塔了，后世唐太宗李世民为西行归来的一代高僧玄奘所修的藏经塔——大雁塔，如是宏伟，仅七十米高而已。据此，可以想见此木塔之高之宏伟气象了。这塔由夫妇二人合建，双塔携手，高可摩天，似乎有夫妻恩爱、比翼齐飞的意思在内。为了强调这意图，双塔下面，还栽了两棵龙爪槐，两棵龙爪槐的根基地面，又放置两尊硕大无比的石龟，以示龟寿万年。

据说玄奘当年从中原来到长安，还是个小沙弥时，曾在这双塔寺修持。

后来，此双塔毁于唐末的黄巢起义。屡次科举不中，对世界充满怨毒情绪的黄巢大将军，来到长安城下，吟诗道:“待到秋来九月八，我花开后百花杀。冲天香阵透长安，满城尽带黄金甲。”黄巢破城后，一把火将双塔寺烧毁，据说塔被焚时，火光冲天，直上云霄，夜来长安城被火光照耀得如同白昼。

附带说一句，起义者黄巢，还对文化和文化人，表示了极大的轻蔑，长安城中文化人悉数被杀，就连能哼些二六句子的半拉子文化人，也在劫难逃。

而今越千五百年岁月之后，那双塔虽毁，塔基及地宫尚在，那两棵龙爪槐，郁郁葱葱，占地半亩，遇风则树冠摇曳，婆娑多姿，而那两个石乌龟，还呆头呆脑，忠实地一棵树旁卧着一个。

隋朝的第二位皇帝是隋炀帝杨广。杨广在历史上，久负骂名，以暴虐著称，不过事实是不是这样，还真得打个问号。历史是胜利者书写的，是隋以后唐兴起时那些大唐王朝御用文人写的，为了证明改朝换代的必要性，文人们通常的做法是会将前朝抹黑。而且抹得越黑越好。

杨广大约也是个“虔诚”的佛教徒，起码是出于维护政权、收买人心的需要，他为兴盛弘扬佛法，做了一件重要的事情，这就是在鸠摩罗什高僧被羁十七年的古凉州，设国立译经场，收一千五百名天竺学生，学习汉文，收一千五百名汉民学生，学习梵文，使鸠摩罗什时期达到大盛的这种将贝叶经译成中文典籍的事业，得以延续和发展。

从历史贡献上来说，他可以称得上是一个有为的皇帝。他开通了大运河，大运河的开通，实际上才真正地完成了中国地理南北上的沟通，使整个国家浑然成为一个整体。到了唐时，漕运从长江抵黄河，从黄河抵渭河，从渭河入灞河，从灞河依靠人工运河，江南的糙米可以直接运到大明宫宫殿门口的漕运码头。

隋炀帝还曾西巡到张掖，西域二十七国的首领、使者及商人朝谒于焉支山。着各种服饰、操各种语言、长各种相貌的客人们，将这座古城的大街小巷填满。那一阵子河西走廊想必是异常红火、忙碌。

隋炀帝杨广在临死前半年，洛阳城中，纸醉金迷中的他拥着美姬，看着乐舞，将搂抱着美姬的胳膊抽出，然后摸着自己的头颅，长叹一声说：“这一颗好头颅，不知道将来要被谁割了去？”能这样说话，说明这还是位有见地的君主、头脑清醒的君王，只是大厦将倾，独木难支而已。果然半年后，在动乱中，隋炀帝杨广为叛军所杀，政权随之倾覆。

第九十四颗念珠

隋王朝灭亡，代之而起的是中国历史上一个最为强盛的王朝——唐。此后的中国人，还常常像仰望一座远处的高山一样仰望那个强盛、包容、群星璀璨、光芒四射、令人着迷的伟大时代，“梦回唐朝”成为人们的一句口头禅。

大教东流，落地生根，传播开来，福被九州，这个伟大工程在大唐王朝时代完成。佛教登堂入室，与产自于中国本土的道教、儒教相逢，融合，各安其位。三教合流，中华封建时代的国家准宗教自此确立，它后世再没有被撼动的可能。

这期间出了一位佛门中的伟大人物，他就是一代高僧释玄奘。从释法显开始，到释鸠摩罗什，逾两百年之后，伟大的僧人玄奘，西行取经，广游五印十九年，归来后说服唐太宗李世民，将佛教与道教、儒教并列，成为国家宗教，而后辗转弘福寺、翠微寺、大慈恩寺、玉华寺，译经、弘法，为汉传佛教落地生根，呕心沥血，功高德劭。玄奘于六十四岁时圆寂于玉华寺肃成院译经堂。

虽然历史上曾经有过一个“三武灭佛之祸”，但是，大教东流，已成不可遏之势。宛如大水漫滩，佛教而宫廷，而民间，而山野丛林，而江河湖海，滴水不漏地渗入中华大地每一处毛孔中去，为这个东方种族的苦难历程增加一份稀释剂，一份安置灵魂的避难之所，一份行为举止、举手投足的规范绳墨、限制与底线。“天下名山僧占尽”这句话足可以说明佛教文化在中华大地的普及。

“三武灭佛之祸”两次是发生在玄奘之前的年代，一次则是发生在玄奘之后的年代。第一次是，业已占据了北中国偌大地面的北魏拓跋焘大帝（号称太武皇帝），在他灭掉赫连勃勃，驻军长安城时，在一座寺院里发现了兵器，这为拓跋焘的灭佛行为，提供了一个很好的借口。于是他下令全国各地，焚毁所有的寺院，长安城内的和尚尼姑，不论老少，一律处斩。

第二次则是发生在公元574年的北周第三任皇帝宇文邕（号称武皇帝）禁佛。第三次，也就是玄奘之后的那一次禁佛，发生在公元845年，唐王朝第十八任皇帝李炎（号称武宗皇帝）身上。后世，在中国境内许多地方，出现了被埋入地下，被隐藏在石洞中的大量石雕、泥塑佛像，相信它们即是在这三次灭佛之祸，寺院被毁、僧众被诛杀或被迫还俗时，信众们出于虔诚，偷偷地予以藏匿的，而大约以这第三次武宗灭佛，规模最为宏大，因此所藏的圣物也为最多。

以历史的眼光看来，这“三武灭佛”似乎有其内在原因。这原因就是，民众对佛教的盲目崇拜、狂热追捧，已经令手中握有生杀大权的当朝者感到恐惧，觉得皇权之外出现了另一个中心。而这时候僧众们并不知道危险将临，有的还是一个劲地试图挤入权力中心，索取更多的利益，甚至达到与朝廷分庭抗礼的地步。这样，普天之下莫非王土，那为王者，终于坐不住了，于是一把火，烧了僧众们吃斋念佛的场所。

西方社会，教会与王权的明争暗斗，此消彼长，大约也发生过这样的情势。这些事后来的演变是，彼此妥协，各自向后退让半步，形成了政教合一体制。这种体制一直延续到了中世纪结束。

而中国的佛教，在经过这“三武灭佛之祸”的三次敲打之后，终于学乖了，明白了它虽然自视崇高，但始终只能是从属的东西，作为维系天下太平、万民安乐的一份调和剂，是唯我独尊的皇权统治的敲边鼓的角色。道教、儒教在此之前是这样做的，佛教想要安身立命，也必须这样做。

伟大的僧人玄奘，他的出家剃度，与一个人有关，这个人就是中国历史上，那毁誉参半的隋炀帝杨广。我们前面说过，杨广短暂的统治期间，曾经有过几大功绩。第一，他开凿了大运河，使中国南方和北方，首次完成地理上的沟通和统一；第二，他西巡焉支山，令西域各国纷纷来朝谒；第三，他在凉州设立国立译经场，收一千五百名汉族学生，学习梵文，一千五百名天竺学生，学习汉文，从而进行国家层面上的浩大译经工程。

长安城叫“都城长安”，洛阳城叫“东都洛阳”，就像一条长着两个头的蛇一样，自西周迁都洛阳以后，历朝历代，洛阳城都享有“陪都”的地位，隋炀帝时也不例外。洛阳城是汉传佛教一个重要的立足点和出发点，汉明帝夜梦金人，然后西域两高僧白马驮经，抵达洛阳，在此建中国内地第一座寺院白马寺，这个佛门掌故就发生在洛阳。而北魏王朝迁都洛阳以后，在这里修凿龙门石窟，更使这块地面，佛法大盛，不让长安。

公元612年时，隋炀帝在洛阳城发布诏令，昭示天下，要在举国上下，选拔十名僧人，由他亲自完成剃度。这消息一出，洛阳城中，一阵骚动。有个孩子，姓陈，公元600年出生，名叫陈祎，是距洛阳城三十公里的陈河村人氏。

雪落在此处，而不落在彼处，一定有它的深意所在。这个后来被称为“玄奘”“唐三藏”，或者被小说《西游记》称为唐僧的人，他的身世，也是有一些来历的。史书上说了，陈家最初住在许昌，后来战乱年间，迁移到洛阳。陈氏家族当年曾显贵一时，孩子的高祖和曾祖都曾担任过北魏王朝的太守，是名副其实的封疆大吏，孩子的祖父曾出任国子监博士，孩子的父亲名叫陈慧，虽只是隋王朝的一个普通的县令，但对儒家和佛家的经典，都颇有研究。

孩子五岁时，母亲撒手长去。父亲于是辞官归隐，回到家中照顾子女。史书上说，玄奘有三个哥哥，一个姐姐，这样说来，他该是排行第五，陈家最小的孩子了。而到了孩子十岁时，父亲去世，这样父母双亡,这个名叫陈祎的孩子成了孤儿。于是在二哥的带领下，来到洛阳城的一座名曰净土寺的寺院暂住。

父亲过世两年之后，洛阳城人声嚣嚣，市井中传说着当朝皇帝要全国考试，为皇家寺院遴选十个僧人的消息。消息传出，应试者无数，这孩子也就壮着胆子去应试，可是他刚满十三岁，没有资格。主考官名叫郑善果，考试已经结束了，他步出宫门，见大门口石狮子旁边，站着一个高高挑挑、白白净净、气质独特的孩子。孩子见到主考官，四肢伏地便拜，愿遁入佛门，剃度为僧。四目相对时，主考官一惊，明白眼前这孩子是个非常之人，有慧根之人，他在给隋炀帝的呈文中用“诵业易成，风骨难得”八字，来评价这孩子，并以此作为他破格录取这孩子的理由。这样，这孩子完成剃度，剃去三千烦恼丝，革去旧衣换僧衣，正式成为皇家寺院一名僧人，得名玄奘。

当玄奘成为一名僧人的时候，大教东流，佛教传入中国已经六百年了，洛阳城中寺院林立，僧侣如织，香火缭绕，梵音阵阵。想那当初叫伽蓝寺，现在叫白马寺的佛教大寺，端立洛阳城中，庄严万状。而黄河岸边，龙门石窟的开凿督造，击打声不绝于耳。少年玄奘即在这洛阳城浓厚的佛学氛围中长大。那个主考官郑善果，曾预言，玄奘乃人中龙，鸟中凤，绝非池中之物，将来会是佛门的才俊呀。

玄奘在洛阳城，住寺到公元618年，也就是隋炀帝摸着自己的头颅，叹息说“这一颗好头颅，不知道将来要被谁割了去”那时间段的前后。是时隋帝国将亡，洛阳成为战场，玄奘于是为避战火，一双麻鞋，一领袈裟，一件乞食钵，西走长安。来到长安城后，隋帝国灭亡，大唐初建，战争还没有结束，长安的寺院破败不堪。痴迷于佛法的玄奘收拾行囊自长安南下，开始了长达七年的游学生涯。七年间，玄奘的足迹踏遍了大半个中国，遍访名刹古寺，问学高僧大德，被誉为佛门的“千里之驹”。青年玄奘造访过哪座寺院，在哪家寺院挂过单，在哪家寺院经堂中求过学或讲过学，时光久远了，这些都已无从查考。

公元625年，玄奘结束了游学生涯，第二次来到大唐的都城长安。此一时，历经磨难的长安城秩序已经恢复，大唐帝国在李氏家族的统治下，开始崛起，各种迹象都表明，一个伟大的时代即将开始。

一颗不拘的心渴望着远方，至于那远方是什么，虽然暂时我们还不知道，但是，它在召唤，它在魔咒般地诱惑。在二次进驻长安城的某一天，青年玄奘遇见了一位高人，这就是来自印度的僧人波顿。遍搜天下佛门典藏，研读佛法，而始终不得其要领，如坠入云里雾中的青年玄奘，在与僧人波顿的简短交谈中，迅速体悟到印度佛学的智慧，感受到佛学发源地的魅力，他因此倾倒，知道该去哪里寻找至高的真理和智慧了。

僧人波顿告诉玄奘，印度国有个叫那烂陀寺的寺院，是研究佛法的最高学府。那烂陀寺有一个叫戒贤的高僧，集万千智慧于一身，通晓一切佛法经论，是当世的佛学大师，泰山北斗级的人物。波顿的话让青年玄奘明白了，他的下一步该迈向哪里。那一刻他决定了，要前往印度，舍身求法，将那那烂陀寺长明不熄的灯盏，请一盏出来，点亮他亲爱祖邦的殿堂，让佛学抚慰这东方的苦难。

父母给了我们两只脚，就是为了有一天用它来独行天下。而对于青年玄奘来说，这“有一天”是公元627年秋天的某一天。

这一年秋天，一场罕见的霜灾突然降临，严寒冻死了关中平原上所有的庄稼，一场大饥馑在所难免。立国刚刚九年的大唐措手不及，只能打开城门，放任饥民四散逃难。而在此之前，由于唐王朝与突厥人的战争时紧时松，频有发生，所以唐王朝实行禁边政策，严禁关隘，不许有一人流出。

这样，时年二十八岁的青年玄奘，身穿麻鞋布衣，头顶斗笠，肩上再背一个篾条编成的背篓，化装成灾民模样，和逃难的灾民一起，混出长安城，踏上凄苦凶险、九死一生的西行求法之路。

唐玄奘的西行取经，是汉传佛教史上的一个伟大事件，亦是中华文化史上的一个伟大事件。玄奘西行前，在中国人的口中，印度还不叫印度，而是叫天竺，是玄奘回来后，告诉国人说，葱岭那边的那个国家，它的更准确的名字应当叫印度，即月亮女神照耀的国家，而五印大地的形状，恰好也是一个半月形。

“成精豕，作怪牛，兼上偷天得道猴！”这是《西游记》中对唐僧的三个高徒的描写。英国小说家毛姆说，传奇中的一些小故事是英雄人物通向不朽境界的最可靠的护照。正是因为有了这个《西游记》，玄奘的西行求法的举措，其光芒超越和遮掩住了这之前和之后西行求法的所有僧人。鸠摩罗什高僧穿越塔克拉玛干大沙漠时，骑行的是一匹白马，这匹白马后来倒毙在敦煌莫高窟，而唐玄奘西行时，骑行的是一匹瘦弱的枣红马，但是在历代传说中，在小说家笔下，鸠摩罗什胯下的马，被换在玄奘胯下。

还有一个有意思的问题是，玄奘晚鸠摩罗什两百年，晚法显两

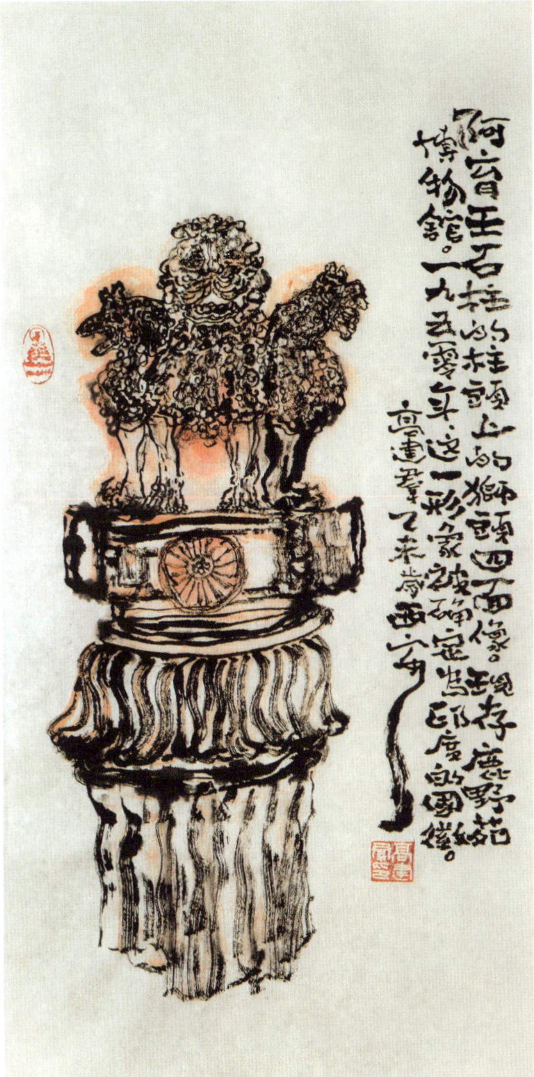
阿育王石柱的柱頭上的獅頭四面像。現存鹿野苑
博物館。一九五零年，这一形象被確定為印度的國徽。

玄奘西遊

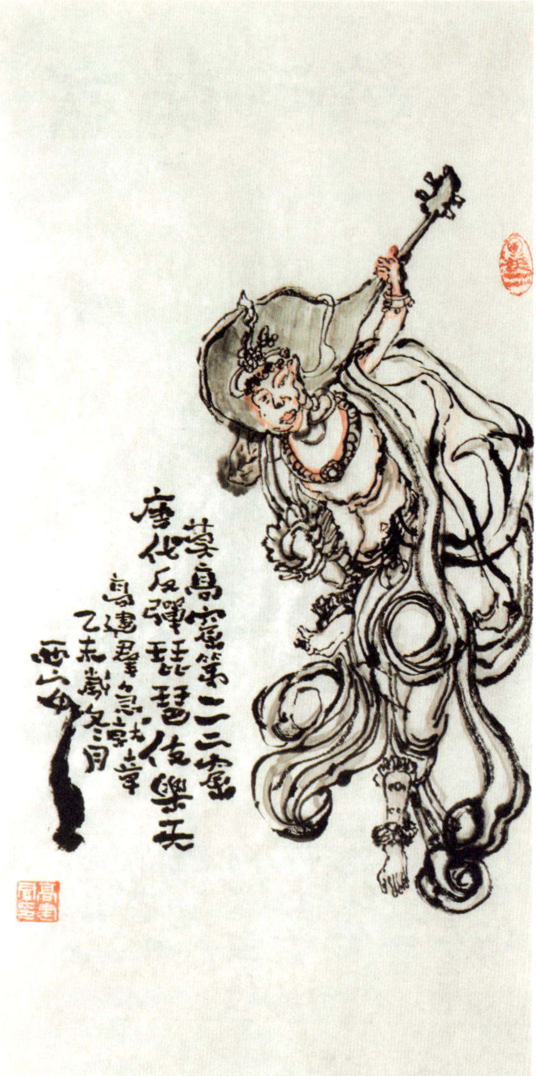
莫高窟第一一二窟
唐代反弹琵琶伎乐天
高建群笔急就章
乙未岁冬月

百年，因此，玄奘离开长安时，他的手中一定会捧着一本重要的书，用作旅行指南，这本书就是释法显的《佛国记》。因为这本书一经刊行之后，即在当时产生了巨大的影响，例如几乎与法显同时代的郦道元，在他的《水经注》中，就大量地引用了法显对西域、对天竺地面上水流湖泊的描写（几乎是照搬），而法显所说的“黄河重源说”也被他照搬，所以，唐玄奘的这次西行大穿越，完全是步法显的后尘，亦步亦趋的行为，《佛国记》应当像一本导游手册一样，指导玄奘完成这次伟大行程。但是，蹊跷的是，在唐玄奘应李世民之邀，为君王完成的皇皇巨著《大唐西域记》（玄奘口述，辩机整理）中，竟然没有一处提到法显这个先行者。

青年玄奘就这样，在一个草木肃杀、哀鸿阵阵的长安城的深秋，有几分凄然地离开，踏上那未知的险途。与玄奘同时代的另一位僧人义净赞美说，“显法师则创辟荒途，奘法师乃中开王路”，是对玄奘西行求法的高度赞誉。

西方人有一本书，名叫《堂吉诃德》，那里面塑造了一个理想主义者，一个中世纪的愁容骑士堂吉诃德形象，那里面的故事走向，诙谐风格，与中国人的《西游记》很相近。关于堂吉诃德的出发，人们这样说，整座城市，都在悄悄传诵着一个令人激动的消息，他们中有一个人，要出发去征服世界了。对于这座城市来说，这是一个节日，姑娘们穿上了漂亮的衣服，铁匠用锤子敲打出钢铁里的音乐。全拉曼却的人，正在向全世界讲述一个愉快的故事：他们中间有一个人要出发去解放人类，把人类从历代相传的苦难中解救出来。在他之前已经有许多人骑着马到那遥远的地方去了，他们不怕死，不怕艰苦，去寻找那个引诱人的艾尔多拉多（即传说中南美洲的黄金国），一直到现在还没有人敲过它的门，因为多少行吟诗人歌唱的幸福时代始终不曾实现。

相比愁容骑士堂吉诃德的出发，我们的远行者玄奘的出发，就显得冷清和寒酸了许多，他甚至是偷偷出城，偷偷地穿过层层关隘，踏上旅途的。

不过他的归来却得到了报偿,那时他已经誉满天下。当他回程中，还在遥远的西域地面勾留时，长安城就万民翘首以待这个伟大传奇的归来。而大唐皇帝李世民，则迫不及待地在东都洛阳召见他。君王和高僧之间，还曾有过一段著名的对话。这对话的其余部分，后面再说，这里只说及玄奘出发之事的这一段。

唐太宗李世民，手执高僧玄奘坐定。君王说:“高僧呀，你做了这么大的一件功德，出发的时候，该给为王者说一声，我可以派兵为你护行，可以为你举办出发前的仪式，起码，补充一些盘缠，让人带着路途上使用呀！”

饱经历练的高僧，并没有细说他出发时的狼狈之状，那样说就是小格局了。他这样说:“君王呀，西行取经这件事情，对佛门也许是一件大事,对贫僧本人来说也许是一件大事,但是放到国家层面上，就微不足道了。君王日理万机，僧家不敢为这点寻常小事，惊动圣驾呀！”

这话中听，李世民听了，对高僧更加敬重，或者说敬重之上，又加一层敬重。

第九十五颗念珠

这个伟大的行者，在那个长安城秋风肃杀的时节，跟随难民队伍混出城去，开始踏上凶险叠加、前程未卜的西行求法之路，他穿越陇东高原、陇西高原，像先行者法显一样，在河西走廊名城凉州，有过一段时间停留，而后过嘉峪关，过玉门关，过阳关，途经敦煌，过蒲昌海，进入塔里木盆地。而后，似乎又折身东北，在哈密、吐鲁番一带停留。在这里，与高昌国王结为兄弟，而后，拿着高昌国王为他所写的推荐信件，穿越火焰山、库鲁克塔格山，再入塔里木盆地。

塔里木盆地的南沿，就是著名的蒲昌海，蓝汪汪的一泓浩瀚之水，横亘在天宇之下。我们记得，在法显的叙述中，在鸠摩罗什的叙述中，蒲昌海都曾经给我们留下深刻的令人惊骇的印象。而注入蒲昌海的那条河水四溢、黄沙滚滚、两岸生长着茂密的胡杨林的河流，它的上游叫叶尔羌河，也叫和田河，它的中游叫塔里木河，它注入蒲昌海的这一刻则叫孔雀河。章回小说《西游记》中说，唐僧师徒取经，要历经九九八十一难，而有一难，就是渡这孔雀河，在小说中，这条河叫作流沙河。

楼兰古城在其西，而两座凶神恶煞般的浩瀚雅丹，则在蒲昌海的北岸和南岸。北岸那雅丹叫龙城雅丹，远远望去，像一座威严的鬼气森森的城堡。南岸那雅丹，叫白龙堆雅丹，苍茫的远方天宇下，中亚细亚炫目的阳光照射下，一个个拥拥挤挤的高大沙丘，狰狞万状。我们记得，两百年前鸠摩罗什高僧，曾在这白龙堆的某一个雅丹之上，同吕光的三万大军一起，遭遇过食人蚁侵袭的故事。

我们的玄奘，九死一生，也曾从这雅丹中穿过，他在《大唐西域记》中，称这雅丹群为“莫贺延碛”。史料中说，玄奘在大漠中至少有五天四夜滴水未进，是那强烈的求生欲望在支撑着僧人前行，但是，人的肉体毕竟是有极限的，行走到第五天的时候，玄奘终于一阵眩晕，从马背上栽了下来。他昏死过去。就在他行将毙命，将成为茫茫大漠之上的一堆白骨，从而成为后之来者的路标时，那匹瘦弱的枣红马，竟然鼻子嗅地，一路跑去，为他找到了一个池塘。

在当地人的传说中，罗布泊有六十泉，这六十泉隐匿在沙丘与盐碛之间，只有那些时常在这片荒野上打猎的猎人，包括那些在这块不毛之地凶险之所依然存活的野骆驼、普氏野马、野羊，才可以找到它们。后世，那著名的瑞典探险家斯文·赫定，也似乎有过一次与玄奘高僧同样的经历，也是一匹挣脱缰绳的马，将这位探险家带到一眼泉边，从而发现沙埋千年的楼兰古城。而此刻这奇迹，这侥幸则发生在我们的高僧玄奘身上了。

找到水源的枣红马，过来唤他，用舌头舔他的脸，用鼻孔喷出的热气喷他的脸，用嘴巴叼住他的衣服往泉边拖。这样玄奘来到了泉边。他先将头深深地浸入水中去，贪婪地饮饱，接着和衣跳进水里，将自己身上的每一处毛孔清洗。最后，身子彻底的清爽了，于是爬出水来，脱下僧衣，在水中洗净，又将僧衣平摊在沙砾上晒干。

远方在等待着他。山那边是什么呢？他不知道！他所有的知识只是听到过山那边的人，或是从山那边过来的人的描绘。他想亲自去看一看。僧人波顿说过，在那遥远的五印大地上，恒河抵达入海口的地方，有一座圣殿，一处佛门的净地，那里是寺院中的寺院，皇冠上的皇冠，他想到那里去看一看，想请世尊的一盏灯回来，照亮他苦难的东方祖国。

他饮足水，他的马也饮足水，他又给马背上的皮囊，也装满了水，然后，衣冠周正，重新骑在马上，进入塔里木盆地。

在穿越塔里木盆地时，玄奘行走的基本上就是法显行走的路线。

法显当年所见的三千余僧侣共同在一座大寺里进餐的情景，于阗城里家家门前起佛塔，户户家里供菩萨的情景，这些绿洲国家每年兴办迎佛像的浩大佛事活动的情景，似乎在玄奘的《大唐西域记》中都没有看到。季羡林先生说，从法显到玄奘，虽仅仅两百年时间，佛教在塔里木盆地，甚至在它的故乡印度，都已经出现凋敝的征象了。

而在玄奘数百年之后，即12世纪，伊斯兰教进入，绿洲上的佛国陆续消失。而今的喀什噶尔、叶尔羌、阿克苏等等地名，都是后来的伊斯兰教地名。伊斯兰教在对塔里木盆地的征服之前，先期从玄奘将要穿越的那个山口，进入五印大地，而后顺印度河而下，直抵入海口阿拉伯湾，再顺恒河而下，直抵入海口孟加拉湾，完成它的宗教占领，从而令在五印大地兴隆了一千余年的佛教，几近灭绝（现在的统计数字，印度的佛教徒仅占全国人口总量的百分之七）。而那座名叫那烂陀寺的圣殿，亦是在这种情况下颓败和终结。

玄奘在塔里木绿洲印象最深的佛国，是曾产生过伟大的鸠摩罗什的龟兹。玄奘记载了一座光彩夺目的佛寺，这佛寺就是今天的苏巴什故城——新疆最大的佛寺遗址，也许还是当年鸠摩罗什法师弘法宣经的地方。由于执着高昌国王所开的路条，所以，龟兹王以国礼相待，那胡腾舞、胡旋舞等等，都给僧人留下了深深的印象。玄奘写道："龟兹的伎乐舞蹈，在西域诸国中最为出众。"

从龟兹往西，就是古代的葱岭，高大的昆仑山和天山在这里会合，形成一道天然屏障。在这道屏障的西边，是中亚的大平原，那一阵子，那块地面是西突厥汗国的领地。沿着草原掉头南下，就可以抵达五印大地了。玄奘从一个叫凌山的地方穿越葱岭。《大唐西域记》中记载，凌山在葱岭的北端，险峻陡峭，直插云霄，冰雪终年不化，积而为凌。所谓的“终年不化，积而为凌”就是说的“冰大坂”，冰大坂是民间的叫法。

在翻越雪山时，玄奘一行，先是遇上了一伙强盗抢掠，接着在山顶又遇上了雪崩。玄奘说，七日之后，方始出山，徒侣之中，冻死者十中三四，牛马逾甚。公元628年的春天，玄奘翻过雪山，走入中亚细亚草原，眼前突然出现一座大湖，玄奘说，大清池方圆一千五百多里，四面环山，水呈青黑色，味道又苦又咸。广阔的湖面上会骤然刮起大风，波涛汹涌。水中鱼龙混杂，产物虽然很多，但没有人敢捕捞。——后人考证说，玄奘眼中看到的那座大湖，就是伊塞克湖，中国人古称“热海”。

从大湖向西北行走五百多里，到达中亚名城碎叶。见到唐玄奘奉上的高昌国王所开的路条，碎叶城主人西突厥可汗在他的大帐中召见了玄奘。

从碎叶继续启程，沿着汉人张骞开辟的丝绸之路，玄奘继续前行。不久以后，他来到撒马尔罕。撒马尔罕是中亚名城，十分古老，极富传奇色彩。它是世界的十字路口，世界三大宗教交汇之地。

公元前4世纪，亚历山大大帝征服了撒马尔罕，希腊文化开始在这里生根。丝绸之路开通之后，撒马尔罕逐渐成为东西方文明交汇的中心。古城向东而开的那个门叫“中华门”，来自长安城的丝绸，曾经从这里进入撒马尔罕，最终抵达罗马。

8世纪以后，伊斯兰教进入中亚，13世纪，成吉思汗的军队征服了撒马尔罕，也彻底毁灭了这座历史名城。14世纪，著名的瘸子帖木儿以撒马尔罕为中心，在中亚建立了又一个游牧民族的大帝国。——这些都是玄奘身后的事情了。

离开撒马尔罕，穿过一个叫“铁门关”的突厥人的军事要塞，玄奘进入阿姆河流域。阿姆河是中亚最大的内陆河。在印度佛教传说中，葱岭的顶上有一个天池，天池中心有四种动物，各向世界的四方喷出四股水流，一股形成印度河，一股形成恒河，一股形成塔里木河，一股形成阿姆河。

玄奘从这里二度翻越雪山，进入五印大地。后世考证说，玄奘第二次翻越的大雪山，就是今天阿富汗的兴都库什山。玄奘说，在山中行走六百多里，到达梵衍那国。梵衍那国都城东北的山麓，有一座石佛立像，高一百四五十尺，金色光彩闪耀，珠宝装饰灿烂。

玄奘描述的正是世界上最高的立佛——巴米扬大佛。2001 年，阿富汗的塔利班武装炸毁了大佛，摧毁了这处闻名于世的人类文化遗产。

第九十六颗念珠

从巴米扬大佛所在地再往前走，玄奘顶着鹅毛大雪，翻越黑岭，来到今天的阿富汗首都——喀布尔附近。那时这个国家叫迦毕试国。《大唐西域记》中记载,这个国家境内有一座很大的庙宇。当地人说，一位中国王子曾经住在那里。在万里之外，竟然有一座与中国人有关的庙宇，这让离乡背井已经一年多了的玄奘，十分的感动。

喀布尔这个凄凉干旱的阿富汗高原上的城市，曾经是著名的贵霜王朝的都城。贵霜王朝在一天早上突然灭亡，它灭亡的原因是像大洪水一样西迁的匈奴人,其中有一支路经了这里,一举将它毁灭了。这支匈奴人被称为白匈奴，或被称为厌哒人，或被称为亚洲白种人，或被称为印欧人种。贵霜王朝灭亡后，它们的遗民跑到哪里去了呢?

后来，人们在楼兰国挖掘整理出的关衙文书中，发现了一种奇怪的、业已死亡了的文字——佉卢文，这种文字正是当年贵霜王朝的官方文书用语（另外，在和田地区亦有发现），这样，人们推测，这些贵霜王朝的遗民们在王朝灭亡以后，重返塔里木绿洲，并且在蒲昌海旁边的楼兰国麇集。楼兰国的官方文书文字，是汉字与佉卢文对照，这亦说明，中华帝国对塔里木盆地的影响力，那时已经达到相当的程度。

或问高僧，从何处来？高僧答曰，从来处来！或问高僧，到何处去？高僧答曰，到去处去！

对于沙门玄奘来说，他的来处是哪里呢？是中州大地，洛阳城外的陈河村，是一个卑贱的农妇的肚子，将他带到人世间。那么他命定的去处又是哪里呢？是六十四岁那年玉华寺那个肃成院译经堂，他将在那里油枯灯干，完成他的传奇一生，欣然地走向他的去处！

但是此刻，他在迢遥的路上。

人们说，旅行的目的一半是为了发现风景，而另一半则是为了发现自己。我们的高僧，正是在这一双麻鞋、一领袈裟、一个乞食钵的行走中，完成着他的朝圣之旅，寻根问祖、寻宗问道之旅，而另一方面，完成他的精神的越狱，走向崇高和纯粹。

公元628年的秋天，在离开长安城整整一年之后，玄奘来到了今天的阿富汗与巴基斯坦边界附近。喀布尔河与印度河在此交汇，正是旱季，河水平稳而缓慢。渡过印度河不久，玄奘来到了闻名于世的犍陀罗国。佛教在犍陀罗国已经凋零，这令佛门弟子玄奘泪流满面。

犍陀罗国地区是印度次大陆的门户，希腊和罗马文化，波斯文化，印度文化和草原文化，在这里交汇，并迸发出瑰丽的火花。美术界将这融各大文化板块、各大宗教板块所产生出的伟大艺术，叫“犍陀罗风格”。在这里，有个叫白沙瓦的城市，而不远处，有一名为塔克西拉的古城遗址，专家考证，塔克西拉古城就是早期犍陀罗的中心。

专家认为，这里曾是南亚最早的城市之一。公元前4世纪，亚历山大大帝东征，犍陀罗因此深受古代希腊文化的影响。公元前3世纪，古印度的孔雀王朝在这里传播佛教，阿育王破八塔而为八万四千塔，在此处亦建舍利塔供养佛祖。然而，真正令犍陀罗达到鼎盛的是古代的大月氏人。来自于中国，被匈奴人驱赶到这里的大月氏人以犍陀罗为中心，不仅创建了辉煌一时的贵霜王朝，而且缔造了名垂千古的佛教艺术。

我们知道，显赫一时的贵霜王朝，后来为西迁的白匈奴所灭。同时我们还依稀记得，当伟大的僧人，被称为“智慧子”“东方文明底盘”的鸠摩罗什，他尚在母体胎中时，一位从大月氏过来的行脚僧，望着他母亲耆婆额头上那个突然生出的红痣，惊叹道：“将有一位贵人，借你的腹中生出。他是智慧子，非常之人，他的光华将照耀东方。”

离开了令人伤感的犍陀罗，玄奘向东南而行，进入今天的克什米尔地区。那时，这个国家的名字叫迦湿弥罗。这里当时也是著名的佛国。玄奘在这里大约滞留了有两年之久，在一家又一家寺院挂单，如饥似渴地学习那些佛门典藏。而后，继续行走，穿行在印度北方的各个邦国中。而后，又掉头向北，进入恒河流域。

公元631年的春天，离开长安城将近四年后，这个伟大的中国僧人，终于亲眼看到了那条被大肆渲染，集各种传说与圣迹于一身的恒河。先前，法显看见过，鸠摩罗什看见过，现在我们的释玄奘也来到了这恒河边上。恒河发源于世界屋脊喜马拉雅山，东南注入印度洋，流程将近两千七百公里。它是印度人的母亲河，古印度文明的摇篮，亦是世界三大宗教之一的佛教诞生的摇篮。这条河不舍昼夜地流过，在它的河流两岸，发生过多少的掌故与传说呀！

恒河浩浩荡荡，仪态万方地从平原上流过，两岸是一座又一座石头垒成的城堡，神庙那黑黝黝的菱状的尖角，闪现在夜色中，菩提树高大的树冠，在印度洋海风的吹拂下飒飒作响。恒河岸边林立着一个一个的邦国，这样一直从它的源头开始，排列到遥远的入海口孟加拉湾。

在法显的《佛国记》中，法显向国人报告说，葱岭那边那神秘而遥远的国度，叫天竺，地形地貌天然割裂，将它分为五块，通常被称作东天竺、西天竺、南天竺、北天竺和中天竺。他还说，这块地面列国林立，大约有八十六个。

而在玄奘的《大唐西域记》中，玄奘校正说，天竺这个名字是不准确的，它的准确的名字应当叫印度，即月亮女神照耀的国家，“印度”这个中国人一直沿用的他国国名，就是自玄奘始。这样，它仍然从地理上分为五块，即东印度、西印度、南印度、北印度以及中印度。玄奘还说了，他来到这块土地上的时候，大约一共有七十多个国家并列。

后来，玄奘西天取经得到大功德，回到长安城后，曾应唐太宗李世民之请，前往洛阳城。在君王与高僧那场著名对话中，李世民曾饶有兴趣地问起玄奘足迹所至的那些国家的风土人情，尤其是葱岭以南，五印大地上的情况。玄奘尽其所见，一一作答，并随后在李世民的建议下，耗时两年，由玄奘口述，辩机记录，完成那本重要著述《大唐西域记》。

玄奘对君王说，山那面的那个遥远而神秘的国家，五印之境，周长九万余里，三面面对大海，北面背靠雪山，北广南狭，形如半月。画野分疆，七十余国。时特暑热，地多泉湿。北乃险峻高山，盐碱丘陵。东则川野沃润，畴垄膏腴。南方草木荣盛。西方土地硗确。那里的人民，男人随便一件布料无须剪裁制衣，即披在肩上，然后横巾右袒，绕腰而系。女人的衣饰，则搭满全肩，头顶上再扎一个小髻。那服饰，或者是用野蚕丝做成的，或者是细纱棉布的，或者是麻布的，或者是用羊毛捻成细线纺织的。

中国社会将人分成三教九流，那印度国，以族群种姓，将人分为四流。一曰婆罗门，二曰刹帝利，三曰吠舍，四曰首陀罗。一等人是上帝意志的传递者；二等人是国家统治阶级；三等人是商贾、农人，贸迁有无，逐利远近；四等人则是奴隶。印度的古老经典说，为了保护这整个世界，那光辉赫赫的创造神大梵天，给从他的口、臂、腿和脚这四个地方分别生出的四个种姓，安排了各自的行为。

关于那印度国的礼仪形式，见君王问起，于是玄奘答道：

“致敬之式，其仪九等：一发言慰问，二俯首示敬，三举手高揖，四合掌平拱，五屈膝，六长跪，七手膝踞地，八五轮俱屈，九五体投地。凡斯九等，极唯一拜。跪而赞德，谓之尽敬。”

李世民听了，笑道，这夷国的种种礼仪与我号称礼仪之邦的中华帝国，却也相近相似。玄奘听了，回答说，我国古代，有三拜、九拜之习俗，常言“礼多人不怪”，而这印度国，寻常一拜便罢，假如再拜、三拜，便有些不合时宜了。

闲言少叙。

公元631年的夏天，三十二岁的玄奘终于到达佛祖的诞生地，掐指算来，这位远行者离开长安城，已经有整整四年的时光了。

第九十七颗念珠

视千载如目击，览万里如躬游。在法显两百年后，我们有幸，借助玄奘的眼睛，又一次看到了那些圣迹。

佛祖叫释迦牟尼，释迦是族名，牟尼是圣人的意思，连读起来就是释迦族的圣人。考古学家推测，今天印度北部和尼泊尔南部交界的地方，有个小城叫蓝毗尼，就是佛祖的诞生地。佛祖在出家之前，是释迦王国的王子，名字叫乔答摩·悉达多。

释迦国的王后在四十五岁时才有身孕，按照氏族的习俗，母亲必须在娘家待产。在返回娘家的路上，王后燥热难耐，在一个水池中沐浴时产下一子，这个婴儿就是那未来的佛陀释迦牟尼。玄奘说，那浴池至今还在，池水清澈皎洁，宛如明镜。花朵竞相开放。这里是佛祖诞生的地方。

玄奘还以无限感伤的口吻说：佛祖诞生的地方有一棵菩提树，但已经枯死了。他还说，距离太子出生的佛塔不远，有一根大石柱，上面雕刻有马的形象，是阿育王时期塑造的。马头雕像已经不见，但上面的铭文依稀可以看见：慈祥的阿育王亲自来此朝拜，立柱刻像以标志，这里是佛祖的诞生地。

玄奘继续行走，他把我们的目光带到佛祖出家剃度时那片树林。那年这位释迦国的王子二十九岁。他从城垣中逃出，在这片树林中解下宝衣，除去瓔珞，命令仆人返回，然后剃光头发，离家出走，以“修菩提行，起广大心”为修持口号，开始赤着双足在五印大地上行走。

后来，玄奘来到拘尸那迦，这里是佛祖涅槃的地方。

八十岁那年，佛祖知道自己的生命将要耗尽，该是告别的时刻了，于是，他沐浴之后，在两棵娑罗树中间安置了绳床，枕着右手侧卧，佛祖告诉弟子他将涅槃。这是公元前545年的一个月圆之夜。

有一座塔，是阿育王所建，塔身已经陷落，但仍高二百余尺，塔前建有石柱，以记如来涅槃之事。

记得，当年法显曾经为我们详尽地叙述了佛祖涅槃时的情景，他在被放入狮子床金棺后的三次显灵，他火化时那烈焰升腾，信众们捶胸顿足、呼天抢地的情景，八王分舍利的情景。逾两百年后，玄奘又带着我们的目光，再一次亲历那神圣时刻，经典时间。

接着，玄奘的脚步把我们带到了鹿野苑，那是佛祖觉悟之后，初次讲经的地方。1950年印度立国后，成为印度国国徽的四面狮像，就是竖立在这园内一根高耸石柱的顶端之上的。

佛祖圆寂两百多年后，孔雀王朝的阿育王在鹿野苑，修建精舍、佛塔，并竖起一根高耸的石柱。石柱顶端，四头背靠背的狮子朝向世界的四个方向，目光威严，饱含警觉，半张的大嘴发出咆哮之声。

离开鹿野苑，玄奘来到一个名叫吠舍厘的地方，当年，阿育王在这里皈依佛门。

公元前3世纪，印度建立了历史上第一个相对统一的王朝，王朝的缔造者就是阿育王。年轻的阿育王崇尚武力，战功显赫，以马蹄与战刀为耕作，平定四方。根据阿育王留下的碑文记载，他的“放下屠刀,立地成佛”源于一场极为残酷的征战。十多万人被屠杀殆尽，更多的人死于饥饿，痛苦折磨着阿育王，他的内心充满悔恨，决心皈依佛门，在佛祖沐浴过的池子里，洗净自己滴血的手指。阿育王破供奉舍利的八塔，而建八万四千塔，并在五印大地上竖起的不计其数的石柱上刻下法令，教导百姓遵纪守法，恪守佛教教律。

阿育王的时代，和葱岭这边的中华帝国的秦始皇时代，十分接近。中国和印度这两个东方文明古国很相似，正是秦始皇统一六国，在这块东方大陆，首次完成了封建大一统。秦始皇的残暴、征战和杀戮，令我们可以类比葱岭那边一统五印大地的阿育王。

这里有一个有意思的问题是，秦始皇之前，秦穆公之后，当秦国的都城还没有挪到咸阳，而是在宝鸡雍城地面的时候，出过一个有为的皇帝叫秦景公。他恰好与释迦牟尼是同时代人（释祖寂灭于公元前545年，秦景公去世于公元前537年），令人不可思议的是，在秦景公一号大墓的挖掘中，竟然发现一串珠子。珠子是和田玉做的，虽然珠数不够一百零八颗，但为数不少，明显地是墓主人生前佩挂在脖子上的念珠之类的东西。这真是一件想不明白的事情。

也许这件事唯一的合理解释是，那串珠子与佛无关，它只是一件挂件，即佩在脖子上的饰物而已。

不过有一点应当是确凿的，那就是在张骞未开西域之前，产生于和田地面上的美玉，早已进入中原，秦景公一号大墓的那串玉珠证明了这一点，位于甘肃兰州四千多年前的马家窑遗址出土的玉器亦证明了这一点，而位于陕北高原北部神木县五千年前轩辕黄帝时代的石峁遗址，它的祭坛上出土的那些祭祀用的玉器，有少许亦为和田玉制作，从而也印证了这一点。

接下来，玄奘的脚步，带领我们来到释迦牟尼当年成道的地方。我们记得，法显高僧曾经带领我们来到那释祖悟道的石窟中，那电闪雷鸣大地震的发生，那牧羊女递来的乳粥，那在仙人引领下抵达的那棵著名的菩提树。我们还记得，法显曾经在那座后来建起的有五百僧五百尼的精舍中歇息过一夜。而那一刻，尼姑庵的大门口，一个比丘尼深深地望了他一眼。那比丘尼或许就是伟大的僧人鸠摩罗什的母亲，她叫耆婆，她在龟兹城为吕光所破后，带着大儿子返回了丈夫鸠摩炎的故乡。

此一刻，玄奘来到那棵释迦牟尼成道的菩提树下，菩提树高大，伟岸，无尽的庄严，枝干向天空像巨掌一样撑开。玄奘以无限感慨、充满深情的口吻告诉我们说：这棵树本名叫毕钵罗，由于佛祖在树下觉悟，因而称之为菩提树。菩提的意思是智慧。每到佛祖涅槃的日子，树叶都悲伤地掉落，这个时辰一过，该树又恢复原状。

佛祖成道的日期为中国农历的十二月初八，即腊月初八。为了效仿那位给佛祖喝了乳粥的牧羊女，中国的佛教徒都要在这一天煮粥供佛，俗称“腊八粥”。久而久之，喝腊八粥这个习俗走出佛门，几乎成为所有中国人这一天的一个饮食习惯。长安城中，好善的人家都要在大门口支一个大锅，熬腊八粥施舍行人。佛教文化在中国大地上的深厚影响，从这件事中可见一斑。

公元631年的秋天，在经历整整四年的跋山涉水，饱经磨难之后，来自大唐的僧人玄奘，终于抵达西行取经的目的地——那烂陀寺。那烂陀寺静卧在天宇下，黄金铸成的殿宇放射出夺目的光辉，菩提树的华盖遮天蔽日，不远处的鹫峰岿然屹立，恒河雍容华贵，仪态万方地从不远处流过。这个印度佛教最高学府的住持戒贤法师，那年已经整整一百岁了，他像一棵老树一样颤巍巍地走出经院，移步来到大门口迎接。玄奘趋上前去，双膝跪倒，亲吻着戒贤法师的脚趾，说一声：佛弟子，法门释玄奘，取经来了！

“我的地方，小小的地方，并不是我自己要来，也不是枣红老马带着我来，是那可诅咒的万劫不复的命运，它把我带来的！”玄奘站起，默诵着他在路经的地方听到的一首草原古歌。默诵时热泪盈眶。

第九十八颗念珠

“那烂陀”的意思是不知疲倦地施舍。

早在玄奘在五印大地上行走，在一个一个的圣迹前顶礼膜拜，在一家一家的寺院中挂单，虔诚地寻找和阅读，以及抄录佛家最古老的典藏时，他的行踪、他的故事便沿着这条条道路，传到这东方佛国的最高学府那烂陀寺。

是的，戒贤法师已经一百岁了，像一棵老树那样沧桑而斑驳，像一盏将要熬干灯油的灯盏一样随时都会熄灭，他也在翘首以待，等着那个大唐高僧的到来。他说这不仅仅是为了那个跋山涉水而来的远行者，而是为了佛教的光大，为了大教东流，为了佛陀的光辉，照耀在东方那个幅员辽阔、人口众多的国度。

玄奘在他的记述中说，十万个精舍，三千座佛塔，将这一处地面装点得庄严神圣，无比辉煌。有一座塔叫舍利弗塔，是那烂陀寺最早也是规模最宏伟的建筑。高大的佛塔直插云霄，塔身布满精致的雕刻，雕刻讲述着释迦牟尼佛祖投胎、降生、成长、出家、成道、说法、涅槃以及涅槃后众弟子的结集等等故事。舍利弗本人，则是释迦牟尼十大弟子之首，以智慧过人著称。

在那烂陀寺，修行的老师和学者经常有一万人之多。僧徒主客常有万人，不仅学习大乘学说，还包括世俗经典，以及因明和声明学，甚至医学和数学也在研究之列。

在那烂陀寺，能够读解二十部经论者有一千多人，三十部者五百多人，五十部者包括玄奘本人在内十人，唯有戒贤法师穷览一切经卷，是所有人的导师。

当玄奘抵达的时候，那烂陀寺举行了盛大的欢迎仪式。整个寺院的僧人都集合在一起，玄奘与他们逐一见面，互致敬意。在二十名仪容威严的高僧陪伴下，玄奘向导师戒贤法师行拜师礼，而戒贤法师伸出枯瘦的手指，轻轻抚摸玄奘的顶额，为他行“灌顶”仪式。

《瑜伽师地论》是佛教最重要的经典之一，其规模之宏大，体系之完备，逻辑之严密在佛教典籍中赫赫有名，非一般人所能通晓。戒贤法师出自名门，本为王族，是瑜伽学派最权威的学者。由于年事已高，受疾病的折磨，已经很久不亲自讲经了。但为了这远道而来的中国学生，一代宗师重开讲堂。这次讲经，不仅在那烂陀寺，而且成为五印大地轰动一时的大事。

讲经从公元632年春天开始，《三藏法师传》记载，戒贤法师殚精竭虑，用了十五个月的时间，才讲完这部长达四万颂的经书。

万法归一，一归何处。

在佛教第一殿堂那烂陀寺，在佛教在五印大地上已日渐衰微，这里被称为佛法最后一块乐土的地方，在黄卷青灯、暮鼓晨钟的气氛下，在巍巍然如泰山北斗的戒贤法师膝前，我们的玄奘在那烂陀寺住学五年。五年之后，他又用三年的时间，开始在五印大地上的漫游。

玄奘想学成归去了。在离那烂陀寺不远的地方，回寺的途中，玄奘做了一个梦。他说：我做了一个梦，梦见辉煌的那烂陀寺一片荒芜，院子里养着水牛，庙里没有一个僧侣，寺院火光冲天，村庄化为灰烬。菩萨在梦中告诉我，应该早点回去了。这个地方十年之后将会陷入混乱，国王驾崩，恶人相互攻击。

公元640年的春天，在五印大地上漫游了多年的玄奘，返回那烂陀寺。在回祖国之前，他希望正式告别自己的导师。西行求法的使命已经完成，玄奘渴望立即返回大唐。然而，戒贤法师希望在玄奘离开前，在那烂陀寺开设讲坛，与一位攻击《瑜伽师地论》的高僧辩论。

第九十九颗念珠

玄奘法师此一刻的辩论，令我们想起两百年前，西域第一高僧鸠摩罗什，在龟兹城黄金狮子法座前，与来自罽宾国的著名高僧，他的启蒙老师盘头达多的那场历经一个多月的舌辩。我们记得，那场有关大乘与小乘孰优孰劣的大辩中，鸠摩罗什取得了胜利。盘头达多心悦诚服，他自嘲说:蛋在教训鸡！并且说，我是你的小乘师父，你是我的大乘师父。在佛教领域，辩经是最主要的交流方式。古印度的辩经十分激烈，失败者要么销声匿迹，远遁他方，要么改换门庭，拜胜者为师。不少失败者甚至割掉自己的舌头，或者干脆结束掉自己的生命。

遵师之言，经纶满腹的玄奘微笑着登上那烂陀寺的讲坛，面对对手咄咄逼人的提问，一件件接招、反击、穷追不舍，直到将对手逼到死角。

随着辩论的深入，两个讲坛的学生最后都齐刷刷地会集到了玄奘门下。对于玄奘来说，这不是一次普通的讲经，它关系到那烂陀寺的精神领袖——戒贤法师的美名。现在，辩经的对手狼狈地逃跑了，《瑜伽师地论》的神圣地位并没有被撼动。

大辩之后，玄奘正式成为戒贤法师的衣钵传人。但是，玄奘归心似箭，他对戒贤法师说："印度是佛祖的本生地，我很留恋。但求法是为了众生，我希望将自己所学，带回祖国，翻译流通，让更多的人分享。我不想再耽搁了。我想学生这样做，应当是报答恩师的最好的办法。"

就在玄奘将行未行之际，一纸邀请信来到了那烂陀寺，东印度的鸠摩罗王希望见到玄奘。那烂陀寺以玄奘即将回国为理由，谢绝了鸠摩罗王的邀请。这样大麻烦就来了。

鸠摩罗王恼羞成怒，放言道："我本是凡夫俗子，向来沉湎在尘世的快乐里，对佛法没有多深的感情。现在听说了中国僧人的名字，心中欢喜，萌生了学法的念头。如果中国僧人不来，我肯定会整顿象军，将那烂陀寺踏平，碎如粉尘。请你们不要怀疑我的能力！"

这种恐吓令人惧怕。面对鸠摩罗王的威胁，玄奘只得推迟返回大唐的计划，屈身前去。而在此时，另一位印度国王，威名赫赫的戒日王也征召玄奘，要玄奘前往他的都城——曲女城说法。

对玄奘高僧的争夺，上升到国家层面上，此时的那烂陀寺，已无能为力，只能听任局势发展。两个印度国王互不相让，剑拔弩张，眼见得，一场类似当年在中国地面，那为争夺鸠摩罗什高僧的灭国战争，要在这五印大地上进行。

《三藏法师传》记载了戒日王与鸠摩罗王之间那场有趣的对话。戒日王说，这是我要请的客人，怎么会到你那里？赶快将人给我送来！鸠摩罗王面对隔空喊话，回应道，我的脑袋可以奉送，要中国的高僧那休想！戒日王闻后笑道：既然脑袋可以奉送，那就把你的脑袋割下让使者送来！戒日王是一个著名的君王，他的声望可以和孔雀王朝的阿育王媲美。他笃信佛教，那一万多那烂陀寺僧众，就是他在供养。按时间推算，阿育王时代，相当于中国的秦始皇时代，戒日王时代，相当于中国的唐太宗李世民时代。玄奘在他的记述中，曾对戒日王多有褒嘉与赞美。

戒日王似乎更为强硬一些，这样，鸠摩罗王屈服了。这样，戒日王做出了一个惊人的决定——召开一次全印度的宗教学术辩论会。会场设在戒日王的都城——位于恒河中游的曲女城。这也许是印度国历史上一次规模最大的辩经，论主是来自大唐的高僧玄奘，而戒日王本人则亲自担任主持。

《大唐西域记》记载，辩经大会，除了戒日王和鸠摩罗王以外，还有五印大地上的十八位国王到场。熟知大小乘经论的僧人到会者三千余众，印度教以及其他教派的僧人大德两千余人，那烂陀寺也派了一千多僧众。全印度的高僧大德都到了，他们或博学多识，经纶满腹，或口才出众，能言善辩。行进的车辆，飘扬的经幡，都城方圆几十里人满为患，拥挤不堪。成千上万的火炬照亮了恒河，恒河如同白昼，数百面铜鼓在恒河边敲响，鼓声震彻天宇。

辩经开始，玄奘登上宝座，开始阐述他的论点。阐述毕了，他请戒日王遣人将自己刚才的论点，抄写一份，悬挂在会场门口，等待有识之士批判。

一天过去了，挑战者没有出现。倒是玄奘的讲经，感动得在场的国王的妹妹痛哭流涕。美丽的公主当场宣布，她放弃小乘的信仰，改信大乘。而到了第五天的时候，挑战者仍没有出现，倒是那天晚上的时候，一场突如其来的大火烧掉了会场的大门。这是一次蓄意的破坏。戒日王对玄奘的尊崇激怒了一些持不同观点的宗教信徒，他们没有能力通过辩论战胜玄奘，于是怒火中烧，烧毁会场大门以发泄不满。

盛况空前的辩经大会持续了十八天，各个宗派的高僧大德竟没有一个人出面挑战。《三藏法师传》记载，大会最后一天，玄奘讲经说法，很多人当场皈依。赢得辩经胜利的玄奘获得了两个称号——大乘天和解脱天。他被大乘信徒和小乘信徒共同推举为大师。

佛教史上那个庄严时刻，经典时刻，也许值得人类永远怀念——值得全人类怀念！那是佛教的光荣，也是全人类的光荣！

这场充满了传奇色彩的辩经大会，将玄奘的西行经历推向了极致。从看见印度河的第一眼算起，玄奘在五印大地上滞留了整整十四个年头了。十四年时间，他从一个谦卑的求经者，一个行脚僧成为首屈一指的佛学大师。

辩经大会结束后，玄奘双膝跪倒，五体投地，向恒河告别，向那烂陀寺告别，向这个月亮女神的国家告别。公元 641 年的春末夏初，玄奘离开印度，心如刀割，他明白，此生他再也无法返回这带给他至高智慧、无上荣耀的五印大地了。

第一百颗念珠

玄奘本来也可以学法显，乘坐商船，陆去海回，想那时较之法显的年代，海上丝绸之路已经开通，千帆竞发，贸易往来，搭上大商船回国，这样可以少去许多关隘阻隔、旅途劳顿之苦。

但是玄奘与高昌王有个君子之约，取经东回后，要在高昌驻留一段，为众生们讲经。玄奘与高昌王，曾有过八拜之交，结为兄弟，他所以能途经龟兹、途经碎叶时，受到国宴规格接待，皆是因为有高昌王开的那张路条。而这其中更深一层的原因则是，那些国家当时都与中国通好，或视中国为母国。

玄奘翻越葱岭，进入西域地面。西域这个地名，在概念上有个广义与狭义之分。广义的西域，即指《大唐西域记》中这个西域，外延直到阿姆河、伊塞克湖、巴尔喀什湖、贝加尔湖那些遥远地面，换言之，就是大唐王朝安西都护府、北庭都护府所管辖的那些地方，狭义的西域，则指天山南北的塔里木盆地、准噶尔盆地，以及敦煌以北的东疆地区，也就是说，指今天新疆所辖的地面。

玄奘进入广义的西域，再进入狭义的西域，每到一处，凡是当初施与他一饭之恩的地方，他都要停下来，宣经弘法，以示回报。在塔里木绿洲的佛国于阗、龟兹，他似乎做了更长的停留。于阗城外有一座佛寺，相传玄奘在这里停驻半年，宣经弘法。那古寺遗址残败的墙壁上，有一个基督教的双翼天使图案。双翼是基督教的东西，那天使形象却出自佛教，专家说这种犍陀罗风格融汇于此处，当是在玄奘讲经前后的事情。

不过玄奘归程中主要的停泊地，还是高昌，这东疆门户，西域名城。在高昌城外的那个火焰山下的大佛寺里，玄奘宣经弘法半年，尽其所学，为西域地面万千生灵布道解惑。当然，入住大佛寺之前，他做的第一件事情，是向远在长安城的当朝皇帝李世民上了一表，汇报自己西行求法的奇异经历，检讨自己当初私自出行的不周不妥，恳请归来长安时，君王开放各处关隘，予以放行，如果觉得实有必要，那么请派使者，来高昌国迎接。信函写好，请高昌国王派使者送往长安。

高昌城得名于西汉王朝的屯田。1 世纪时，为西汉王朝在车师前国境内的屯田部队所筑之城垣。“地势高敞，人庶昌盛，因名高昌”，这是《北史 · 西域传》中的记载。

唐贞观十四年（640 年），即玄奘到达高昌的前一年，大唐王朝在高昌设安西都护府，统安西四镇龟兹、疏勒、于阗、焉耆。公元661—663年，唐军平定西突厥，辖区扩大到今阿尔泰山西至威海及葱岭东西直至阿姆河两岸的诸城邦国。

公元702年，武则天在庭州设北庭都护府，管辖天山以北包括阿尔泰山和巴尔喀什湖以西广大地区。治所在今天的吉木萨尔县。

在高昌国的日子里，安西都护府的一位将军过世了，玄奘为之悲伤，青山处处埋忠骨，何必马革裹尸还，玄奘亲自主持，为这位大唐将军做了一场法事超度。

后世的人们，在发掘高昌古城遗址时，意外地发现了这座将军墓。将军墓墓室的穹顶，有一幅壁画，引起了专家们的高度关注。那是一个童男，一个童女，人的头部，人的身子，底下却是蛇的尾巴，面孔相对而视，尾巴则交媾在一起。

专家们说，这就是那个著名的“伏羲女娲交媾图”，中华民族最早的生殖崇拜图腾。前面提到过，如今，在陕北、晋西北一些偏僻的山沟中，那些一生足不出户的农家老太太，她们的剪刀之下，常常会鬼使神差地剪出这个图案。当人们问她们，这些图案是从哪里来的时，是创作的还是传承的时，她们往往会面露羞涩之意，回答说，老辈传下来的。

这个“伏羲女娲交媾图”的传奇还没有结束。近些年，也就是当世，中日美英法德六国科学家，组成一个人类遗传基因密码破译小组，在经过许多年许多位科学家辛勤努力后，终于破译出了人类遗传基因密码，它的密码图谱就是那幅业已公之于世的“蝌蚪图”。两只蝌蚪状的东西，上身相拥，下身两条尾巴交织、纠缠在一起。那图案，竟与“伏羲女娲交媾图”一模一样，这情形真叫人惊异。

一位西出阳关，葬身沙场的将军，在他的墓室的穹顶之上，安置一幅这样的壁画，为的是他的安息——安息于中华大文化的背景之下，为的是祝福他的内地的子孙（假如这位将军有子孙的话），祝福他的家族生生不息，香火永续。

在高昌国翘首以盼，玄奘等待了半年之后，大唐使者终于乘马穿过关隘烽燧，驿舍马站，踏踏而来，宣旨说，大唐皇帝将在都城长安，举办隆重的入城式，亲自恭迎高僧玄奘入城，如君王不在都城，将指派宰相房玄龄为代表，主持这场佛教界的盛事。

这样，玄奘便在高昌城外，与高昌王依依惜别。高昌王要玄奘带去他对大唐皇帝的问候、祝福。那高昌国的皇太后，却是大隋王朝时嫁到这高昌国的公主。白发苍苍的皇太后执着玄奘的手，要他为自己家人带个平安，话语中亦有不胜悲戚之意。玄奘点点头，一一承诺。

这样，去途一年，在五印大地求佛问道十四年，归途四年，拢共离开长安城十九年的高僧玄奘，回到长安。这是公元 664 年的事。

长安城万人空巷，一百零八坊全部出动，迎接玄奘的队伍出郭三十里，在咸阳桥头等候，唐太宗李世民此时尚在东都洛阳，计议东征高丽国之战事，他委托宰相房玄龄代他主持仪式。只见玄奘的驼队响着串铃，踏着碎步，自阳关大道一路向东，逶迤而来。那骆驼背上所驮之经书、经像、佛骨舍利等等佛门圣物，不计其数。

据《大唐西域记》记载，玄奘此行西天取经，归来后所请回之圣物，明细账如下：

请得如来肉舍利一百五十粒。金佛像一躯，通光座高尺有六寸，拟摩揭陀国前正觉山龙窟影像。金佛像一躯，通光座高三尺三寸，拟婆罗痆斯国鹿野苑初转法轮像。刻檀佛像一躯，通光座高尺有五寸，拟憍赏弥国出爱王思慕如来刻檀写真像。刻檀佛像一躯，通光座高二尺九寸，拟劫比他国如来自天宫降履宝阶像。银佛像一躯，通光座高四尺，拟摩揭陀国鹫峰山说《法华》等经像。金佛像一躯，通光座高三尺五寸，拟那揭罗曷国伏毒龙所留影像。刻檀佛像一躯，通光座高尺有三寸，拟吠舍厘国巡城行化像。大乘经二百二十四部。大乘论一百九十二部。上座部经律论一十四部。大众部经律论一十五部。三弥底部经律论一十五部。弥沙塞部经律论二十二部。迦叶臂耶部经律论一十七部。法密部经律论四十二部。说一切有部经律论六十七部。《因论》三十六部。《声论》一十三部。凡五百二十夹，总六百五十七部。

第一百零一颗念珠

大唐王朝的都师地长安城，当时是世界上占地面积最大，人口规模最大的城郭，是两河（幼发拉底河、底格里斯河）文明以来，农耕文明、定居文明建立的最大城堡，是中华文明板块的骄傲。在相当长的一段时间进程中，世界的西方首都是罗马，世界的东方首都是长安，这两者之间，靠一条横贯欧亚大平原的道路沟通、连接。后世称这条道路为丝绸之路。

“天人合一，法天象地，帝王为尊，百僚拱侍”是修筑这座千古帝王之都的设计理念。“统一天下，长治久安”是人们为它命名“长安城”的美好愿景。长安城达到大盛时，常住人口有一百万之多，占地面积八十多平方公里。整个城池，在渭河平原上平展展地铺开，南倚高大险峻、横卧如龙的终南山，北濒著名的水流渭河，泾河、渭河在城的北边交汇，烟波浩渺，气象森森，更给这座城池以王气千重。终南山七十二峪口中，每一个峪口都有清流喷溅而出，从而滋润着这座城市，滋润着被称为八百里秦川的渭河平原。

东西南北四座雄关，分列八百里秦川的四面门户，所以长安城号称“四塞之固”。这四座雄关是东面的函谷关，西面的大散关，南面的牧护关，北面的萧关。那每一面关隘，都能讲出一堆历史故事、英雄传说。

长安城有内城与外郭城之分。外郭城开十二座城门。每天清晨，鸡叫三遍之后，城门吱吱呀呀地打开了，门开四面，风迎八方。南面正中为明德门，东面正中为春明门，西面正中为金光门，北面与大明宫南城墙重合，有景曜门。

城中有太极宫、大明宫、兴庆宫三座主要宫殿，称“三大内”。

长安城的西市，是一个大大有名的地方，顺着丝绸之路万里跋涉，风尘仆仆而来的胡商们，在这里设市，租铺，将丝绸之路沿线的各种物产，各种奇珍异宝，在这里售卖，或以货易货，互通有无。据说，长安城鼎盛时，顺丝绸之路而来的胡商、各国王子、使馆人员，其人数竟占长安城总人口的四分之一。有些胡人居住久了，还去王朝的宫中做官。大唐是一个包容的、善于吸纳的王朝，史载，李世民灭东突厥以后（629 年），俘其酋长颉利可汗，处其部落于河南朔方之地，入居长安者近万家。这样，若一户人家按五口人计算，光这一次长安城中，就新增突厥百姓五十万之众。

那西市又被称为“金市”，大唐王朝的极度繁荣与富庶，与这丝绸之路上源源不断涌来的财富有关。而胡商所开的店铺，也成为这长安城一景。大诗人李白在诗中，以一种游侠少年的口吻说：“五陵少年金市东，银鞍白马度春风。落花踏尽游何处，笑入胡姬酒肆中。”

这大唐西市留下许多传说，其中一个提到，曾有一个老者是个游走四方的江湖郎中，晚年在大唐西市定居，租了个门面，开了个中药铺，中药铺门楣上书颜真卿所题“悬壶济世”四个字。那些问诊的，有钱的付钱，没钱的郎中也为他诊病，还免费抓药，熬药，如果病人行动不便，他还每日将药煎好，送到其府上去。这位善人的善举，在大唐西市地面传为美谈。

这是一件小事。但是这事情令人想起法显高僧记述的他在阿育王的都城所遇到的那件类似的故事。那故事说，王城中路不拾遗，店不闭户，那些药铺，遇到没有钱的病人，照样诊病，煎药，绝不怠慢。我们还记起，在玄奘的记述中，那印度国的法律，遇见小偷小摸，其刑法只有一则，那就是砍手了事。这件事令我们想起，鸠摩罗什随母游历楼兰城时，楼兰国处罚小偷的那刑律。俗话说“细节是魔鬼”，这几个小细节，令我们能强烈地感觉到，古印度文明对中华文明的影响，或者换言之，佛教文化对中华文明板块的影响。

在中国人的语言词汇中，诸如“时间”“宇宙”“导师”“方便”“三心二意”“想入非非”等，都来源于佛教，先以经书记之，再逐步进入民间，再逐步成为俚语村言。季羡林先生曾经注意到这一现象，他说佛教传入之后，我们所使用的语言明显地变得柔软和富有弹性，文学语言如此，民间使用的语言亦如此。还有研究者注意到了，那个飞龙在天摇头晃脑，腾云驾雾的形象，同时出现在两个国家的传说中、图画里、恍然若梦的民族记忆中，是谁影响了谁？无从知道。另外，还有研究者发现，那个辅助唐僧西天取经的孙悟空的形象，它的原型竟来自古印度传说中的一只神猴，这个神猴形象还出现在敦煌莫高窟壁画中。

第一百零二颗念珠

很好，有一条伟大的穿越大半个地球的道路被踏出来了。踏出这条道路的人叫张骞，跟着又去踏勘的这人叫甘英。穿越的结果是，各文明板块的界限被打碎了，鸡犬之声相闻，老死不相往来的封闭被打破了，世界开始沟通，开始交流，当然也少不了冲突和征战，流血和杀戮，但那不是主旋律。主旋律是，各文明板块之间开始互致敬意，开始融合互补，世界开始缓慢地成为一个彼此连着的整体。

这些被打碎和串联在一起的有中华文明板块、古印度文明板块、古埃及文明板块、波斯帝国文明板块、地中海文明板块等等。如前所述，在丝绸之路凿通之前，它们都是相对独立存在的，是在各自的蛋壳里孕育出来的文明，是时间和进化的伟大杰作。从这个意义上来讲，丝绸之路是人类陆路文明的一条中轴线。

对于丝绸之路对人类文明进程的重要影响以及贡献，也许多么高的评价都不过分。对于凿空西域第一人张骞的功绩，亦多么高的评价都不算过分。

当然，丝绸之路还是一条宗教智慧的传播之路。正如本书所述，那原产于五印大地的佛教，翻越葱岭，沿着这条伟大的道路进入中国。汉传佛教在东方大地上的落地生根，开花结果，为儒、释、道三教合流的中国封建时代国家准宗教的确立，奠定了可能性，使得这个东方人类族群，在险恶多变的世界大变局中，不摇不动，安之若素，以金刚不坏之身，且坐且大。

当然，它还是一条财富之路。脚夫贩卒，驮帮马队，披星戴月地穿梭于这条横贯欧亚非的黄金通道上，物流滚滚，财源滚滚，从而为这条道路的两端，即世界的东方首都长安，世界的西方首都罗马，都带来了巨大的财富。

国力的强盛是靠财富堆砌起来的。中国历史上最为强盛的，建都长安的王朝——大汉王朝和大唐王朝，它们的强盛都与这条道路所带来的财富有关。

是的，后世的人们，有理由向曾经行走在这条道路上的背影致敬（这些背影除了那些商队马帮、贩夫走卒之外，还包括我们书中的伟大的行者法显、鸠摩罗什和玄奘），向这条伟大道路本身致敬。它是人类陆路文明的一条中轴线。

第一百零三颗念珠

玄奘一身荣光，回到长安。当年出走时是一个名不见经传的年轻僧人，如今归来时已是一位名满天下的得道高僧。长安城以最隆重的礼仪欢迎他的归来，官家和市民百姓，抬着他请回来的那些宝物圣物，在长安城一百零八坊游行庆祝，那情形之隆重，宛如这座城市的一个节日一样。

此刻，功德圆满的玄奘法师，并没有随游行队伍行走，而是静静地待在长安城一个叫“漕上”的地方，不惊不喜，平静地看着这一切发生。史书上所说的“漕上”是哪里呢？从黄河而渭河，从渭河而灞河，从灞河而有一条人工运河，穿过长安城城墙，直达大明宫门前，这叫“漕运”。而那“漕上”，该是这城外的漕运码头吧！想来，宰相房玄龄在这里代表大唐皇帝，举办完迎接仪式后，那玄奘法师，并没有随大队人马入城，而是只在这里歇息一阵，放松一下他那鞍马劳顿的身子。

玄奘带回来的那些篇秩浩瀚的贝叶经，将由译经家们翻译，广播民间，亿万之口滔滔传诵。那些佛教经像，将被安置于寺院，或被砖雕、石刻于寺院的墙壁之上，香火供奉，代代不熄。那珍贵的释迦牟尼真身舍利，将被分发于神州各地，起佛塔，修地宫，庄严供奉。——与玄奘之前那些先行者们所搬运回来的宝藏一起，融入中华文明系列，成为中华文明不动产的一部分。

记得在法显的年代，佛教在五印大地上，已经显露出凋敝的征象，寺院精舍已有萧条之状，菩提树的叶子随风飘落，而在玄奘的时代，五印大地上这种凋敝之状已无力挽回，尤其是，在玄奘离开佛教圣地那烂陀寺之后十年，戒日王去世，那烂陀寺因入侵者燃起的一场大火，迅速地没落和卑微。多么重要啊，多么适逢其会呀，在佛教行将在五印大地没落之前，玄奘像一位盗火者一样，先于浩劫请回来这么多的经藏。试想之，如果晚上十年再去，他看到的会是一片废墟了。这世界三大宗教之一的佛教，它的传承有序，该是另一番境况了。

回到长安城的第二年，玄奘前往东都洛阳，去面见唐太宗李世民。大家知道，在洛阳宫仪鸾殿，他曾与李世民有过一次著名对话。这次对话概括起来，有四项内容。第一项，也就是一见面的寒暄客套。君王说，高僧做了这么大一件功德，万民景仰，那么，高僧行前，为什么不给朕打一个招呼，那么朕便可以派一些军队护送随行，起码，可以为高僧的旅途，补充一些盘缠呀！李世民这话问得好，玄奘则答得更好。玄奘说，对佛门来说，这也许是一件大事，但是对国家来说，尤其对日理万机的君王您来说，这实在是一件小而又小不足挂齿的事情了，僧家怎么敢用这种寻常小事来打扰君王呢？这话问得好，答得也好，其实两位说话者心里都清楚，玄奘当年出长安城，踏上死亡之路时，是一种怎样的情景。

第二项是，君王见玄奘这样说话，对他益发敬重，于是说，朕有一个想法，想请高僧出来做官，当下大唐王朝，有许多官位，虚位以待，朕不拘一格，选贤任能，高僧看上哪个官位了，朕立马颁旨，请你走马上任。玄奘见君王这样抬举自己，诚惶诚恐，赶紧谢过，而后说道：君王啊，您看那船在水中行，行得好好的，但是一旦把它拖到岸上来，要不了多久，它就会腐烂了。僧家是佛门中人，本分是译经弘法，君王如果真的看得起沙门玄奘，那么您给我寻一个安身之所，让我有个跄蹴住身子的地方，然后配一个团队，开始译经。

李世民见玄奘这样说，更加敬重他，于是慨然应允。《三藏法师传》记载，玄奘身形高大，眉目疏朗，端严若神，美丽如仙。那李世民阅人无数，知道这位高僧是非常之人，他所做的事情，是非常之事，所以哪有不应允之理。那玄奘，见君王喜悦，于是乘机提出第三项事情。

这就是，李唐王朝尊道教的祖师老子李耳为祖先，以道教为大唐国教。而对于佛教，虽有尊崇，但似乎热情并不是太高。此刻，见君王高兴，玄奘提出，将佛教与儒教、道教并列，成为国教，李世民听了，欣然允诺。大唐王朝与之前域内那些割据政权相比，它是一个大一统的帝国，所以李世民这一“诺”，非同小可，佛教至此名正言顺，成为国教，而后来玄奘修行的那几家寺院，则被正式命名为大唐王朝的护国寺。

后来在唐太宗李世民过世，高宗李治即位后，玄奘曾有一个更为大胆的想法，作为一个高僧，玄奘希望利用自己与皇室的关系，为佛教徒争取更多一些的生存空间。公元656年，玄奘给李治写奏章，希望能够修改“先道后佛”的规定。因为虽然儒、释、道并列，同为国教，但是大唐的律法明文规定，道教地位尊贵，排在佛教之前。

然而，李唐王朝这次没有给玄奘面子，史载，唐高宗非常愤怒，断然驳回奏章，时年已经五十七岁的玄奘法师，受此打击，突然一病不起。

这是那次谈话的第三项事情，而第四项，就是君王出于好奇心，出于对突厥用兵、安定西域的考量，邀请玄奘谈一谈他此行西行求法，所路经的那些国家的情况。玄奘讲述一番后，君王说，最好能够写成一本地理书供人阅读。大家知道，之后玄奘用两年的时间口述，辩机记录，完成了那本旷世奇书《大唐西域记》。书成后，玄奘将这本书献给唐太宗李世民。

从洛阳宫仪鸾殿见面，到唐太宗在终南山翠微宫过世，高僧与君王间，有过五年的友情和交往。后来在长安城中，唐太宗李世民和玄奘之间，还发生过一些事情。

一件事情是，唐太宗李世民为业已译出的《瑜伽师地论》这部佛家经典作序，该书是那烂陀寺戒贤法师亲授，玄奘最为看重的一部经典。梵文有四万颂，汉译佛经一般把一颂翻译成四句，这样仅仅这一部经典，就有十六万句，至少一百多万字，翻译任务之艰巨，确实难以想象。

一件事情是，唐太宗下诏剃度僧人。此次剃度，玄奘翻译经书的弘福寺一次剃度五十人，其他各寺均剃度五人。仅此一项诏令，大唐帝国一夜之间增加了一万八千五百多名僧人。荒芜的佛寺又燃起了香烟，佛教在大唐开始复苏。

一件事情是，太子李治为皇太后祈福，修建了一座大型的寺

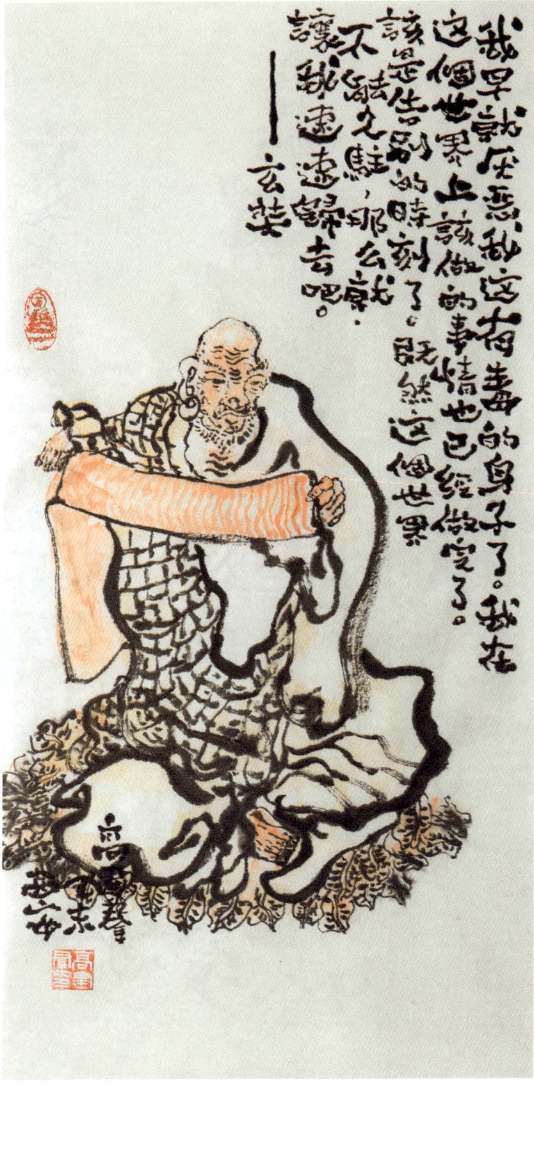
我早就厌恶、我这有毒的身子了。我在
这個世界上該做的事情也已经做完了。
該是告别的時刻了。既然这個世界
不給我久駐，那么就
讓我遠遠歸去吧。
——玄奘

玄奘墓塔
位於西安市郊少陵原畔的興教寺内。
為玄奘法師埋骨处，塔内供玄奘舍利。
高建群

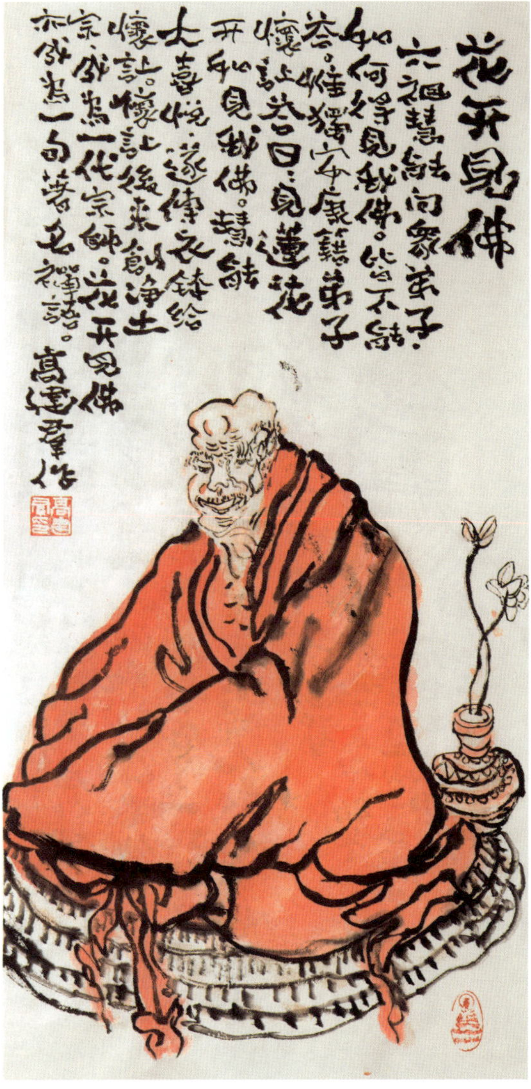
花开见佛

試着用英國人類學家阿諾德·湯因比在《人類與地球母親》中的一段話為本書作結

如果中國人真正从中國的历史錯誤中吸取教訓，如果他們成功地从这種錯誤的循环中解脫出来，那他們就完成了一項偉業，这不但對於他們自己的國家，而且對處於深淺莫測的人類历史長河關鍵階段的全人類來說，都是一項偉業。

高建群

中國历乙未歲初冬 公元紀年二零一五年十一月十九日於西安 高建群一眼工作室

院——慈恩寺。玄奘被唐太宗亲自委任为慈恩寺的住持，而他从印度带回来的经卷和佛像，也被珍藏和供奉在这里。

一件事情是，玄奘在玉华寺译经期间，唐太宗赐给玄奘一件价值百金的袈裟。袈裟出自皇室，缝制得非常精巧，看不见一丝针线的痕迹，浑然天成。据说南来北往的各路高僧大德，都想得到这领黄金袈裟，李世民最后还是将它赐予了高僧玄奘，以示对他的崇高敬意。

一代英明之主唐太宗李世民，驾崩于翠微宫（先前，李渊亦驾崩于此）。史称，李世民驾崩时，病榻前有三位历史人物肃立在侧。一个是高僧玄奘，他捧着刚刚译出的《唐玄奘奉诏译般若波罗蜜多心经》，即我们平时所说的《心经》，正朗声诵出，为君王超度。空山静寂，诵声洪亮，君王安详地闭上眼睛。

另一位肃立在侧的人物，是太子李治，也就是未来的高宗皇帝。他此刻正跪倒在床榻前，聆听父皇遗嘱，准备接班。

肃立在侧的，还有更重要的一位，此刻叫武媚娘，后来做了女皇则叫武则天。她此刻正捧了一罐刚煎好的汤药，要给君王喂药，君王摆摆手，表示已经没有这个必要了。

武媚娘先前在感业寺出家，唐太宗患病期间，被派来照顾君王，或者换言之，这个病疾让武媚娘上山，既有了一次与先皇告别的机会，又有了一次与太子李治死灰复燃的机会。

这一切都发生在翠微宫，玄奘高僧译经的地方。

人们说，这四位重要人物的齐聚翠微宫，事实上，为大唐帝国即将开始的开元盛世，开启了先声。李世民去世后，高宗李治在此即位。

第一百零四颗念珠

玄奘的译经工程，俨然是一种国家行为。由朝廷出面，敬请京师地面上各大寺院中的高僧，那些深谙大乘小乘经典教义的饱学之士，那些有着卓越才华文笔犀利老辣的佛门中人，将他们召唤至弘福寺，组成一个译经团队，由玄奘口述，然后几个僧人证义，几个僧人缀文，几个僧人笔受，这项空前绝后的浩大译经工程，叮当动工。

玄奘于大唐贞观二十二年（648 年）五月十五日于长安弘福寺译经院，翻译《瑜伽师地论》时有下列参加人员：

弘福寺沙门知仁笔受
弘福寺沙门灵隽笔受
大总持寺沙门道观笔受
瑶台寺沙门道卓笔受
清禅寺沙门明觉笔受
大总持寺沙门辩机证文
简州福众寺沙门靖迈证文
蒲州普救寺沙门玄忠证文
普光寺沙门道智证文
汴州真谛寺沙门玄忠证文
弘福寺沙门明濬正字
大总持寺沙门玄应正字

弘福寺沙门玄谟证梵语

弘福寺沙门文备证义

蒲州栖岩寺沙门神泰证义

廊州法讲寺沙门道琛证义

宝昌寺沙门法祥证义

罗汉寺沙门慧贵证义

宝澄寺沙门明琰证义

大总持寺沙门道洪证义

设立国立译经场，翻译和出版那些佛家珍贵典藏，这是佛门中第一要紧大事，亦是汉传佛教落地生根、开花生叶的第一等要事，在玄奘之前，玄奘之后，这件事都在进行着，由玄奘高僧所主持的译经事业，将这项神圣之事，推向一个大盛时代。

从《高僧传》等书的记载中可以找到下列这些译经场：东晋时有庐山慧远的般若台，陈代富春之陆元哲宅，陈隋间广州之制旨寺。国立译经场有姚秦长安之逍遥园，北凉姑臧之闲豫宫，东晋建业之道场寺，刘宋建业之祇洹寺，荆州之辛寺，萧梁建业之寿光殿、华林园、正观寺、占云馆、扶南馆，元魏洛阳之永宁寺及汝南王宅，北齐邺之天平寺，隋长安之大兴善寺，洛阳之上林园，唐长安之弘福寺、慈恩寺、玉华寺、荐福寺，等等。这都是非常著名的译场。

玄奘西行求法归来，所创办的第一个国立译经场是弘福寺。那么弘福寺在长安城的什么地方呢？弘福寺遗迹已经湮灭，史籍上说，是在终南山山脚下的子午镇附近。还有人推测说，很可能就是长安城南郊，隋文帝杨坚所建的那个双塔寺，双塔寺气度恢宏，这弘福寺也许是个寺中之寺。另外，也可能是法显高僧、鸠摩罗什高僧修行弘法过的草堂寺。寺中记载说，当年，当玄奘高僧提出想为他的译经设一个经场时，唐太宗李世民曾经领着高僧来这草堂寺查勘，想将译经场设在这里。可是，当时的草堂寺已经荒芜，凋敝，尤为令人奇怪的是，经堂中央，端放着一口棺木。叫来僧人询问，才知道这棺木中装着的，正是当年被宇文泰毒死的北魏最后一位皇帝孝武帝元脩。李世民大约望着棺木，感慨良多，遂让人以帝王之礼，将这位北魏末代帝王埋葬于杜陵。因为东魏的高欢不承认孝武帝元脩是皇帝，叫他“出帝”，即丢下江山离宫出走的皇帝，所以这后来建成的元脩墓叫“出帝陵”。草堂寺的记载说，李世民见这草堂寺为荒草所掩，于是吟了一句诗，叫“草堂寺内草青青”，随后将手往近旁的山顶一指说，高僧，就将你那译经之所，设在山顶朕的翠微宫的旁边吧，在宫墙西边起一座寺，寺随殿名，权且叫它翠微寺吧。

这翠微寺是不是之前叫过弘福寺呢？年代久远，这里不敢妄说。唐玄奘确实曾在此修行，在此译经，并在此为君王驾崩送行。后世曾将这里的一个山顶上的村庄，叫“皇峪寺”，那称谓也许会告诉我们一些信息。

前面说到的子午镇，它的山顶，就是终南山第二高峰牛背梁（第一高峰是太白山），而唐王朝的避暑夏宫翠微宫，就在牛背梁西边不远处，顺牛背梁绕着山顶走，几个时辰就可以走到。

翠微寺倚着翠微宫而建，高高的山顶上，一座辉煌宫殿，宫殿屋檐下一座昼夜灯火通明，诵经念佛之声不绝于耳的寺院，这景致大约持续过一段时间。在这个制高点俯瞰，整个长安城尽收眼底，尤其是夜来万家灯火一片绚烂。大约后来，李世民为体恤他的老臣们，提出废宫设寺的主张。他说这翠微宫虽距长安城咫尺之遥，但是山高坡陡，他的老臣魏徵要上山来晋见，从山的迎面坡上攀缘而上，得气喘吁吁地走上两天，所以一笼统将这山上建筑，统统交给玄奘译经之用最好，他自己呢，则在距此约两百公里的渭河平原北山一带，建起玉华寺。

史书上的说法，玄奘西行归来后，主要的译经场所有三个，一个是弘福寺，一个是慈恩寺，一个是玉华寺。《大唐西域记》这部大书，大约即是在弘福寺完成的。《瑜伽师地论》这部佛门经典，亦是在这座寺院完成的。嗣后，玄奘便移至慈恩寺译经，而从慈恩寺，再到玉华寺，最后，在玉华寺译完《大般若经》之后，圆寂于此处的译经场所肃成院。

玄奘的译经团队中，有一个有意思的人物，名叫辩机。我们看玄奘的译经人员名单，知道在朝廷征召之前，这位僧人是大总持寺的和尚。皇皇大作《大唐西域记》，就是玄奘口述，辩机笔录的。该书完成后，辩机在书的后边，附缀了一篇夫子自道，从而令我们知道了这些事情。辩机的文字，笔力遒劲，沉雄，文采斐然，当时当是一等一的高手。据说也深得玄奘器重和倚靠，想让他成为衣钵传人。可惜这样一个有才华的和尚，被誉为玄奘的九位缀文大德之一的辩机，后来因为与高阳公主私通，名节不保。世事难料，由于玄奘与皇室经常往来，甚至可以直接进入内室，这样辩机认识了唐太宗之女，以在长安城中放荡与刁顽闻名的高阳公主，于是有了奸情，后来东窗事发，不谙世事的辩机被腰斩。

太宗去世后，太子李治继承帝位。李治的皇后，正是日后威震大唐的则天武后。公元 652 年，玄奘上书唐高宗，请求在慈恩寺营建一座佛塔，用来保存他取自印度的经卷和佛像。这事得到了恩准。一座名曰“大雁塔”的高大巍峨的佛塔，开始建造。

印度那烂陀寺附近，有一座名叫“亘婆”的佛塔。“亘婆”的意思是大雁。传说佛祖曾化身大雁，从空中撞地而死，教导那里的僧人不要吃肉。慈恩寺中这长安城大雁塔的造型，即玄奘根据对亘婆塔的记忆设计。逾一千三百年过去了，印度那烂陀寺的亘婆塔，早已湮灭于历史尘埃中，令人嗟叹。而中国的大雁塔一直高耸至今，成为汉传佛教的标志性建筑物之一，成为高僧玄奘不朽功德的一座纪念塔。

《三藏法师传》记载，建大雁塔的时候，玄奘亲自参与施工，搬运砖石整整半个月。那一年他已经五十三岁了。大雁塔建成之后，玄奘从印度带回的经卷、佛舍利以及佛像都被放置在这里珍藏。史料记载，佛塔高一百八十尺，层层都有大量的舍利子。在大雁塔的正面，竖立了两块石碑，分别雕刻着唐太宗的《大唐三藏教序》和唐高宗的《述圣记》，碑文的书法是当朝吏部尚书、左仆射褚遂良的手迹。

这期间，玄奘还跟随唐太宗，去过一次东都洛阳。这一次，是已经誉满天下的这位高僧大德，自十岁时离开家乡陈河村以后，第一次回到他的出生地省亲。公元 600 年，玄奘就出生在这里。他三岁时亡母，十岁时亡父，十三岁时在洛阳城净土寺剃度出家。这个游子，在世界上游历一圈以后，以百感交集的心情，走进这个洛阳城外普通的村子，他的桑梓之地。

玄奘多方打听，才找到父母的坟墓。夕阳残照，荒草离离，由于老陈家已经绝后，断了香火（老百姓把这叫“黑门”），所以坟墓没有人清明节添土，寒食节送衣，早已荒废不堪。在给皇帝上的奏章中，玄奘这样写道：“父母的坟茔没人照顾，已经荒废得快要看不见了。回忆往事，内心难以安宁。玄奘已经没有兄弟亲人了，只剩下一个年老的姐姐。希望圣上给我几天时间，让我和姐姐一起去收拢父母的遗骸。”

在朝廷的资助下，玄奘重新迁葬了父母。这次陈河村之行，能稍微安慰玄奘那无限感伤的心灵的是，他的姐姐尚在。姐姐已经很老了，她嫁到了外村，玄奘多方打听，在一户农家门口的大树下找到她，姐弟相对而视，半天不能相认，确认了以后又抱头大哭一场。

玄奘明白，这是他离家皈依佛门后，第一次回来，也是最后一次回来。站在陈河村的村口，他向自己的桑梓之地告别，在那一刻他已经下定决心，来日不多了，他得赶回长安城，赶到下一个译经场玉华寺去，在那里抢时间完成他最后的心愿，即将他万苦千辛、驮载回来的浩瀚巨制的《大般若经》译出。

公元659年的秋天，六十岁的玄奘来到了玉华寺，这时距他离世还有四年，那玉华寺曾经是唐太宗的玉华寺，太宗皇帝去世后，高宗下诏，将皇家离宫改为寺院。在玉华寺，玄奘度过了他生命中最后的时光。

第一百零五颗念珠

你见过红日西沉之际，它停驻在那苍茫的西地平线上时，那无比壮丽，却又无限悲怆的情景吗？它将落未落，将它最后的光芒，努力地向来路上洒去，向天空中洒去！它以无限贪恋的心情注视着人间，三千世界在它的注视下都有些战栗了。而此后，一个趔趄，它突然消失，留给世界一片惆怅。

高僧玄奘在他长达十几年的西行求法中，肯定许多次地看到过这种中亚细亚荒原上辉煌的落日景象。而玄奘在玉华寺那最后四年多的疲惫不堪、心力交瘁的译经岁月中，他的心境，他的情形，大约与这落日景象十分相似。

那玄奘设立译经场的玉华寺肃成院，地形十分怪异，一座山岗，扇形的三面，都是刀劈斧斫的断壁残垣，只留一面，向着山坡低处。人顺山坡上行约五十步，然后进得院内。那地形特征，就像一座塌陷了的墓穴似的。这种地貌特征，大约是这样形成的。山的顶上，先有个雨水和溪流冲成的大窟窿，陕北人把这叫“天窨”。长年累月，窟窿越冲越大，最后，向着山坡的一面冲出一条口子，水直泻下去，这个三面环山、一面向坡的天窨式的地块就形成了。地块面积约三十亩。

肃成院有山门，地块中间设有经堂，那里该是玄奘和他的团队译经的地方。经堂大约是两溜砖瓦平房吧。这里也是玄奘最后坐化的地方。北面那些潮湿的岩壁底下，玄奘和他的弟子们一起，掘了一些石窟，在那里住人。玄奘自己，也住在那靠里些的一孔窑洞里。而窑洞的前面，有一条水沟，也许这个天窨式的地面，就是这不起眼的小溪冲刷而成的。而玄奘的过早离世，也与这条水沟有关。

我们说这地方像一个塌陷了的墓穴。也许，当年的玄奘，也有这种想法。现在社会流行一种“活埋”疗法，即把尚且活着的自己，与世隔绝，封闭起来。当年的玄奘，为了赶着译经，大约也有这种想法的。他自己觉得来日不多，于是找一口活棺材，把自己装进去，杜绝一切杂念，一切干扰，一只大手推开红尘万丈，潜心把《大般若经》在离世前译出。

显庆五年（660年）正月初一，玄奘在玉华寺肃成院开始翻译《大般若经》。这部经卷的全称为《大般若波罗蜜多经》，意为“智慧到达彼岸”。经卷长达六百卷。

《大般若经》为佛教大乘空宗的一部丛书，由般若部类重要经典汇编而成,主旨在于阐明宇宙万物都出于“因缘相会”,但其自性本空，后世称其为“空经”。玄奘所创建的法相宗，就是在“大乘空宗用全力破除现实世界非真实存在”这一理论基础上建立起来的佛教哲学体系，因此可以说《大般若经》是法相宗的一部根本大典。

玄奘当年西行求法广游五印时，马背上驮来了三个不同版本的《大般若经》。在译经过程中，他用三个本子相互印订，反复推敲，辨别真伪，确定译文。

译经途中，玄奘唯恐自己中途会倒下来，而不能完成这项浩大工程，因而稍有精神，便日夜劳作。那肃成院禅房中，常常是整夜灯火通明，梵音阵阵。玄奘对众僧勉励说：“此经部轴甚大，每惧不终，人人努力，加勤勿辞劳苦。”

经过近四年的呕心沥血，日夜劳作，《大般若经》终于在龙朔三年（663 年）十月二十三日译毕。这部皇皇大典六百卷，二十万颂，四处十六会。译完最后一个字，玄奘长叹一声，对徒弟们说：“《大般若经》真是与玉华寺有缘。”他还称赞这部经书是“镇国之典，人天大宝”。

玄奘说：“《大般若经》自身记载，此一方人当有乐受大乘教者；只要国王大臣、四部徒众书写受持、读诵流布，都可以重生天上终究解脱。既有此段重要文字，自然不可以默默无言。”又说：“此经在西域多秘而不传。今译来，亦是诸佛加持，龙天护佑，非讹也。”

说完这些，双泪迸流。

《大般若经》译完，玄奘就累倒了。一个月之后，十一月二十三日，玄奘强支病体，亲自撰写了一份奏表，上表给高宗李治，向他报告《大般若经》译毕的消息，并请君王为这部佛家经典作序。而后，派高足弟子大乘基（即窥基）送往长安。

这以后，玄奘自知自己寿命将尽，大限将至，便告诉门人说："我来玉华寺，为的就是翻译《大般若经》，现在译事已结束，我的生涯也当尽了。如果我死了，你们为我送终，后事一定要从俭为宜。可以用芦席装裹我的遗体，选择深山僻静处，简单安放就行了。不要让我的不净身骨靠近宫殿寺院。因为我的身体不干净，所以应当屏放在幽远的地方！"

门徒们听了法师的遗言，个个哀号，掩面拭泪。大家以柔言宽慰说："师父气力还可以，容颜尚好，为什么要说这不祥之言，令我们伤心不已呢？"玄奘平静地说："这个只有我自己清楚，你们怎么会明白呢？"

麟德元年（664年）正月初一，这一天是中国人的春节，也是四年前玄奘《大般若经》开译的日子。想到这件大功德终于完成了，此生不再有遗憾了，玄奘格外高兴。见自己精神尚好，又有了工作的愿望，于是翻译《咒五首经》一卷。正月初三，众僧见玄奘体力恢复，还以为法师果真康复了，便殷请玄奘再译一部巨典《大宝积经》，玄奘答应试一试，但仅仅译了几行，便感觉气短无力，于是合上梵文经本，说："玄奘自量气力不足，不能再承担这一浩大的工程了。"又说："看来我的大限不远，现在，我只想去芝兰谷礼拜俱胝佛像。"

正月初八，有一位高昌籍的弟子玄觉，夜间梦见一座高大庄严的佛塔，突然崩塌。惊醒之后不知主何吉凶，就去问玄奘。玄奘说："这个不关你的事，是我辞世的预兆。"

正月初九傍晚，玄奘在肃成院禅房后跨越那条小水沟（我们前面提及过）时，不慎失足跌倒，擦破小腿皮肤，遂被抬回寝室治疗。看似伤势并不严重，但从此后玄奘病势愈重，气息微弱，沉沉昏睡，时有谶语梦话。

正月十六，玄奘从梦幻中醒来，向守护在身边的玉华寺寺主慧德法师述说梦中备受诸佛众神欢迎款待景况，又叫随身高僧嘉尚抄录他一生所译全部经论的目录，以及他敬造的俱胝神像、弥勒佛像各一千帧素像等。嘉尚抄录完毕逐项念给他听，玄奘听罢，闭目合掌，自感欣慰，于是说道："我的无常期已到，很想舍弃一切，请让有缘分与会者一同前来吧！"

正月二十三，玄奘设斋供众，将生前所有财物布施一空，他对在场所有的弟子说："这毒身我已经厌恶了。我在世间应该做的事情也已经做完了。既然不能久住尘世，那么就让我匆匆归去吧！希望用所修的福慧回施众生。我发愿，能跟大家一起往生到弥勒菩萨身边去侍奉他。等弥勒菩萨下生时，随他下生，广做佛事，以成就无上菩提。"

二月三日，玉华寺上奏朝廷曰："法师因损足得病。"二月四日深夜，前来探病的明藏法师，问道："法师是不是已决定得生到弥勒佛净土？"

"得生！"这是舌吐莲花，译经无数的一代高僧玄奘，留给这个世界的最后两个字。

此后，玄奘便不饮不食，祥怡寂然。明藏法师轻轻拈取新棉细丝，小心翼翼地伸到玄奘鼻孔下观察，几乎看不出一丝动静。

二月五日半夜，汉传佛教的伟大奠基者之一，一代高僧玄奘，安然告辞人间，圆寂于玉华寺肃成院。享年六十四岁。

大师离去，举国悲戚。高宗李治接到噩耗的第一刻，大放悲声，说："朕失国宝矣！"他不胜悲痛，以至于罢朝数日。嗣后连发两册诏书，安抚寺院，处理善事。

李治皇帝亲自安排了玄奘的葬礼。玄奘的遗体运抵长安，暂时安置在慈恩寺的译经堂。他所翻译的经书，也全部交付慈恩寺保存。《三藏法师传》记载，遗体停留慈恩寺期间，长安城的僧侣及百姓前来吊唁，每天达数千之众。而他的葬礼，前来送行者竟达一百多万人，大家齐聚白鹿原为大师送上最后一程，长安城因此成为一座空城。

根据玄奘的遗愿，他的遗体被安置在长安城东边，位于灞上的白鹿原。白鹿原地势较高，距离长安城又很近。据说，唐高宗从皇宫的高处，因望见玄奘的坟墓而经常伤心。五年之后，高宗皇帝下诏，将玄奘的遗体迁葬于长安南边的樊川。

樊川地面秦岭的一条山岭上，向阳一面有一座寺院，叫兴教寺，亦是大唐王朝的护国寺之一，所以又称护国兴教寺。"兴教"二字一说系唐太宗所题，一说系唐高宗所题。玄奘就静静地头枕青山，脚踩灞水，安息在那里。玄奘的舍利塔在院子中央，在玄奘塔的两侧，埋着他的两大弟子——窥基和圆侧，他们是玄奘衣钵的传人。

在中国佛教史上，玄奘是继往开来、承前启后的一代宗师。他不仅翻译了数量众多的经书，而且创立了著名的法相宗（即唯识宗）。

玄奘圆寂后，法相宗分别由窥基和圆侧发扬光大。窥基是西域于阗国王室的后裔，而圆侧是朝鲜半岛新罗国王的孙子。今天，在朝鲜半岛和日本等地，法相宗仍然是非常重要的佛教流派。

而在玉华寺肃成院对面的山谷间，至今还长着两棵高大的菩提树，据说，这是玄奘当年从印度带回来的菩提树籽，在这里种植而成。

而在经堂中，有一处佛足印，据说是玄奘从当年释祖寂灭之地，拓印下这佛足印，然后复制成雕刻安放在这里的。玄奘圆寂时，端坐的身子就恭向着这佛足印。

第一百零六颗念珠

三朵云冉冉升起，借助风势，在空中排开，飘移，最后在天空的中央相遇。这是伟大的相遇，自此你中有我，我中有你，天降甘霖，为赤县神州带来一场倾盆大雨。这大雨润物无声，浸入这个东方文明板块的每一个角落，渗透到社会的最微小的细胞——每一个家庭中。

“大云出山，润及万物。明月在水，了无点尘。”这是镌刻在太湖边上一块风景石上的话。偏安一隅的大宋王朝，它的都城临安就在附近。

儒、释、道三教合流，在大宋王朝时代得到最后的完成，或者换言之叫彻底的完成。这是三大教派妥协的结果，彼此包容和相互吸收的结果，为自身立足、生存、发展而必须采取的结果。三教合流，老子像、孔子像、释迦牟尼像，甚至被供奉于同一座神庙，共同承担起辅佐皇权的使命，立戒立规、教化众生的使命，佑护万千生灵的使命。

鸠摩罗什高僧圆寂前那掷地有声的遗言，像雷声一样从大地上滚过——“如果我的译经没有谬误，那么火化以后我的舌头不会焦烂。”他还说：“这些经书已经译出来了，它们将舍我而去，从而有它们自己独立的生命。那么让它们走出经堂，去叩击千家万户的门扉吧！

世人也许会将它们置于殿堂之上，一日三香，顶礼膜拜，众口滔滔，庄严诵颂，也许会将它们置入茅厕，充当手纸弃之如敝屣。那时我已作古，这一切都与我无关，那是世人的事情。”

而玄奘高僧在圆寂前，在奄奄一息之际，以一种无限大悲悯的口吻这样说：“这毒身我已经厌恶了。我在世间应该做的事情也已经做完了。既然不能久住尘世，那么就让我匆匆归去吧！希望用所修的福慧回施众生。我发愿，能跟大家一起往生到弥勒菩萨身边去侍奉他。等弥勒菩萨下生时，随他下生，广做佛事，以成就无上菩提。”

这种崇高的纯净的声音像雷声一样轰轰隆隆回响，回响在他们身后的时代中，人们唯一能做的事情，是向这些舍生求法的先贤们致敬。——这雷声将会响到人类末日的那一天才会停歇——假如有那一天的话。

正是在这样的雷声中，三片云朵交汇成一个雨空，接着就是甘霖普降，神州赤县恩泽遍布。

佛教初创期曾是如此的崇高，似乎完全是一门不食人间烟火的天上掉下来的东西，一个来自遥远星星的你。飞天翩翩起舞，梵音仙乐阵阵，诵经的声音里充满了一种宗教情绪。后来在进入中国的途中，一步步世俗化、民间化，成为人间佛教。佛陀、菩萨、罗汉的面孔在一次次的虔诚描绘中，高鼻深目逐步演化为东方面孔。

中华文化的包容性令人惊叹！它将佛家文化强按在地，再杂以儒家文化、道家文化，杂以自己对佛教文化的理解，杂以上到安邦治国下到安抚人们心灵之必需，从而予以自己的解释，于是有寺院林立遍布四野，有门派林立各领风骚。

重庆有一个大足县，大足县境内有一座规模宏大的佛山。山上的佛像雕刻除以一定的篇幅描写佛祖的出世及沐浴场面之外，整整一条山沟的别的雕刻，都是描绘那些轮回转世、因果报应的故事。一个农妇，因为虐待公婆，来世化作一只羊，另一个农妇，口中无德，撒泼骂街，于是口中生出毒疮。一个恶人，前世作了孽，此刻正在地狱里接受毒火的炙烤。那无常鬼面目狰狞，令人恐惧。诸如此类，布满整条山沟。在这里，佛教被完全地中国化了，生死轮回，因果报应成为主题，它告诉人们人心向善：广种福田，广结善缘，今世福报，来世果报！

而那些一代一代口口相传的佛教故事，许多则被赋予了新的意义，有了中国化的解释。在各个门派中，在各个寺院中，每每有高僧大德出现，而那些高僧大德的智慧中，往往有一个共同点，这个共同点就是佛谕世人，如何与险恶的世俗环境相处，六根清净，百毒不侵，如何在人格的遗世独立中，努力做到与世界和谐相处。

佛家的回向偈这样说：愿以此功德，庄严佛净土。上报四重恩，下济三途苦。若有见闻者，悉发菩提心。尽此一报身，同生极乐国。伴随着回向偈，还曾经有这样一个故事。一个贫女，路经一座寺院。她的身上只有两文钱了，她拿出这两文钱布施给寺院。寺院的住持深受感动，于是为这贫女念了一回回向偈，以此来为她改变命运。改运之后的贫女下山以后就遇到了微服私访的皇帝。她登上马车，后来成了皇后。有一天，皇后突然想起自己命运改变的原因，于是拉了一马车的金银财宝，来到寺院门前还愿。可是，住持不愿见她，只派徒弟接待她。皇后有些发怒，又有些不解，她径直冲入后室禅房，见到住持，追问道："当年我上了两文钱的布施，你亲自接待我，还为我念回向偈，回向改运，今天我装了一马车金银财宝，来上布施，你为什么只让徒儿敷衍，自己不来见我？"住持见说，笑道："十年前的两文钱布施，是你的全部家产，所以我亲自为你回向，今天的一马车金银财宝，只是你的九牛一毛，所以我让徒儿接待你，已经算是高抬你了！”听完这话，皇后羞惭而归。

这个贫女的故事令我们想起龟兹城外克孜尔千佛洞岩石上刻的那另一个贫女的故事。那个故事是，一个贫女，路经一座寺院，她没有什么可以为佛祖布施，于是从山下采来一篮野花，为佛祖献上。那么这位女子，就是可尊敬的施主，她因此得到供养的功德。

同样两个贫女，克孜尔千佛洞这个贫女精神的东西更多一点，而中原大地某寺院的这个贫女，更物质一些和更实际一些。

类似这种充满机巧、充满舌辩色彩的佛家故事，比比皆是。而且有许多是一种悖论，逆俗常思维而进入思辨，例如“花开花落两皆好，退步原比进步高”等等，佛家思维的锐利和犀利，超越世俗百姓，超越文化人，以一种悖论的形式直达事物的真相，穷究那被表象所遮掩的东西。这一点，官员们很难做到，文化人也很难做到。

孔孟之学在大宋王朝时期，进入它的第三个阶段，即程朱理学阶段。它的第一个阶段当是儒学初立，孔子周游列国疲于奔命，设馆收徒著书立说阶段。那个阶段应当说还是朴素的和原始的，有许多人情味在里面。是以一个文化人的拳拳之心，来观照历史，推动历史进步，实现自己乌托邦式的政治理想。它的第二个阶段当是汉武帝采取董仲舒的主张“罢黜百家，独尊儒术”阶段。那个时期文化人孔子登堂入室，孔子的牌位被当神一样竖起，各地纷纷有文庙建立。

程颐是11世纪末期的人，他在儒家学说中兴起一个新的支派，叫理学，这个支派后来发展成为儒家之主流。他的哥哥程颢则是同道者，世称“二程”。南宋又出现了一位理学学派的重要人物，叫朱熹，人们将他们所开创的这个儒学新流派叫“程朱理学”。

另外，在陕西地面，出现了另外一位理学大师，一代大儒，名叫张载。张载是关中书院的代表人物之一，关中书院与白鹿书院、岳麓书院一起，并称为当时的三大书院。“为天地立心，为生民立命，为往圣继绝学，为万世开太平”是横渠张载的千古名句。人们把这四句话叫“横渠四句”。

四书五经被奉为儒学经典。君君臣臣、父父子子，仁义礼智信，天地君亲师，三从四德，礼义廉耻这些思想，被着重提出。理想主义的孔孟之学，发展到这个阶段，完全地细化，完全地系统化，完全地世俗化，成为维护皇权，维护社会既成秩序，令社会各色人等各安其位，各守本分的世俗主义、实用主义哲学。

如果孔老夫子活到宋朝，看到他所创建的高高在上、不食人间烟火的高贵学说，如今成为这样的东西，他大约会问：这就是我的那个“克己复礼”所“复”出来的“礼”吗？我都有些不认识它了。

同样的设问，还可以用到佛祖释迦牟尼身上，用到道教的鼻祖老子身上。是的，历史之车行驶到这一时期，它的原始部分已经有了巨大的变化了。

第一百零七颗念珠

时也势也，命也运也。我们作为后来人，站在时间彼岸来看待这一切的人，我们没有权利妄断这一切对抑或不对。我们只能说存在的即是合理的，所有的发生其实都是应当发生。“天不生仲尼，万古长如夜”，如蝼蚁如草芥般的芸芸众生，在他们的苦难行旅中，总要给自己寻找一些活下去的理由，总要给自己一些憧憬和愿景，他们觉得能这样走，最好！所以我们不妨对他们表示尊重。

道教一以贯之，它从创立的第一天起，大约就一直是历朝历代宫廷中的宠儿。许多闪现于历史进程中的著名人物，我们都能从他们的身上发现道家的影子，术士、方士的影子，预测家或预言家的影子，他们虽然有时候也会失宠，被皇家放逐于山野去，发出“古寺无灯凭月照，山门不锁任云封”的清音，但是总的来说，一直到三教合流时期，它们基本上是遗世独立，不祸不灾的。

佛教最初的进入，在几乎长达两百多年的时间中，它是以一种模糊的道教之一支的面貌出现的。西晋时期有一本名曰《老子化胡经》的书，是说老子西走葱岭，点化释迦牟尼的故事。这书最初曾引起佛家的愤怒，但是最后，他们发现这实际上是一件大好事，是佛家与道家原为一家的一个依据，于是也就将错就错，打个马虎眼了事。如是者直到两百多年后，佛教日渐势大，而且佛教的博大精深，汪洋恣肆，并不亚于道教，甚至有过之而无不及，于是佛教亮出旗帜，分庭抗礼，从而令三大宗教完成并列之势。

每一个中国人都应当怀着一种敬畏之心，一种感恩戴德之心，感谢儒、释、道这三样东西，在漫长的黑暗的既往年代里，给予我们民族我们国家这个东方族类的佑护，给予我们列祖列宗的心灵安慰和精神支持。世界在变化中，未来之事充满了未知之数，充满了不测和凶险，什么样的事情都有可能发生，但是我们会以“六根清净，八风不动”，以金刚不坏之身，百毒不侵之身，永远立于不败中，因为我们是精神的王者，我们的心灵博大而坚忍，我们心中有佛，有儒，有道。

最后想说的是，现今流行国学热。其实明清以降，封建末世的那些东西，它们并不是全部的国学，因为其中一半是精华，另一半则是糟粕。真正的国学，要越过漫长的封建时代，追溯到道学的源头、儒学的源头和佛学的源头去寻找。正如大理学家朱熹所说："半亩方塘一鉴开，天光云影共徘徊。问渠那得清如许，为有源头活水来。"

其实源头之上，还有源头。那是一首上古时期的民歌，叫《击壤歌》，距现在大约三千四百年之远，它被公认是中国文学的古老源头。令人不解的是，孔老夫子在编撰《诗经》的时候，不知道为什么没有收入这首民歌，是他没有发现这首民歌呢，还是见到了，但是觉得不合自己的胃口，于是舍去？孔子当时自己收集的民歌，加上老子为他推荐的民歌，合起来总共一万多首，而他的"剪刀"删去了绝大部分，只留下三百一十一首。想来，肯定有一些更为重要者，描写我们先民生活的东西，被无情剪去了。

时至今日，越数千年岁月，从这些弥足珍贵的上古记忆中，看到那些采桑的女子，面对一棵桑树，不知道是攀着梯子去采它的叶呢，还是把那树枝拽到低处，站在地面来采呢？看到那些在田野上劳作了一年的农人，年关到了，他到皇家去帮工，为他们修缮房屋，为他们割下生麻搓绳，等等。我想，每一个阅读者看到这里，心都会怦怦跳起来，眼眶中说不定还会有泪滴涌出。这一刻远古和今天是如此接近——那些卑微的劳作者曾是我们的祖先，而我们的身上有他们的基因，我们是他们打发到21世纪阳光下的家族代表呀！

《击壤歌》全文如下："日出而作，日入而息。凿井而饮，耕田而食。帝力于我何有哉！"

第一百零八颗念珠

耗时几近两年的时间，我完成这本书。当第一百零八颗念珠捻过，抚着这一笔一画写出的手稿，我的双目有些潮湿。一个文化人，六十岁生日之后，鼓起余勇，摒弃一切社会俗务，来完成这本书，现在他可以说，神灵佑之，佛祖护之，这书完成了。

我感到我自己，像一个民间的风水先生那样，手执罗盘，戴着墨镜，站在高岗上，试图确定一个方位。这个方位就是，中华文明板块在世界大格局中的位置。作者的一支秃笔，视通远古，对这个东方文明板块产生时的情形，做了回溯，然后用大量的篇幅，描写了儒、释、道的伟大相遇，从而为这个东方文明板块奠定根基的情形。而在这相遇中，又重点地叙述了大教东流——那自古老东方另一个文明板块所产生的佛教，在中国大地落地生根的过程。

而在其间，又以浓墨重彩，描写了三位高僧法显、鸠摩罗什、玄奘在汉传佛教史上的不朽传奇、垂世功德。笔者向他们那消失在历史沉沉远处的背影，深深一瞥，崇高致敬。

那串珠仍将继续捻动着，一百零八颗只是初始。它是无穷多，八万四千恒河沙数，只需捻动，便会周而复始。

一个文化人，做了一件本分的工作，如此而已。我是一个文化人，小说家，但是同时，我亦是那家著名的佛家寺院的名誉住持，众人为我取了一个法号，叫答应和尚。

我担任名誉住持的寺院，就是书中描写的大唐皇家寺院翠微寺。

寺在终南山的顶上，终南山第二高峰牛背梁的西侧，昔日玄奘取经归来后，曾在翠微寺译出《心经》，而那里也是唐太宗李世民驾崩处。那一刻，君王的病榻之前，有三位著名历史人物肃立在侧，一是高僧玄奘，他正诵读《心经》，为君王超度，一是太子李治，他跪伏在病榻前，接受遗诏准备接班，一是才人武媚娘，即后世的武则天，手捧一罐汤药侍奉。

这翠微寺后来荒废，民间叫它皇峪寺。而今盛世兴佛，在那旧址上重起寺院。那年夏天，我随众人去到那里，村庄已经迁走，重建正在进行。在山顶寺院遗址前那一棵高大的核桃树下，众人提议我来做这翠微寺名誉住持。我说，文化人学问做到精深处，年岁熬到老迈时，往往会从这博大精深的清凉佛门中寻找最后归宿，这事不自我开始，当然也不会到我而终止，那么既然众口滔滔，皆是善意美意，我就应允了吧！

我还说，应是应了，可是总得有个名号才对。众人说，那就叫“答应和尚”吧！取有问必答，有求必应之意。

甚好！于是我以一首偈作结，应允下这事，那偈曰：我本西来一头陀，流落民间年许多。剃去三千烦恼丝，不辞长做岭上客。

我马上就六十二岁了。写完这本篇幅还算浩瀚的书本，此生也就不再写那些大部头的东西了。前面说了，我是鼓起余勇来写的，齿摇摇，发苍苍，两目昏花，写作时每天完成两千字，不敢过分用力，生怕身体不允许自己去完成它。好在，一百零八颗念珠捻过，这本名曰《我的菩提树》的书，终于完稿了，可以付梓出版了。

多么好呀，三千世界，婆娑多姿。正像那歌里唱到的那样：花开在眼前！

当六祖慧能问众弟子，如何得见我佛时，众弟子皆不能答，唯独安康籍弟子怀让答曰,见莲花开如见我佛。这就是佛家“花开见佛”一说的由来。此一刻，这个写作者的眼前，就有一种“花开在眼前”的感觉！

多余的话

当完成这本书的时候，老实说，我有些悔其当初。我是依据那些言之凿凿的史料，那些业已得到业界和社会广泛认可的史籍，编著这本书的。从通常的意义上来说，它的叙述是可靠的，是可以信赖的。然而，众口一词的历史真相真的就是它的原始真相吗？我在这个长安古都的秋日早晨，突然产生出自己的怀疑。历史，也许是没有真相的，它的字里行间，都被谎言填满。而那些所谓的真相，也许只是重复过多次的谎言而已，是被一番剪裁后，给历史穿上的一件新衣而已。

于是我很害怕，生怕我的书中所述，会是一种误导，从而令年轻的一代，相信那就是曾经的历史。

但是假如不这样写，你又能如何呢？文明大厦正是靠这样的一砖一石，所堆砌起来的。每抽掉一块砖石，它就会有所残缺，而一旦抽取得多了，它便会轰然崩塌。

所以我们宁愿相信这些，或者换言之，我们只好相信这些。不过我上面的文字，不算多余，它也许是提了个醒。提醒的即是，对每一件事都问一个为什么，不要轻易相信那些造出来的不食人间烟火的神明，不要相信史学家们的煞有介事、言之凿凿。假如读者能有这样的见识，你就会做到世事洞明，目光如炬，能轻易地看透这世界上的许多事——包括现在正在发生的许多事。

即便是那些作者本人的著述部分，读者也不应当盲目地无保留地去接受。《金枝》的作者弗雷泽说，以今天人们的思维模式，来推测那些遥远年代的事情，也许距离真相很近，也许是谬之万里。

相信有了上面那些阅读提示以后，你在阅读本书的时候，在对这个东方文明板块进行一次庄严巡礼时，会站在一个清醒的高度上，审视的高度上去读。如果能做到这一点，我上面那些话，就算没有白说了。

高建群

2015年9月13日于西安

后　记

——鸣谢所有的参考书目及资料

《我的菩提树》的写作，参阅了大量的书籍和资料。

除了我过去阅读过的书籍以外，除了脑子里的庞杂记忆以外，除了写作的途中随时从百度上搜索到的资料以外，两年中，我购买了大量的书籍。这些书籍厚厚的一摞,堆在我的案头上。我没有细数，大约会有两百本之多吧!

这些书一部分是从网上购买的，一部分是从书店购买的，还有一部分，是从街头的书摊上购买的。有些珍贵的、令我多年来敬畏的书籍，竟然在街头地摊上，以最低廉的价格卖出，卖书人袖着手，吆喝着，像在处理一堆烂地瓜。纸质读物已经沦落到这等地步，这叫我这个爱书人，读书人，写书人面对此状，悲从中来。

记忆是靠不住的。平日信口说一句，或者在微信上发发“心灵鸡汤”这样的噱头，这可以。但是要落实到纸上，要言必有据，据必有考，那就必须有参考书在跟前。例如“天不生仲尼，万古长如夜”这句赞美孔子的话，我的印象中，一直以为它是孔子的追随者孟子说的，以此来表达对中国第一个平民教育家的赞美。查查资料，才知道我错了大半辈子了，上面这话，是孔夫子的另一位追随者，南宋的朱熹先生说的。追溯到这里，还没有完，因为朱熹在引用这句话时说，他也是听另一个人说的。那么这“另一个人”是谁呢？我后来好像查到了，又好像没有查到，这里记不清了。

两百本书摆在我的案头，它们给我壮胆。我曾经形象地说，我的写作，是在两百眼智慧之泉中汲水。我还说，我的汲水的过程，亦是向这两百眼泉子致敬的过程。

写作的途中，我每天沉溺在这些典籍之中。“我有迷魂招不得，雄鸡一声天下白”，当时大约就是这种心态。我感觉到了这些典籍的博大和深厚，感觉到了人类曾经崇高到如此地步，人类的心灵空间曾经博大到如此地步。感觉到正是这些滋养物，滋养着过去的时代和未来的时代。

这样，我在书中引用了大量的这些堪称典籍的东西。我必须引用，别无良法。因为不引用，这本书就不能成书。当然，我也明白，在本书完成后，在书的后记中，必须做一件重要的事情，那就是郑重其事地将参考书罗列出来，并向这些典籍致敬。

我在书中引用了我们的老古董《诗经》中的不少篇目。我舍不得丢弃，而改写又很难达到初民时期的那种神韵、那种古朴，于是囫囵吞枣地将它们装入我的书中。当看到采桑女面对一棵桑树，不知道是攀上梯子去采桑叶好呢，还是把枝条拽到地面上来采好，我读到这里，想到我的渭河平原村庄里那些如今的村姑们，心中一热，顿时生出五千年只匆匆一瞬的柔情。

屈原的《天问》，那浩浩荡荡、拍胸捶背、抢天呼地式的一连串问号，我也把它们都装入这本书中了。

《史记》是一本伟大的书，它的这种亦史亦诗的文体记述，给了我极大的帮助。而它对上古至成书时期的翔实记录，则更具有史学的意义。我们知道，秦始皇焚书坑儒，天下各种闲书尽付一炬，我们的初民记忆、文化血脉几近断绝。而《史记》一书所提供的历史记忆，尤为珍贵。今天我们谈那书以前的历史，几乎就是以这本书的定论为定论，依据为依据的。现今的考古发现，许多都证明了司马迁的记述的严谨性。史书与考古发现，两两互为印证。

还有伟大的《圣经》，亦给了我许多的帮助。我这里主要谈的是文体上的帮助。除了阅读原著之外，我还将由这本书所衍生出来的书籍，都尽量找来阅读。那些《圣经》研究者们（大家称他们为经学家）所提供的或虚或实的故事，我也都有一些涉猎。

法显的《佛国记》是一本重要的书。因为这本书，我们才牢牢地记住了法显这个崇高的僧人。本书几乎将法显的《佛国记》生吞入肚，然后以法显广游五印，西行求法，陆去海还为叙述视角，庄严地、恢宏地为读者展现了佛教的诞生及兴盛，展现了那个时代的佛国五印大地的人文地理。

鸠摩罗什这一章节，则主要借助了拙作长篇小说《统万城》的不少文字。因为这是我自己创作的，所以使用起来便顺手了很多。而当年写书时，这些有关鸠摩罗什的资料，大部分来源于陕西的户县草堂寺，甘肃武威的鸠摩罗什纪念馆，以及新疆库车（古龟兹）的鸠摩罗什纪念馆。书中的关于鸠摩罗什那些神奇传说，则是从诸多杂书上搜集而来的。

玄奘的《大唐西域记》亦是一本十分重要的书。对于它的重要性给予多么高的估价都不算过分。这本书除了是为佛门做了一件大功德外，它另一个弥足珍贵的功绩是，为我们重建了古印度国中世纪以前的历史，为今天的印度人重拾历史，提供了一条可靠的通道。这本书中的内容我也大量使用。不过与使用《佛国记》时的情形不同，这次选择了一些点，即佛祖出生地、佛祖寂灭地、佛祖菩提树下成道处这些重点。我试图让读者借助玄奘的视角，看一看法显逝去两百年后，那些地方那时的情景。

为写玄奘这个人物，我还参考了金铁木导演的纪录片《玄奘之路》的解说词。这个专题片拍得真好，感觉完全对了。另外，我在玄奘在玉华寺肃成院译经与圆寂一段，还参考了王赵民先生的《玄奘与玉华山》一书。如果说我在对玄奘这一段经历的描写，写得还有一些感人之处的话，那主要是这些书的帮助。

在写作的过程中，我还参考了北魏时期郦道元的《水经注》，以及清朝年间徐松的《西域水道记》，这两本水利方面的书。

而为我这种吞天吐海式的叙事方式提供一个成熟样式的，是英国著名历史学家阿诺德•约瑟夫•汤因比的《人类与大地母亲——一部叙事体世界历史》，以及他的另一本书《历史研究》。

这两本书我过去就读过好多遍，为写《我的菩提树》，我又将它们重读了一遍，并且置于案头壮胆。这两本书教导我如何铺排和叙述，如何像摊煎饼一样将世界各文明板块平铺在你的书中，不温不火，有序地展开。

汤因比的书，对世界各文明板块做了划分，然后，写它们的发生、发展、强盛、盛极而衰以至消亡的过程。我在我的书中，基本上也是参考了汤因比先生的这种划分方法。

另外，冯友兰先生的《中国哲学史》也给了我帮助。儒家、道家、佛家的发生和流变，对中华文明板块形成决定意义上的影响，我即以这本书的思路为思路。

另外还有一本大书，给我的写作极大的帮助和影响，这就是台湾作家柏杨先生的《中国人史纲》。我在写作魏晋南北朝、五胡十六国这一部分时，大量地引用了柏杨先生书中的文字和所提供的故事。在这里需要郑重说明，并致以谢忱。

汤因比 1975 年辞世，柏杨 2008 年辞世。他们都已成故人，他们的书还在流传着，大约还会继续流传，从而惠及他们以后的时代。

柏杨在世时，还写过一本名曰《丑陋的中国人》的畅销书。那书是他在美国耶鲁大学里的一次演讲稿，后来整理成书后，在大中华文化圈曾风靡一时。

另外，在描写法门寺良卿法师以身殉教一节时，还参考了韩金科先生的《圣骨法门之谜》一书。韩先生是在当年石破天惊，法门寺地宫被发现时，第一个或第二个走入地宫大门的人。

主要的引用、参考、借鉴的即是上面这些书。谨鸣谢于上，余言不赘。还有一些浏览性质的书目及资料，这里从略。

中国人有一句老话，叫作“取乎其上，得乎其中；取乎其中，得乎其下”。这本书的写作过程，大约也是这样。写作者的心气颇高，想要效仿先贤们，写出一件重要的东西。但是，写成以后，他发觉，没有达到预期的目的，一般般呀！写作者的学养不足，笔力不逮，许多地方都还没有到位，不少的纰漏也一定会发生。这情形，正如前辈作家巴金在译完《六人》这本书后，长叹一声说，唉，我发现自己用了两年时间，在进行着一件不能够胜任的工作。类似这样的话，好像一位西方作家也说过，他说，我用大半辈子的时间来证明，我并没有写作才能，可是我已欲罢不能，因为已经名满天下了。

——那些缺憾，大约只有等到将来修订时，广泛地听取读者的意见，来进行弥补了。我期待着这种弥补。

此刻，在本书行将付梓之际，我怀着谦卑之心，像交一份答卷一样，将它交给社会，交给读者，交给时间，等待他们检验。那是谁在说，时间开始了？允许我借这个句式，这样说吧——这本书的秒针铮铮走动，它的时间开始了。

高建群

2015 年 10 月 14 日于 西安

图书在版编目 (CIP) 数据

我的菩提树 / 高建群著 . — 北京 : 北京十月文艺出版社，2017.3

ISBN 978-7-5302-1637-8

Ⅰ. ①我… Ⅱ. ①高… Ⅲ. ①东方文化—文化史—研究 Ⅳ. ①K107.8

中国版本图书馆 CIP 数据核字 (2016) 第 250318 号

我的菩提树

WO DE PUTISHU

高建群 著

出　版　北京出版集团公司
　　　　北京十月文艺出版社
地　址　北京北三环中路 6 号
邮　编　100120
网　址　www.bph.com.cn
发　行　新经典发行有限公司
　　　　电话 (010) 68423599
经　销　新华书店
印　刷　北京天宇万达印刷有限公司
版　次　2017 年 3 月第 1 版
　　　　2018 年 1 月第 3 次印刷
开　本　880 毫米 ×1230 毫米　1/32
印　张　11
字　数　261 千字
书　号　ISBN 978-7-5302-1637-8
定　价　39.80 元
质量监督电话　010-58572393